Zu diesem Buch

Dies Skriptum gibt einen Überblick über den
Gesamtprozeß der empirischen Sozialforschung.
Es stellt den Forschungsprozeß als eine
Optimierungsstrategie dar, in dem eine Viel-
zahl von Elementen kombiniert werden müssen.

Das Skriptum ist als eine elementare Einführung in die Forschungspraxis gedacht. Es ist
als Begleitlektüre für Methodiklehrveranstal-
tungen geeignet, es soll aber vor allem dem
Studenten helfen, der erstmals eine empirische Forschungsarbeit anfertigen will.

"Der Forschungsprozeß" will darüber hinaus
Verständnis wecken für die empirische Sozialforschung und die vielen noch ungelösten
Probleme ihrer Forschungspraxis. Das Skriptum
wendet sich nicht nur an Soziologen, sondern
dürfte auch für Politologen, Pädagogen, Sozial-
politiker und Sozialpsychologen von Interesse
sein.

Studienskripten zur Soziologie

Herausgeber: Prof. Dr. Erwin K. Scheuch
                    Dr. Heinz Sahner

Teubner Studienskripten zur Soziologie sind als in
sich abgeschlossene Bausteine für das Grund- und
Hauptstudium konzipiert. Sie umfassen sowohl Bände
zu den Methoden der empirischen Sozialforschung,
Darstellungen der Grundlagen der Soziologie, als
auch Arbeiten zu sogenannten Bindestrich-Soziologien,
in denen verschiedene theoretische Ansätze, die Entwicklung eines Themas und wichtige empirische Studien
und Ergebnisse dargestellt und diskutiert werden.
Diese Studienskripten sind in erster Linie für
Anfangssemester gedacht, sollen aber auch dem
Examenskandidaten und dem Praktiker eine rasch
zugängliche Informationsquelle sein.

Der Forschungsprozeß

Eine Einführung in die Praxis der empirischen Sozialforschung

Von Dipl.-Volksw. Heine von Alemann

Institut für angewandte
Sozialforschung der
Universität zu Köln

B. G. Teubner Stuttgart 1977

Dipl.-Volksw. Heine von Alemann

1941 in Seebach/Thüringen geboren. Aufgewachsen in
Krefeld und Köln. Studium der Soziologie, Volkswirtschaftslehre und Sozialpsychologie in Freiburg,
Frankfurt und Köln. Diplom 1969 an der Universität
zu Köln. Seit 1970 wissenschaftlicher Mitarbeiter am
Institut für angewandte Sozialforschung in Köln, tätig
in mehreren international vergleichenden Forschungsprojekten. Hauptarbeitsgebiete Wissenschaftssoziologie,
Methodologie, Internationale Beziehungen. Lehrveranstal-
tungen in Methodik und Wissenschaftssoziologie.

CIP-Kurztitelaufnahme der Deutschen Bibliothek

Alemann, Heine von
Der Forschungsprozess : e. Einf. in d. Praxis d.
empir. Sozialforschung. - 1. Aufl. - Stuttgart :
Teubner, 1977.
   (Teubner-Studienskripten ; 30 : Studien=
   skripten zur Soziologie)
   ISBN 3-519-00030-X

Druck: Julius Beltz, Hemsbach /Bergstr.
Binderei: G. Gebhardt, Ansbach
Umschlaggestaltung: W. Koch, Sindelfingen

Vorwort

Dieses Skriptum ist einem Thema gewidmet, das bisher nur selten in einer monographischen Einzelveröffentlichung behandelt wurde, sondern meist als eines unter vielen Kapiteln in einem Lehrbuch der Methodenlehre der Sozialwissenschaften abgehandelt wurde. Die Konzeption der Reihe "Studienskripten zur Soziologie" ließ es aber als sinnvoll erscheinen, dem Thema "Forschungsprozeß" einen eigenen Band zu widmen.

Dieser Band wendet sich an alle diejenigen, die eine erste Orientierung über die Vielzahl von möglichen Forschungsansätzen in der empirischen Sozialforschung suchen oder die selbst gerade mit der Vorbereitung eines empirischen Projekts befaßt sind, vor allem also Examenskandidaten, Doktoranden oder Personen, die noch keine eigenen Forschungserfahrungen gesammelt haben. Darüber hinaus ist zu hoffen, daß der Band auch bei den Praktikern wohlwollend aufgenommen wird und auch ihnen noch neue Einsichten vermitteln kann.

Dieses Skriptum kann das Studium der methodologischen Spezialliteratur nicht ersetzen, denn die Diskussion dieser Probleme kann nur in erster Annäherung erfolgen. Auf der anderen Seite werden hier viele Probleme einer Soziologie der Forschung behandelt, ohne daß tiefer auf Probleme der Wissenschaftssoziologie eingegangen werden konnte. Das Buch ist so ein notwendiger Kompromiß nach verschiedenen Seiten hin.

Dies ist ein Buch über Forschung. Es kann nur einen Überblick über die wichtigsten Probleme des Forschungsprozesses vermitteln, es kann aber nicht "Rezepte" für die Forschung geben. Der interessierte Leser muß sich dazu in die Spezialliteratur vertiefen und selbst Forschungspläne entwerfen.

Zu wünschen wäre, daß das Skriptum den Leser dazu anregt, sich auf das Abenteuer der empirischen Forschung einzulassen - auf einem der vielen Wege, die hier angedeutet werden.

Wie hoch waren die Kosten für ein Projekt wie "le Suicide"
von Durkheim oder die "Arbeitslosen von Marienthal" von
Lazarsfeld et al.? Genaue Zahlen sind nicht bekannt, aber
insgesamt waren die Kosten wohl sehr niedrig. Man sieht daran, daß fehlende - oder geringe - Finanzmittel nicht unbedingt eine Entschuldigung für Abstinenz von empirischer Forschung sind. Dilettantismus, auf der anderen Seite, kann nur
durch kontinuierliche Forschungspraxis vermieden werden.

Die Spannweite der Probleme, die in diesem Skriptum behandelt
werden: Logik der Forschung, Phasen der Untersuchung, Kostenplanung, ethische Prinzipien der Forschung, ist so groß, daß
eine völlig einheitliche Darstellung nicht gelingen konnte.
So steht gewissermaßen das Heilige (der ethische Prinzipienkatalog, S. 292) neben dem Profanen (Vergütung wissenschaftlicher Mitarbeiter nach Bundesangestelltentarif, S.279), die
Logik der Forschung neben den vielen Problemen der Forschungspraxis. Viele mag das nicht befriedigen, dennoch sollte hier
nicht der bequeme Ausweg gegangen werden, nur ein Idealmodell
des Forschungsprozesses darzustellen. Forschung wird vielmehr
pragmatisch als eine Optimierungsstrategie aufgefaßt, in der
eine Vielzahl von Elementen zu kombinieren sind.

Für Anregungen und Kritik an dem Manuskript danke ich vor
allem dem Mitherausgeber der Reihe, Dr. Heinz Sahner, sowie
den Kollegen Dipl.-Volks. Karl-Wilhelm Grümer und Dr.Ekkart
Zimmermann. Vielen anderen Helfern bei der Fertigstellung
des Manuskripts kann der Dank nur persönlich erstattet werden. Genannt werden soll aber I. Tassani, die das Manuskript
in gewohnter Routine ins Reine schrieb. Gedankt wird auch
den Autoren der "Landkarte" auf S. 152/153 für die Möglichkeit der Reproduktion der "Insel der Forschung".

Köln, im Februar 1977   Heine von Alemann

Inhaltsverzeichnis

1 Einleitung

Der Forschungsprozeß in den Sozialwissenschaften soll in
diesem Skriptum als eine Einheit dargestellt werden. Das
ist allerdings schwierig, denn dieser Prozeß besteht aus
vielen verschiedenen Phasen, die sehr unterschiedlich gut
entwickelt worden sind. So gibt es eine, mit dem Namen
POPPER und den logischen Empiristen verbundene, elaborierte
Logik der Forschung, die aber zumindest teilweise den Zusammenhang mit der aktuellen Forschungspraxis verloren hat;
ausgeklügelte Techniken der Datenerhebung, die wenig Bezug
zur Forschungslogik besitzen; sehr differenzierte Analysemethoden, die häufig kaum den Prozeß der Datenerhebung berücksichtigen und mit der Logik der Forschung nur eine par-
tielle Deckungsgleichheit aufweisen. Die einzelnen Bestandteile des Forschungsprozesses fügen sich also tatsächlich
in der Regel nicht nahtlos zu einem Ganzen.

Nun würde das eine nur theoretische Frage sein, wenn diese
Diskrepanzen durch die tatsächliche Forschungspraxis aufgehoben würden, wenn es eine große Zahl von exemplarischen
Forschungen geben würde, die jeweils eine eigenständige
Synthese der verschiedenen Aspekte des Forschungsprozesses
erreichen würden. Zumindest im deutschen Bereich scheint es
aber nur wenige derartige beispielhafte Untersuchungen zu
geben, durch die die Diskrepanz der verschiedenen Teilaspekte des Forschungsprozesses aufgehoben würde und an
denen die Einheit des Forschungsprozesses demonstriert werden könnte. In den USA ist dies teilweise anders. Dort gibt
es eine Reihe von inzwischen "klassisch" gewordenen Untersuchungen, an denen sich eine solche Einheit des Forschungsprozesses demonstrieren läßt. Eine Auswahl von derartigen
beispielhaften Forschungsarbeiten wurde für dieses Skriptum

zusammengestellt und wird in Anhang A (S.307-324) aufgeführt. Dem Leser wird empfohlen, sich frühzeitig durch
Lektüre dieser Kurzbeschreibung mit der Bandbreite empirischer Forschung in der Soziologie vertraut zu machen. Die
Veröffentlichung empirischer Forschung in Aufsatzform
einerseits und in der Form von hektographierten Forschungsberichten andererseits (die Hauptpublikationsformen der
gegenwärtigen empirischen Forschung in Deutschland) kann
monographische Darstellungen der Forschung nicht ersetzen,
da sie entweder sehr kurz gehalten sein müssen oder aber
vorwiegend für ein Publikum von Nichtsoziologen geschrieben wurden.

Geht man aus von dem Forschungsbericht als dem Ergebnis
einer empirischen Untersuchung, so enthält der Bericht
meist nur sehr wenige Angaben über die vielen Schwierigkeiten und organisatorischen Probleme, die im Verlauf des
Forschungsprojekts überwunden werden mußten. Vor allem
steht dort meist sehr wenig über die sog. "technischen"
Probleme im Forschungsprozeß. Von Forscherschweiß ist
wenig zu spüren.

Man muß jedoch davon ausgehen, daß zwischen den Berichten
über die Ergebnisse der Forschung und der tatsächlichen
Forschungspraxis nicht unerhebliche Diskrepanzen bestehen.
Dies ist besonders dann bedeutsam, wenn eine Arbeit unter
Zeitdruck angefertigt werden muß oder wenn sie im Team
bearbeitet wird. Daß Forschungsvorhaben unter Zeitdruck
durchgeführt werden ist insbesondere bei Examensarbeiten
- seien es Diplomarbeiten oder Dissertationen - fast
immer der Fall. Es kommt aber auch bei frei finanzierten
Forschungsprojekten vor und vor allem bei der Auftragsforschung, in der ein Auftraggeber ein fixes Datum für die
Ablieferung eines Forschungsberichts setzt. In allen diesen Fällen ist es unerläßlich, daß ein Ablaufschema für
die Untersuchung (ein Forschungsplan) festgelegt wird, in

dem die einzelnen Schritte der Untersuchung dargestellt
sind. Das setzt voraus, daß man sich über diese Schritte
explizit Rechenschaft abgibt. Wenn dies allerdings häufig
nicht geschieht, so liegt das daran, daß die Vorhaben meist
Erstlingsarbeiten sind, daß eine ausreichende Beratung
nicht zur Stelle ist und daß allgemein Vorbilder für ein
solches Ablaufschema weitgehend fehlen. Zu einigen der
Probleme der gegenwärtigen soziologischen Forschung vgl.
die Ergebnisse einer Enquête der Deutschen Gesellschaft
für Soziologie, die von LUTZ (1975) dargestellt wurden.

Was in den Forschungsberichten oft fehlt, sind Berichte
über scheinbar triviale Probleme, die aber darum nicht
weniger ernst zu nehmen sind. Das beginnt damit, daß sich
die benötigte Literatur nur mit erheblicher Verzögerung
beschaffen läßt; daß die Finanzmittel nicht rechtzeitig
bewilligt werden; daß bei den Vortests des Fragebogens
mehr Veränderungen vorgenommen werden müssen als ursprünglich vorgesehen; daß die Erhebung des Materials
selbst wesentlich länger dauert als geplant; daß keine
Locherin frei ist, die Daten abzulochen; daß sich schließlich herausstellt, daß Fehllochungen aufgetreten sind, so
daß die Daten erst bereinigt werden müssen; daß sich kein
Programmierer auftreiben läßt, der ein wunschgemäßes Aus-
wertungsprogramm schreiben kann und man sich entscheiden
muß, selbst noch eine Programmiersprache zu lernen; daß
man schließlich in einer Tabelle doch noch ein paar "un-
mögliche" Antworten entdeckt, so daß eine inhaltliche Überprüfung der Daten notwendig wird; daß man endlich bei der
Niederschrift des Forschungsberichts merkt, welche Variablen eigentlich noch hätten erfaßt werden müssen; usw. Von
all dem steht meist sehr wenig im Forschungsbericht, doch
sind alle diese Dinge eminent wichtig.

Eine exemplarische Beschreibung von Forschungsprozessen
in den Naturwissenschaften enthält das Buch von dem
(späteren) Nobelpreisträger WATSON über die Aufdeckung
der Struktur der Desoxyribonukleinsäure (vgl. WATSON,
1969), denn dieses Buch ist eine der wenigen Ausnahmen, in
denen nicht nur die Ergebnisse selbst berichtet werden,
sondern in denen auch das "ambiente", die Hintergründe,
Trivialitäten und Dramatik der Forschung mit einbezogen
wurden. HAMMOND hat im soziologischen Bereich ein Buch
herausgegeben (Sociologists at Work, 1964), in dem der
Forschungsprozeß von elf abgeschlossenen Forschungsprojekten von den Autoren selbst beschrieben wird. Dieses Buch
ist nach wie vor die wichtigste Quelle zu einer Orientierung über die Praxis der empirischen Sozialforschung. Auch
einige der in Anhang A aufgeführten Projekte enthalten
sehr nützliche Beschreibungen des Forschungsprozesses, so
vor allem WHYTE (1965).

Es besteht nun aber nicht nur eine gewisse Diskrepanz
zwischen den oft trockenen, abstrakten und stilistisch
häufig nicht sehr eleganten Forschungsberichten und dem
meist wesentlich dramatischeren Hergang der Forschung,
sondern es besteht noch eine andere Differenz, die noch
bedeutsamer ist. Es ist dies die Differenz zwischen der
Forschungspraxis auf der einen Seite und der Methodologie
oder Logik der Forschung auf der anderen Seite. Denn tatsächlich bestehen auch diese beiden Bereiche relativ unverbunden nebeneinander. Häufig geht auch die methodologische Diskussion der Wissenschaftstheoretiker nicht der
Forschung voraus, sondern versucht eher, die Merkmale her-
vorragender Forschungen zu kodifizieren. Auf der anderen
Seite sind aber manche Forderungen der Wissenschaftstheoretiker soweit der Praxis voraus, daß sie von ihr nur
schwer einzuholen sind. Schließlich sind bestimmte Wissen-
schaftszweige bzw. bestimmte Forschungstechniken bisher

kaum von der Methodologie behandelt worden.

Ausgehend von dieser Spannung sei zur Strukturierung dieses
Buches die folgende Unterscheidung vorgeschlagen: Wir wollen
zwischen einem methodologischen Rigorismus auf der einen
Seite und einem methodologischen Pragmatismus auf der anderen Seite unterscheiden, wobei es sich hierbei nicht um
einen starren Gegensatz handelt, sondern um einen flie-
ßenden Übergang. Natürlich wäre ein Zustand bequemer, in
dem Methodologie und Forschungspraxis deckungsgleich sind.
Trotzdem ist zu vermuten, daß eine solche Spannung notwendig ist und auch für Anreize in der Entwicklung sorgt.
Das Verhältnis zwischen beiden kann man sich wie das Verhältnis zwischen Norm und tatsächlichem Verhalten vorstellen: beides ist notwendigerweise immer nur partiell
deckungsgleich.

Mit der Unterscheidung in einen methodologischen Pragmatismus und einen methodologischen Rigorismus soll ausdrücklich nicht behauptet werden, "daß man die strengen Regeln
der Methodologie sowieso nicht realisieren könne, so daß
es sich schon deshalb nicht lohne, sie überhaupt zur Kenntnis zu nehmen." (OPP, 1970, S. 14). Es soll also nur deut-
licher als es häufig der Fall ist, die relative Unabhängig-
keit beider Bereiche dargestellt werden. Dies ist ein
realistisches Eingeständnis, das vor Wunschdenken bewahrt -
außerdem macht es die Forschungsergebnisse deshalb nicht
weniger wertvoll. Es soll damit auch nicht eine pragmatische Vorgehensweise verherrlicht werden. Und es soll
auch nicht einer rein empiristischen Vorgehensweise das
Wort geredet werden. Daß ein theoretischer Bezugsrahmen ein
notwendiges Erfordernis qualifizierter Forschung in den
Sozialwissenschaften ist -, das ist nicht mehr strittig.
Strittig ist nur die Frage, die jeweils im einzelnen gelöst werden muß, ob ein bestimmtes Problem mit der gegebenen Methodologie, bzw. Forschungstechnik gelöst werden

kann. Hier ist durchaus zwischen Erkenntnismöglichkeiten auf
der einen Seite, wie sie von den verfügbaren, entwickelten
Forschungstechniken angegeben werden, und den Erkenntnisinteressen auf der anderen Seite zu unterscheiden, wie sie
in einer historischen Situation im Vordergrund stehen (zu
dieser Unterscheidung vgl. SCHEUCH, 1972, S. 4). Die gegenwärtige Situation ist beispielsweise dadurch gekennzeichnet, daß die verfügbaren Forschungstechniken von vielen
für nicht mehr ausreichend betrachtet werden und das Gefühl herrscht, daß durch sie nur triviale Ergebnisse zu
erzielen seien. Demgegenüber werden neue Forschungstechniken gefordert (vgl. symbolischer Interaktionismus,
Ethnomethodologie, Beobachtungstechniken, usw.), die aber
gegenwärtig erst in Ansätzen entwickelt sind. Dem Charakter als Lehrbuch entsprechend kann aber darauf hier kaum
eingegangen werden, sondern es muß hier zunächst das
"etablierte" Instrumentarium dargestellt werden.

Der Leser wird feststellen können, daß dem, was hier metho-
dologischer Pragmatismus genannt wird, der weitaus größte
Raum in diesem Skriptum gewidmet ist. Die Lehren von der
Interviewtechnik beispielsweise oder die Probleme bei der
Auswahl eines Forschungsproblems sind Dinge, die sich
weitgehend durch Praxis selbst entwickelt haben, ohne daß
sie bisher eine eigene Theorie hervorgebracht haben. Aber
dies ist auch in den Naturwissenschaften zu beobachten:
Die Technik des Linsenschleifens und ihre Anwendung im
Fernglas beispielsweise gingen der optischen Theorie lange
voraus.

Dieses Skriptum ist als eine Ergänzung zu den anderen
Bänden der Teubner Studienskripten zu lesen, auf die im
Text jeweils verwiesen wird. Es kann daher keinen Ersatz
für die Lektüre der anderen Skripten darstellen, sondern
es soll vielmehr der ersten Orientierung dienen und es
soll speziell auf die vielen technischen Probleme im For-

schungsprozeß hinweisen, die wegen ihres latent trivialen Charakters häufig vernachlässigt werden. Einige Überschneidungen mit anderen Skripten sind dennoch unvermeidlich. Es liegt in der Anlage dieses Skriptums begründet, das ja den Totalzusammenhang des Forschungsprozesses darstellen soll. Um diesen Zusammenhang zu wahren, wurde im Zweifel auf "Tiefe", auf detaillierte Darstellung einzelner Methoden (vor allem was die Datenanalyse betrifft) verzichtet und eine Entscheidung zugunsten einer ersten Einführung getroffen.

2 Zur Logik der Forschung

In der praktischen Sozialforschung besteht ein Spannungsverhältnis zwischen dem methodologischen Rigorismus, der in diesem Kapitel überwiegend dargestellt werden soll, und dem methodologischen Pragmatismus, wie er sich durch die empirische Forschungspraxis eingestellt hat. Unter methodologischem Rigorismus soll hier die Wissenschaftstheorie des kritischen Rationalismus verstanden werden, so weit sie behauptet, den tatsächlichen Forschungsprozeß regulieren zu können. Methodologischer Pragmatismus soll demgegenüber eine Strategie benannt werden, die die vorhandenen Methoden der Forschung jeweils möglichst problemadäquat zu einem optimalen Forschungsplan zu kombinieren versucht.

Es geht also darum, inwieweit es eine verbindliche "Logik der Forschung" gibt, die als Anleitung für (sozialwissenschaftliche) Forschung dienen kann, die somit eine normative Wirkung für den Forschungsprozeß besitzt.

Bei der Behandlung der Logik der Forschung wollen wir zwei Problemkreise in den Vordergrund rücken: das sog. Abgrenzungsproblem, d.h. das Problem der Unterscheidung von Wissenschaft und anderen Bereichen des Wissens, gesellschaftlichen Institutionen und der Unterscheidung von Wissenschaft und Metaphysik. Das zweite Problem ist das Induktionsproblem, d.h. wie kommen wir überhaupt von empirisch ermittelten Beobachtungsdaten zu Allgemeinaussagen, d.h. zu Theorien oder Gesetzen. Nicht behandelt werden hier vor allem Probleme der formalen Logik. (Zur ausführlicheren Behandlung der Probleme im Zusammenhang mit der "Logik der Forschung" und der formalen Logik

vgl. ESSER, KLENOVITS, ZEHNPFENNIG (1977) "Wissenschaftstheoretische Grundlagen der empirischen Soziologie", das als
Teubner Studienskript zur Soziologie geplant ist. Literaturhinweise auf weiterführende wissenschaftstheoretische
Literatur findet der Leser in Anhang B1, S. 326).

2.1 Das Induktionsproblem

Es gibt einen Satz,der das Induktionsproblem sehr zutreffend umreißt: "Induktion ist der Siegeszug der Naturwissenschaften und die Schmach der Philosophie" (STEGMÜLLER 1971,
S. 13). Induktion ist definiert als der Versuch, von einer
Aussage mit geringer Aussagekraft zu einer Aussage mit
höherer Aussagekraft zu gelangen, oder, einfacher ausgedrückt, es soll von einer Beobachtungstatsache auf eine
Hypothese oder ein Gesetz geschlossen werden, oder noch
einfacher ausgedrückt: Induktion ist definiert als ein
Schluß vom Speziellen zum Generellen.

Unter Deduktion, auf der anderen Seite, wird ein spiegel-
bildliches Verfahren verstanden. Deduktion ist definiert
als ein Schluß vom Generellen auf das Spezielle, besteht
also aus der Ableitung von Aussagen aus einer allgemeinen
Gesetzmäßigkeit oder Hypothese. Es wird später noch gezeigt, daß hier das Wort "Schluß" in ganz anderer Weise
gerechtfertigt ist als bei der Induktion.

Induktion ist oben als der Siegeszug der Naturwissenschaften bezeichnet worden. Um dies zu verstehen, muß historisch etwas ausgeholt werden und die Wissenschaftsgeschichte konsultiert werden. Bekanntlich hat im 19. Jahrhundert tatsächlich der Siegeszug der Naturwissenschaften
stattgefunden. In dieser Zeit fand der endgültige und
offene Durchbruch der Wissenschaft statt und sie fand
öffentliche Anerkennung. Die Erfolge waren unübersehbar:
sie fanden ihren Ausdruck in der Formulierung von wissen-

schaftlichen <u>Naturgesetzen</u>, die eine von Raum und Zeit
unabhängige Geltung besaßen und die zuverlässige Voraus-
sagen ermöglichten. Wie kam es aber nach Meinung der Wissenschaftler zu derartigen Gesetzen: durch systematische,
kontrollierte Beobachtung der Tatsachen und durch Induktion, also dem "Schluß" von diesen Beobachtungstatsachen
auf ein allgemeines Gesetz.

So definiert z.B. J.St.MILL die Induktion folgendermaßen:
"die Operation, durch welche man allgemeine Urtheile
entdeckt und beweist" (MILL 1849, S. 5). MILL entwickelt
dann eine Reihe von Regeln, durch welche man derartige
"allgemeine Urtheile" beweisen kann, wie etwa die Methode
der Übereinstimmung oder die Differenzmethode. Um noch
einmal MILL zu zitieren: "Induktion ist also diejenige
Verstandesoperation, durch welche wir schließen, daß dasjenige, was für einen besonderen Fall wahr ist, auch in
allen anderen Fällen wahr sein wird, welche jenem in
irgendeiner nachweislichen Beziehung ähnlich sind. Mit
anderen Worten, Induktion ist das Verfahren, wonach wir
schließen, daß, was von gewissen Individuen einer Klasse
wahr ist, unter ähnlichen Umständen zu allen Zeiten wahr
sein wird." (S. 10) Und weiter: "die Behauptung, daß der
Gang der Natur gleichförmig ist, ist das Grundprinzip,
das allgemeine Axiom der Induktion."

2.1.1 Kausalität

Mit dieser Aussage, daß die Gleichförmigkeit der Natur
bei der Induktion vorausgesetzt wird, ist zugleich ein
anderer Begriff einzuführen: nämlich der der <u>Kausalität</u>.
Von Kausalität soll dann gesprochen werden, wenn zwei
Ereignisse, die unabhängig voneinander sind, miteinander
verknüpft werden sollen, und zwar in einem Verhältnis
von Ursache und Wirkung, so daß gesagt werden kann:
X (etwa eine typische Wolkenbildung) ist die Ursache von
Y (nämlich Regen). Oder, soziologisch gesprochen: Anomie,

das heißt Normlosigkeit in einer Gesellschaft, ist die Ursache für eine erhöhte Selbstmordrate in dieser Gesellschaft. Umgekehrt formuliert: Y (Regen/Selbstmordrate) ist die Wirkung von X (Wolkenbildung/Anomie). Ein Problem, das sich hierbei stellt, ist, wie man Ursache und Wirkung voneinander unterscheidet, besonders dann, wenn beides nicht offensichtlich isoliert voneinander ist (z.B. das bekannte Henne und Ei-Problem, was ist hier primär, verursacht die Henne das Ei oder das Ei die Henne?). Solche Probleme sind durchaus nicht selten, man spricht hier von reziproker Kausalität und es kommt auf das jeweilige Interesse des Forschers an, welche der beiden Ereignisse er als Ursache und als Wirkung ansieht.

Um von Kausalität zu sprechen, müssen vier Bedingungen erfüllt sein (ZIMMERMANN 1972, S. 41):
1. Es muß eine Korrelation (Verknüpfung zwischen zwei Ereignissen/Variablen) bestehen;
2. Eine zeitliche Abfolge muß beobachtet werden können. Ist das der Fall, dann wird das zeitlich frühere Ereignis als Ursache und das zeitlich spätere Ereignis als Wirkung bezeichnet.
3. Die Beobachtung muß in einem isolierten (geschlossenen) System gemacht werden, d.h. Störfaktoren müssen ausgeschaltet sein.
4. Mögliche Fehlergrößen müssen zufällig verteilt sein.
Erst wenn diese Bedingungen erfüllt sind, kann man davon sprechen, daß ein Ereignis die Ursache eines anderen ist.

Damit wurde der Kausalitätsbegriff quasi mikroskopisch behandelt, nämlich bezogen auf eine einzelne Aussage. In dem Zitat von MILL, daß Grundbedingung der Induktion die Behauptung sei, daß der Gang der Natur gleichförmig ist, ist allerdings ein weitergehender Kausalitätsbegriff angesprochen worden. Diese Behauptung wird als Kausalitätsprinzip bezeichnet (POPPER 1966, S. 33). Ein solches Kausali-

tätsprinzip ist aber letztlich nicht beweisbar, es ist eine
(metaphysische) Annahme, eine Art wissenschaftliches Vorurteil gewissermaßen, das allerdings in der Naturwissenschaft und auch der Sozialwissenschaft ungeheuer fruchtbar
gewesen ist.

Durch systematische und experimentelle Beobachtung und aus
diesen Beobachtungen abgeleiteten Gesetzen, die wiederum
zu Theorien verbunden werden können, hat also die Wissenschaft Triumphe feiern können, die spätestens im 19. Jahrhundert von jedermann anerkannt werden mußten. Dies bedeutet, daß die modernen Wissenschaften (vor allem im 19.
Jahrhundert) einen sicheren Weg der Verallgemeinerung gefunden zu haben glaubten, durch den, von Beobachtungstatsachen
ausgehend, auf allgemeine Gesetzmäßigkeiten geschlossen
werden konnte. Eine entsprechende induktive Logik wurde von
John Stuart MILL entwickelt, der für derartige Generalisierungen fünf Regeln aufstellte (die wir hier nicht im
einzelnen behandeln wollen), und dessen Einstellung zum
Induktionsproblem in dem folgenden Satz zusammengefaßt werden kann: "Da wir nur von dem Bekannten zum Unbekannten
fortschreiten können, so müssen wir an demjenigen Ende an-
fangen, womit wir am besten bekannt sind "(MILL, S. 94).
Wieso aber soll nun, wie es behauptet wurde, die Induktion
zugleich die Schmach der Philosophie, der Wissenschaftstheorie sein?

Eine zunächst oberflächliche Antwort ist sehr einfach: Wie
die Wissenschaftler zu ihren Theorien kommen, das ist ein
Problem, das gehört in den Bereich des Entdeckungszusammen-
hangs von Theorien, aber ein ganz anderes Problem ist es,
wie solche Theorien logisch wirklich zwingend begründet
werden können, und hier tun sich dann in der Tat ganz
immense Probleme auf, so daß von hier aus die ganze Problematik der Induktion, wie wir sie eben kennen gelernt haben,
in Frage gestellt wird.

2.1.2 Kritik des Induktionsprinzips

Der erste, der das Induktionsproblem kritisiert hat, war der englische Philosoph David HUME (1711-1776). Seine Kritik baut auf zwei Voraussetzungen auf (STEGMÜLLER 1971, S.16):

1. All unser Wissen über Reales muß sich in irgendeiner Form auf das stützen, was wir wahrnehmen und beobachten (umgekehrt: Durch reine Logik können wir kein Wissen über die Welt erhalten).

2. Wir bilden uns aber ein,ungeheuer viel mehr an Realwissen zu besitzen als wir durch Sinneserfahrung erworben haben könnten.

Wie können wir also unsere Überzeugung rechtfertigen, daß es sich bei diesem Wissen um tatsächliches Wissen handelt? Es zeigt sich also, daß es sich hier nicht um den Entdeckungszusammenhang von Theorien handelt, sondern allein um den Rechtfertigungs- oder Begründungszusammenhang. Zu den beiden Ausgangsfeststellungen kommt noch eine Prämisse hinzu:

3. Der Gehalt der Aussagen, in denen wir unser angebliches Wissen über nicht direkt Beobachtbares mitteilen, ist nicht im Gehalt unseres Beobachtungswissens eingeschlossen.

Diese Prämisse kann dadurch verdeutlicht werden, daß man zwei sprachliche Ebenen unterscheidet: nämlich auf der einen Seite eine Objektsprache, in der das Beobachtungswissen mitgeteilt wird, und zweitens eine Metasprache, in der das nicht direkt beobachtete Wissen formuliert wird, in der also unsere allgemeinen theoretischen Annahmen formuliert werden. Das Problem HUMES besteht also darin, ob es logische Schlüsse gibt, die derartig gehalterweiternd sind, daß von der Objektsprache auf die Metasprache geschlossen werden kann. HUMES Antwort ist: derartige Schlüsse gibt es nicht: Entweder ist ein logischer Schluß korrekt, dann ist er nicht gehalterweiternd, oder ein Schluß ist gehalterweiternd, dann gibt es keine Garantie dafür, daß er wahr ist.

Zusätzlich ergibt sich, daß die Einführung eines allgemeinen
Induktionsprinzips (oder wie wir es vorhin genannt haben:
Kausalitätsprinzip) ein zirkuläres Argument ist. Um nämlich
aus einer einzelnen Beobachtung einen allgemeinen Satz abzuleiten,muß ich ja eine Regelmäßigkeit der Natur annehmen.
Wie aber kann ich dieses Induktionsprinzip selbst rechtfertigen? Ich muß also ein weiteres Prinzip annehmen, um
das Induktionsprinzip zu rechtfertigen, usw., d.h. aber, ich
bewege mich in einem infiniten Regreß, einer Argumentations-
kette ohne Ende.

Mit Hilfe eines Induktionsprinzips kann ich also keinen
einzigen Allgemeinsatz begründen, weil das Induktionsprinzip selbst nicht begründbar ist (FEYERABEND 1963, S. 332).
Damit lassen sich aber gewissermaßen zwei Induktionsprobleme
unterscheiden: Das eine besteht darin, vom Bekannten zum
Unbekannten fortzuschreiten, vom Sicheren zum Unsicheren -
es ist das Problem der induktiven Statistik, oder wie
STEGMÜLLER es in bezug auf CARNAP formuliert hat: Diese
Form der Induktion oder der induktiven Statistik bezieht
sich auf die Aufstellung von Normen für menschliche Entscheidungen unter Risiko, betrifft zum Beispiel das in den
Sozialwissenschaften so wichtige Thema des Schlusses von
einer Stichprobe auf die Grundgesamtheit (STEGMÜLLER 1971,
S. 17). Diese induktive Statistik ist aber von dem Problem
der induktiven Logik grundlegend unterschieden, denn dabei
geht es um das Problem, ob es logische Schlüsse gibt, die
derartig gehalterweiternd sind, daß von Einzelfällen auf
allgemeine Gesetze geschlossen werden kann. MILL hatte beide Problembereiche noch zu vereinen gesucht. Aber bereits
David HUME hatte grundsätzlich das Induktionsproblem im
Sinne der logischen Induktion für unlösbar gehalten, weil
es keine derartigen gehaltserweiternden Schlüsse geben
könne. Die Schmach der Philosophie ist also darin zu sehen,
daß die Logiker und Philosophen das logische Induktionsproblem bisher nicht zu lösen vermochten, trotzdem aber

die Wissenschaft weitergeschritten ist und z.B. mittels
induktiver (besser würde man sagen: schließender) Statistik
zu Generalisierungen gekommen ist, die sich als ungeheuer
erfolgreich erwiesen haben (vgl. das Teubner Skriptum zur
Soziologie Nr. 23 von SAHNER, 1971).

Die Herausforderung HUMES an die Logik der Forschung (so
STEGMÜLLER) ist hauptsächlich von POPPER angenommen worden.
Wie HUME hält auch POPPER das Induktionsproblem für unlösbar, aber er resigniert dabei nicht, sondern sucht nach
einer neuen Antwort. Die Antwort,die er gefunden hat, ist
äußerst originell und bildet heute das Fundament jeglicher
Logik der Forschung - Unterschiede lassen sich heute eigentlich nur in den Folgerungen aus der POPPERschen Theorie
finden. Die überraschende Lösung, die POPPER (in seiner
Logik der Forschung, 1966) fand, kommt einer Überlistung
des Induktionsproblems gleich: Da ein logischer Schluß von
der Beobachtung zur theoretischen Aussage nicht möglich
ist, betrachte ich die theoretische Aussage zunächst als
frei erfunden - eine Annahme, die sich in der Wissenschaftsforschung inzwischen übrigens vielfach bestätigen ließ.
Nun muß aber ein Kriterium gefunden werden, das angibt,
wodurch sich die eine Aussage vor anderen Aussagen auszeichnet, welche Sätze wir als gesicherte Sätze, als "Gesetze" ansehen können und welche unsicher, ungenau, un-
wissenschaftlich sind. Das Grundkriterium bildet hier nach
POPPER die Forderung, daß Sätze, die den Anspruch erheben,
wissenschaftliche Sätze zu sein, über die Realität informieren zu wollen, widerlegbar sein müssen, daß sie falsifizierbar sein sollen. Ein Satz nämlich, der immer richtig
ist, ist offensichtlich trivial, er informiert nicht über
die Realität, z.B.: Studenten sind entweder männlich oder
weiblich. Dieser Satz ist nicht falsifizierbar, denn er
trifft auf jeden Studenten zu. Ein Satz dagegen wie: je
niedriger die Arbeitszufriedenheit, desto höher die
Kündigungsrate,ist widerlegbar; denn es ist möglich, eine

Untersuchung in Industriebetrieben durchzuführen, in der
sowohl die Arbeitszufriedenheit wie auch die Kündigungsrate
gemessen wird, so daß die behauptete negative Korrelation
zwischen den beiden Variablen überprüft werden kann.

POPPER lehnt also wie HUME ein Induktionsprinzip ab. Auch
hier wird wieder die Zirkularität des Induktionsprinzips
als eines allgemeinen Satzes betont, die zu einem unendlichen Regreß führt, denn um das Induktionsprinzip als
einen allgemeinen Satz zu rechtfertigen, müssen wir ja
wieder einen induktiven Schluß anwenden, für den damit
ein Induktionsprinzip höherer Ordnung angewendet werden
müßte. Im Gegensatz zu HUME ist diese Situation für POPPER
aber kein Grund zur Resignation, sondern er baut auf der
Ablehnung des Induktionsprinzips ein ganz neuartiges
deduktives System auf, das aber im Zusammenhang mit dem
Abgrenzungsproblem behandelt werden soll.

Wie erinnerlich, waren eingangs zwei Problembereiche unterschieden worden: das Induktionsproblem und das Abgrenzungsproblem. Durch HUME und POPPER ist nun das Induktionsproblem seines logischen Gehalts entkleidet worden. Damit ist
es nun nicht vollständig hinweeskamotiert worden, denn
nach wie vor ist es ja interessant zu wissen, wie tatsächlich Theorien gefunden werden. Das ist aber nun keine
Frage der Logik der Forschung mehr, sondern das ist ein
psychologisches Problem, ein Problem der Motivation des
Wissenschaftlers. Wie Hypothesen aufgestellt werden, ist
damit prinzipiell in das Belieben des Forschers gestellt,
wie das auch die Wissenschaftsgeschichte zeigt. Die Frage,
die dagegen interessant ist, ist die, welche von den auf-
gestellten Hypothesen als gültig anzuerkennen sind, ist
mit anderen Worten das Abgrenzungsproblem, wie es ganz am
Anfang bezeichnet worden ist.

2.1.3 Induktives (statistisches) Schließen

Bevor wir uns diesem Problembereich zuwenden, noch ein Wort zur Induktion. In der induktiven Statistik handelt es sich beispielsweise um das Problem, wie von einer Stichprobe von Personen auf die Grundgesamtheit von Personen geschlossen werden kann. Es geht dann um die Wahrscheinlichkeit, inwieweit eine solche Schätzung richtig ist. Die moderne Mathematik und Statistik hat derartige Schätzverfahren sehr gut entwickelt. Ein solches induktives Verfahren wird vor allem mit dem Namen CARNAP verbunden, der häufig als Gegner von POPPER dargestellt wird. Nach STEG-MÜLLER ist dies jedoch nicht zutreffend. Nach ihm behandeln POPPER und CARNAP grundverschiedene Dinge. Die Theorie POPPERS betrifft die theoretische Beurteilung von nicht verifizierbaren Hypothesen, während CARNAPS Theorie die Aufstellung von Normen für menschliche Entscheidungen unter Risiko betrifft. POPPERS Theorie ist danach eine Metatheorie der Theorien, CARNAPS Theorie eine Metatheorie der Praxis. POPPERS Überlegungen gehören in den Bereich der theoretischen Vernunft, CARNAPS Theorie in den Bereich der praktischen Vernunft.

Nach CARNAP lassen sich fünf Haupttypen von derartigen Induktionsschlüssen unterscheiden:

1. der direkte Schluß, d.h. der Schluß von einer Grundgesamtheit auf eine Stichprobe aus dieser Grundgesamtheit (was meist als relativ problemlos angesehen wird);

2. der Voraussageschluß, d.h. der Schluß von einem Fall auf einen anderen, der gewöhnlich in der Zukunft liegt und sich mit dem ersten Fall nicht überschneidet (dazu sind Trendextrapolationen oder aus Theorien abgeleitete Prognosen erforderlich);

3. der Analogieschluß, nämlich der Schluß von einem Individuum (oder einer anderen Analyseeinheit, z.B. einer Organisation) auf ein anderes aufgrund einer bekannten Ähnlichkeit zwischen beiden Einheiten (solche Schlüsse

werden im alltäglichen Leben ständig gezogen, sie setz-
ten allerdings eine Vergleichbarkeit zwischen zwei
Merkmalsträgern voraus);

4. der _inverse Schluß_, nämlich der Schluß von einer Stichprobe auf die Grundgesamtheit (er wird in den Sozialwissenschaften heute bei allen Repräsentativerhebungen
   mittels Stichproben angewandt, zur Berechnung werden
   Mutungsintervalle und Signifikanzmaße verwendet);

5. der _Allschluß_, d.h. der Schluß von einer Stichprobe
   (einer endlichen Klasse von Einzelfällen) auf eine
   Hypothese vom Charakter eines Allsatzes (derartige
   "Schlüsse" werden in der Datenanalyse ständig vollzogen,
   wenn aus den beobachteten Daten auf die Bestätigung oder
   Widerlegung der Ausgangshypothesen geschlossen wird)
   (vgl. STEGMÜLLER 1975, Bd. 1, S. 475).

Es ergibt sich, daß sich damit das Problem des induktiven
Schließens weitgehend in die _Datenanalyse_ verlagert hat.

2.2 Das Abgrenzungsproblem

Das Abgrenzungsproblem war bezeichnet worden als das Problem der Unterscheidung von empirischer Wissenschaft gegenüber Metaphysik und Aberglauben auf der einen Seite und
Mathematik und Logik auf der anderen Seite. Vor allem die
Abgrenzung gegenüber der Metaphysik hat POPPER viel Feind-
schaft eingetragen, da hierin eine unangemessene Einschränkung des Wissenschaftsbegriffs gesehen wird. Besonders ist
dies von deutscher Seite (etwa HABERMAS) geschehen, der
POPPER deswegen als einen Positivisten bezeichnet hat (in
ADORNO et al. 1969). Hier ergibt sich allerdings die Pikan-
terie, daß POPPER selbst den Positivismus immer bekämpft
hat (vgl. POPPER, 1970).

Da nach POPPER das Induktionsprinzip nicht haltbar ist, können Theorien nur deduktiv überprüft werden. Allerdings genügt eine rein logische Ableitung nicht, denn Theorien müssen ja irgendwie mit der Erfahrung, mit der Beobachtung in Verbindung gebracht werden. Wenn dies nicht geschieht, dann handelt es sich um ein rein tautologisches System. Irgendwie müssen also die theoretischen Sätze, die nicht aus der Erfahrung direkt induktiv abgeleitet werden können, aber ausgezeichnet sein. Die Bedingung, die POPPER hier einführt, ist, daß alle Aussagen falsifizierbar sein müssen, daß sich also jeder wissenschaftliche Satz als falsch erweisen können muß. Dies ist eine direkte Umkehrung gegenüber der induktiven Auffassung: Denn dort ging es darum, Sätze zu verifizieren, d.h. ihre Gültigkeit oder Wahrheit nachzuweisen. Nun kann POPPER aber nachweisen, daß in einem logischen Sinne eine fundamentale Asymmetrie zwischen Falsifizierbarkeit und Verifizierbarkeit besteht, denn es wird nie gelingen, einen allgemeinen Satz voll- ständig zu verifizieren, da niemals alle denkbaren Fälle nachweisbar sind (alle Raben sind schwarz ... sofern das jedenfalls als ein empirischer Satz und nicht als eine Definition aufgefaßt wird). Dagegen ist es sehr wohl mög- lich, einen allgemeinen Satz endgültig zu falsifizieren (etwa indem ein weißer Rabe – ein Albino – gefunden wird) – dann hat sich der Satz aber als falsch erwiesen und muß zumindest modifiziert werden. Noch anders ausgedrückt, es geht grundsätzlich nicht um die Bestätigung von Theorien, sondern Theorien sollen so gebaut sein, daß sie widerlegbar sind. POPPER gibt damit den Glauben an die absolute Wahr- heit wissenschaftlicher Gesetze auf. Es gibt überhaupt kein endgültiges Wissen, sondern nur ein vorläufiges Wis- sen. "Wir wissen nicht, sondern wir raten", sagt POPPER einmal (POPPER, 1966, S. 223). Es sollte an dieser Stelle deutlich werden, daß POPPERs Methodenlehre nicht als kon- servativ gelten kann, sondern daß sie kritisch ist, daß der Ausdruck kritischer Rationalismus, der von ALBERT für

die POPPERsche Theorie geprägt wurde, zutreffend ist (vgl.
ALBERT, 1971). Ganz im Gegenteil fördert die POPPERsche
Methodenlehre, wie er selbst betont, revolutionäre Um-
schwünge durch den Entwurf neuer Hypothesen (und unterscheidet sich damit von seinen auf stückweise Reformen ab-
stellenden gesellschaftstheoretischen Ideen), wobei sich
POPPER allerdings sehr scharf gegen den atheoretischen
Begriff wissenschaftlicher Revolutionen gewandt hat, wie
er von KUHN (1962) entwickelt wurde.

Aus der Asymmetrie zwischen Verifizierbarkeit und Falsifizierbarkeit und aus der Unmöglichkeit der Induktion entwickelt POPPER sein Abgrenzungskriterium, das er in der
Kurzfassung so darstellt: Wissenschaftliche Sätze sind nur
solche, die falsifizierbar sind, die damit eine empirische
Basis haben. Nachfolgeprobleme ergeben sich dann aber vor
allem daraus, was für Kriterien entwickelt werden, um
zwischen Sätzen mit einem ähnlich hohen Bewährungsgrad
auswählen zu können, wie also überhaupt ein Erkenntnisfortschritt festgestellt werden kann.
POPPERs Abgrenzungskriterium ist damit die Forderung, daß
alle Theorien falsifizierbar sein müssen. Theorien sind
damit willkürliche Setzungen, Antizipationen, die erst
nachträglich mit der Realität konfrontiert werden. Wissenschaft ist damit durch methodologische Festsetzungen gekennzeichnet. Sie ist ein Spiel, das zum Beispiel durch
die folgenden beiden Spielregeln gekennzeichnet ist:
1. Das Spiel Wissenschaft hat grundsätzlich kein Ende:
   Wer eines Tages beschließt, die wissenschaftlichen
   Sätze nicht weiter zu überprüfen, sondern sie etwa als
   endgültig verifiziert zu betrachten, der scheidet aus
   dem Spiel aus - und eine zweite Regel:
2. Einmal aufgestellte Hypothesen dürfen nicht ohne Grund
   fallen gelassen werden; als Gründe können gelten: Ersatz
   durch eine andere Hypothese, die besser nachprüfbar
   ist oder die Falsifikation der Folgerungen aus dieser

Hypothese (vgl. POPPER, 1966, S. 26).
Der Forschungsprozeß verläuft damit gewissermaßen zyklisch:
Am Anfang (wenn man überhaupt von einem Anfang reden kann)
steht eine Theorie, die zunächst frei erfunden ist, aber
widerlegbar sein muß, d.h. nicht tautologisch sein darf
öder nur aus Leerformeln bestehen darf. An sich kann eine
solche Theorie aber noch keine Geltung beanspruchen, dies
kann sie vielmehr erst dann, wenn sie in einer empirischen
Untersuchung tatsächlich zu widerlegen versucht wurde. Wird
sie nun tatsächlich widerlegt, muß sie entweder ganz bei-
seite gelegt werden oder sie muß modifiziert werden (was
häufiger geschieht). Wird sie dagegen nicht widerlegt, so
wird sie als vorläufig bestätigt angenommen. Theorien sind
also dann am besten abgesichert, wenn sie häufige Widerlegungsversuche überstanden haben - wie dies ja bei den meisten Naturgesetzen der Fall ist, beispielsweise dem Fall-
gesetz, das nach wie vor als gültig angesehen wird, obwohl
die Ursachen der Schwerkraft noch immer ungeklärt sind.

Der Forschungsprozeß besteht also zumindest aus zwei Stadien, theoretischer Entwicklung und empirischer Überprüfung.
Die Regeln der Vorgehensweise bei der empirischen Überprüfung sind dabei weitaus besser entwickelt als die der
Theorie-Entwicklung, außer was die Formalisierung von
Kalkülen anbetrifft. Hier soll nur ein solcher Kalkül vor-
gestellt werden, nämlich die logische Struktur wissenschaftlicher Erklärungen. Im übrigen bleibt also die Theorie-Entwicklung weiterhin eine Setzung, bleibt der Phantasie des
Forschers überlassen - ein Tatbestand der beispielsweise
von Vertretern einer kritischen Gesellschaftstheorie heftig
beklagt wird, weil sie daraus eine prinzipielle Beliebigkeit dieser Entwicklung ableiten, die damit mißbräuchlich
in den Dienst gewisser (z.B. wirtschaftlicher) Interessen
gestellt werden könnte. Es wird dabei nicht berücksichtigt,
daß alle Theorieentwürfe gleichermaßen zur Kritik freigege-
ben werden.Nur das Gute zu wollen,reicht leider bekanntlich

nicht aus, die Motivation des Wissenschaftlers, das Erkenntnisinteresse, bleibt für das Forschungsergebnis un-
beachtlich. Wissenschaft hat es mit informativen <u>Aussagen</u>
über die Wirklichkeit zu tun.

2.3 Begriffsbildung in der Wissenschaft

Nunmehr sollen die Bestandteile dieser Aussagen untersucht werden, nämlich <u>Worte und Begriffe</u>. Worte, die in
der Wissenschaftssprache verwendet werden, sollen <u>Termini</u>
genannt werden. Ausdrücke wie "und", "oder", "gleich",
"wenn - dann" dienen dabei der Verknüpfung von zwei oder
mehreren Ausdrücken, z.B. "Wenn Personen miteinander inter-
agieren, dann werden sie positive emotionale Beziehungen
zueinander aufbauen." Diese Ausdrücke werden <u>logische
Termini</u> genannt. Ihre Bedeutung liegt genau fest, es handelt sich um Verknüpfungszeichen, die bestimmte Relationen
zwischen anderen Ausdrücken bezeichnen. Ihre Bedeutung wird
in der formalen Logik mittels einer Wahrheitstafel definiert. Neben derartigen logischen Termini treten aber in
wissenschaftlichen Aussagen noch andere Bezeichnungen auf,
nämlich z.B. Gruppe, Person, Selbstmordrate, soziale Isolation, Berlin, Deutschland. Dies sind <u>außerlogische Ter-
mini</u> oder Begriffe im engeren Sinne. In ganz anderer Weise
als bei den logischen Termini können wir uns unter derartigen Begriffen etwas mehr oder weniger Genaues vorstellen,
und zwar in ganz unterschiedlicher Weise. Begriffe müssen
sich immer auf einen bestimmten Vorstellungsinhalt beziehen. Wir können also Begriffe folgendermaßen definieren:
"Ein Begriff ist ein sprachliches Zeichen, dem ein Denkin-
halt zugeordnet ist" (ESSER 1972, S. 9). Solche Denkin-
halte werden den Begriffen durch Definitionen zugeordnet.
Es gibt verschiedene Möglichkeiten, Begriffe zu definieren.

In unserer obigen Aufzählung wurden z.B. Termini wie Gruppe
und Berlin nebeneinandergestellt. Berlin bezieht sich aber
auf ein bestimmtes Phänomen, nämlich auf eine ganz bestimmte
Stadt, während der Terminus Gruppe sich auf eine nicht näher
spezifizierte Klasse von Erscheinungen bezieht. Im ersten
Falle handelt es sich um etwas Einmaliges, Individuelles,um
einen Individualbegriff. Derartige Begriffe beziehen sich
also entweder auf Dinge, die man sehen oder anfassen kann
(Baum, Tisch, Kiefer, Hamburg) oder auf einmalige historische Personen und Ereignisse (Cäsar, Cleopatra, der
30jährige Krieg usw.). Begriffe, die ganze Klassen von
Dingen oder Ereignissen bezeichnen, werden dagegen Universalbegriffe genannt. Manche Individualbegriffe (Baum) bezeichnen gleichzeitig auch einen Universalbegriff (die
Klasse aller Bäume). Universalbegriffe lassen sich logisch
nicht auf Individualbegriffe zurückführen. Zwischen dem
Universalienproblem (d.h. dem Problem: wie bilden wir derartige Allgemeinbegriffe) und dem Induktionsproblem scheint
übrigens eine weitgehende Analogie zu bestehen.

Eine Einigung über einen Individualbegriff ist dagegen
leichter vorzunehmen, da es sich dabei ja um eine Namens-
gebung handelt: um ein unverwechselbares Einzelnes wie ein
Baum in einem Garten, Willy Brandt oder Hörsaal XXV der
Universität Köln. Individualbegriffe scheinen in der Wissenschaft zunächst eine untergeordnete Rolle zu spielen,
denn unsere theoretischen Aussagen, Gesetze oder Hypothesen
bestehen aus Universalbegriffen. Tatsächlich spielen die
Individualbegriffe jedoch bei der Überprüfung von Theorien
eine große Rolle, nämlich beim sogenannten Basisproblem,
d.h. wenn bei der empirischen Überprüfung von Theorien
in den Randbedingungen singuläre Ereignisse mit Hilfe von
Individualbegriffen bezeichnet werden und diese über die
Annahme oder Zurückweisung der Theorie entscheiden.

Die meisten Schwierigkeiten bei der Begriffsbildung entstehen bei den Universalbegriffen, da sie ja keine unmittelbare Entsprechung in der Realität besitzen.
Wie kommt es, daß wir uns über Universalbegriffe einigen
können? Sie müssen doch zumindest jeweils bestimmte Eigenschaften gemein haben. Wenn man aber ins einzelne geht,
wird man häufig feststellen, daß man doch nicht genau von
der gleichen Sache spricht. Um dies zu vermeiden, müssen
Begriffe _definiert_ werden.

Bei einer Definition kann man das _Definiendum_ (also der
neue Begriff) und das _Definiens_ unterscheiden. Eine Definition besteht darin, daß der neue Begriff (das Definiendum) mit einer Kombination bereits bekannter Termini gleichgesetzt wird (nämlich dem Definiens). Daraus ergibt sich,
daß eine Definition immer tautologisch ist.

Es lassen sich bei der Begriffsbildung zwei Probleme unterscheiden: Auf was für Inhalte, auf was für Bedeutungen bezieht sich der Begriff eigentlich? Das ist in der Definition
angegeben. Diesen Inhalt, die Bedeutung eines Begriffs
nennt man auch die _Intension_ eines Begriffs. Die Menge der
Gegenstände oder die Ereignisse, auf die sich ein Begriff
bezieht, nennt man dagegen die _Extension_ des Begriffs.

Wissenschaft setzt nun voraus, daß das Verhältnis von Extension und Intension von Begriffen geklärt wird, damit es
nicht zu "unmöglichen" Fällen kommt, z.B. Begriffe praktisch ohne Extension (Schneemensch) oder Begriffe mit
einer unendlichen Extension (das All).

Es scheint im Wesentlichen zwei Möglichkeiten zu geben,
Begriffe zu definieren. Geht man davon aus, daß das Ver-
hältnis von Definiendum zum Definiens auf einer bloßen
Konvention beruht, so pricht man von _Nominaldefinitionen_.

Geht man dagegen vom "Wesen" eines Begriffs aus, so
spricht man von <u>Realdefinitionen</u>.

Wenn bisher über Definitionen gesprochen wurde, so haben
wir dabei Nominaldefinitionen im Auge gehabt, so z.B. oben
bei der Definition des Begriffs. Eine Nominaldefinition ist
also eine rein tautologische Gleichsetzung von einem langen
Ausdruck (dem Definiendum) mit dem Definiens. Daraus folgt,
daß eine solche Definition nicht wahr und nicht falsch
sein kann.

Warum führen wir dann überhaupt Definitionen ein? Die
Hauptfunktion ist eine <u>Kommunikationsvereinfachung</u>. Unsere
Sprechweise müßte sehr lang und umständlich sein, wenn wir
auf solche Begriffe wie Gruppe, Rolle, Norm verzichten
müßten. Der <u>Begriffsnominalismus</u> geht also davon aus, daß
die Begriffe den Erscheinungen nur äußerlich sind, daß es
sich nicht jeweils um eine Wesensbestimmung von verschiedenen Gegenständen handelt. Dies ist sicherlich letztlich
eine philosophische Position, die aber der Wissenschaft
eine große Dynamik gegeben hat. Denn es ist nun z.T. beliebig, wie eine Begriffsdefinition gehandhabt wird
(- jedenfalls in gewissen Grenzen -), dafür konzentriert
die Wissenschaft nunmehr ihre ganze Kraft darauf, die Beziehungen zwischen den Begriffen zu spezifizieren.

Den Nominaldefinitionen werden die <u>Realdefinitionen</u> gegen-
übergestellt. Hier geht es darum, das "Wesen" eines Gegenstandes zu bestimmen, d.h. es geht im Prinzip um eine empirisch lösbare Frage. Realdefinitionen können daher wahr
oder falsch sein. Allerdings ist der wissenschaftstheoretische Charakter von Realdefinitionen umstritten, denn das
Problem besteht hier gewissermaßen darin, die sprachliche
Ebene zu verlassen, und <u>zu den Dingen selbst</u> vorzustoßen.
Dem steht aber als Hemmnis entgegen, daß sich Begriffe nur
auf Begriffe stützen können. Der Begriffsrealismus ver-

sucht also die wissenschaftlichen Begriffe direkt mit der
Realität zu verkoppeln. Typischerweise sind derartige Real-
oder Wesensdefinitionen, wo sie versucht werden, sehr unklar.

Bei einer Realdefinition kann es sich aber auch um eine
empirische Analyse handeln, wobei für die Verwendung von
Begriffen Bedingungen angegeben werden, die empirisch nachweisbar sind. Wir wollen also festhalten, daß der Begriffsrealismus eine philosophische Haltung gegenüber dem Charakter wissenschaftlicher Begriffe ist, daß es aber sehr
schwierig ist, echte Realdefinitionen festzustellen. (Wahr-
scheinlich ist dies nur bei Individualbegriffen möglich.)

Die Funktion der Begriffsbildung in der Wissenschaft ist
allerdings eines der großen ungeklärten Probleme der Wissenschaftstheorie. Auch der herrschende Nominalismus, der Begriffen im wesentlichen eine rein konventionelle Bedeutung
zuschreibt, kann nicht voll befriedigen, denn was in einem
linguistischen Sinne unter "Bedeutung" zu verstehen ist,
bleibt dabei völlig offen. Es wird daher mehr und mehr mit
der Formel gearbeitet, daß Begriffe, um sie für die Wissenschaft brauchbar zu machen, in ihrem Bedeutungsgehalt
expliziert werden müssen. Nach CARNAP lassen sich für die
Begriffsexplikationen die folgenden vier Adäquatheits-
kriterien angeben:

1. Ähnlichkeit des zu explizierenden Begriffs mit der zuge-
   schriebenen Bedeutung,

2. Exaktheit bei der Zuschreibung des Bedeutungsgehalts (im
   Grunde verweist das auf das Meßproblem - dies Kriterium
   bezieht sich auch auf eine ganze Klasse von Begriffen),

3. Fruchtbarkeit des Begriffs in Hinsicht darauf, daß der
   Begriff die Aufstellung von möglichst vielen Gesetzen
   gestatten soll und

4. Einfachheit der Explikation, d.h. Vermeidung von Redundanz in der Begriffsbildung (vgl. STEGMÜLLER 1975, S.375).

In der Soziologie scheint gegenwärtig eine krause Mischung
aus Begriffsnominalismus und -realismus vorzuherrschen,
wobei insgesamt doch die realistischen Tendenzen vor allem
in Form der Übernahme von Begriffen aus der Alltagssprache
zu überwiegen scheinen. Die Soziologie scheint der Mut
weitgehend verlassen zu haben, überhaupt Begriffe nominali-
stisch festzusetzen und sich auf sie zu einigen. Diese
Behauptung läßt sich dadurch stützen, daß Einigkeit über
Grundbegriffe der Disziplin doch recht selten ist: Anomie,
Kohäsion, Entfremdung, soziale Schichtung, Macht, Herrschaft, Elite, soziales System - dies alles sind Begriffe
(die Liste ließe sich unschwer verlängern), über deren
präzise Bedeutung in der Disziplin noch keine Einigung besteht - das zeigt sich allein schon daran, daß jeder, der
sie verwendet, zunächst eine Definition (zum Glück nicht
immer eine eigene!) anführt, um so seinen Erkenntniszu-
sammenhang überhaupt erst zu kennzeichnen. Darüber hinaus
lassen sich ganz unterschiedliche Typen von Forschungs-
richtungen kennzeichnen: Manche Gebiete (und die Rollen-
analyse ist hierzu ein Beispiel) bestehen vorwiegend in
einer begrifflichen Strukturierung - fast ohne Rücksicht
darauf, inwieweit die immer differenzierter werdende Begriffsbildung für die Forschung fruchtbar zu machen ist;
andere Gebiete sind ganz im Gegenteil dadurch gekennzeichnet, daß der Begriffsbildung kaum Aufmerksamkeit geschenkt
wird und sich quasi eine Forschung ohne Begrifflichkeit
etabliert, bzw. die verwendeten Begriffe eklektizistisch
aus anderen Gebieten ausgeliehen werden.

Wie werden nun Begriffe im Forschungsprozeß eingesetzt?
Denn es scheint nun doch schwierig zu sein, Universalbegriffe, wie sie vor allem in theoretischen Aussagen verwendet werden, direkt in der Forschung anzuwenden. Wie zum
Beispiel soll ein Begriff wie Interaktion in einer Untersuchung erfaßt werden, wenn Interaktion definiert ist als:

Aktivität eines Akteurs (Person), die die Aktivität eines
anderen Akteurs auslöst? Was hier Aktivität ist, ist doch
offensichtlich schwierig zu erfassen, selbst dann, wenn
ich wiederum Aktivität definiere als: "jegliche Bewegung
eines Akteurs", denn das bringt mich nicht viel weiter.

Das Problem besteht also darin, daß auf der einen Seite
allgemeine Begriffe für die Theoriebildung benötigt werden, auf der anderen Seite müssen diese Begriffe wieder in
erhebungstechnische Operationen aufgelöst werden, um die
Theorien überprüfen zu können, die ja aus diesen Allge-
meinbegriffen bestehen. Aus den Universalbegriffen müssen
also sogenannte operationale Definitionen abgeleitet wer-
den.Die theoretischen Begriffe müssen in Operationen überführt werden, sie müssen meßbar gemacht werden.

Kann man nun nicht einfach auf die theoretischen Begriffe
verzichten und nur noch derartige operationale Definitionen
verwenden? Dies ist sicher zum Teil möglich und es gibt
auch eine wissenschaftstheoretische Schule, den Operatio-
nalismus, die das versucht. Das Problem des Operationalis-
mus besteht aber darin, daß er sehr leicht eindimensional
und damit "bedeutungslos" werden kann, daß sich die Forschung leicht in einen Elfenbeinturm künstlich erzeugter
"Fakten" einschließt. Der Dualismus zwischen theoretischen
Begriffen auf der einen Seite und operationalen Begriffen
auf der anderen Seite scheint daher notwendig zu sein. Zwar
kann auf Operationalisierungen nicht verzichtet werden,
aber sie sollen doch immer durch "tiefere" Begriffe ergänzt
werden.

Mit diesem Aufreißen der Meßproblematik, d.h. dem Problem
der Operationalisierung von unseren Begriffen, soll das
Kapitel über Begriffsbildung abgeschlossen werden. Es
bleibt festzuhalten, daß Begriffe die Bausteine bilden,
aus denen wissenschaftliche Aussagen bestehen, daß diese

Bausteine zum Teil recht willkürlich gewählt sind (im
Falle von Nominalbegriffen) und somit eine ganz unterschiedliche Relevanz besitzen und daß sie vor allem eine
sehr unterschiedliche Allgemeinheit haben können, und sich
dabei Definitions- und Begriffshierarchien bilden können,

z.B. Aktivität   -   Bewegung von Akteuren;

Interaktion -   die A eines Akteurs, die die A eines
                   anderen Akteurs auslöst;

Gruppe   -   eine Menge von Personen, die relativ
                    häufig interagieren.

Abschließend sei bemerkt, daß gerade die Probleme der
unterschiedlichen Allgemeinheit von Begriffen noch nicht
gelöst sind.

2.4 Erklärungen in der Wissenschaft

POPPER bezeichnet als das Ziel der Wissenschaft die Erklärung von Tatbeständen (POPPER 1972).

Was ist nun gemeint, wenn ein bestimmter Tatbestand erklärt
werden soll? Man geht dann meist von einem ganz bestimmten
singulären Ereignis aus. Beispiel: In Großstädten ist die
Selbstmordrate höher als auf dem Lande. Dieses singuläre
Ereignis, das erklärt werden soll, nennt man auch das
Explanandum (E). Um E zu erklären, muß man von einer
Hypothese bzw. von einer allgemeinen Gesetzmäßigkeit, dem
Explanans, ausgehen. Der Klarheit halber spricht man
übrigens in diesem Zusammenhang immer von einer Gesetzmäßigkeit oder Gesetzesaussage und nicht von einer Hypothese. Es bleibt nun dem Sachverstand des Soziologen überlassen, eine solche Gesetzesaussage zu finden. Eine solche
Gesetzesaussage könnte sein: In Gruppen und Kollektiven, in
denen ein hoher Prozentsatz von Personen sozial isoliert
ist, ist die Selbstmordrate höher als in Gruppen mit geringer sozialer Isolierung. Nun können wir aus dieser

Gesetzesaussage über den Zusammenhang von sozialer Isolierung und Selbstmordrate die singuläre Aussage noch nicht
direkt ableiten. Uns fehlt noch ein Zwischenschritt. Wir
benötigen nämlich noch eine Anfangsbedingung, eine singuläre Aussage. Diese Anfangsbedingung ist etwa gegeben durch
die Aussage: In Großstädten ist die soziale Isolierung höher
als auf dem Lande. Damit ist unser Erklärungsschema vollständig und wir können das Explanandum deduktiv aus dem
sogenannten Explanans ableiten: Wenn in einer Gruppe die
soziale Isolierung hoch ist, dann ist die Selbstmordrate
hoch;
In Großstädten ist die soziale Isolierung hoch;
Wenn also in Großstädten die soziale Isolierung hoch ist,
dann erklärt dies, daß auch die Selbstmordrate hoch ist.

Explanans:

G_1: Gesetzesaussage

A_1: Anfangsbedingungen (singuläre Aussage,
    die die Anfangsbedingung beschreibt)

Explanandum: E_1

Dieses Schema ist an vier Bedingungen geknüpft:

1. Das Argument, das vom Explanans zum Explanandum führt,
   muß korrekt sein, darf also nicht falsch sein.
2. Das Explanans muß mindestens ein allgemeines Gesetz enthalten (oder einen Satz, aus dem ein allgemeines Gesetz
   logisch folgt). Es kann aber auch mehrere Gesetze enthalten.
3. Das Explanans muß einen empirischen Gehalt besitzen.
4. Die Sätze, aus denen das Explanans besteht, müssen wahr
   sein (STEGMÜLLER, 1969, S. 86 ff.)

Eine Einschränkung muß bei diesem Erklärungsschema allerdings gemacht werden. Es setzt nämlich deterministische
Gesetzesaussagen voraus, d.h. solche, die unter allen Bedingungen und immer gelten. Die meisten soziologischen
Aussagen sind allerdings probabilistische Aussagen, d.h.
sie gelten nur in einem bestimmten Prozentsatz der Fälle.
Dann muß dies Schema modifiziert werden und man kommt

dann zu einem <u>probabilistisch-statistischen</u> oder auch
<u>induktiven Erklärungsmodell</u>.

Mit dem angeführten Erklärungsschema lassen sich aber
nicht nur singuläre Ereignisse mit Hilfe einer Gesetzesaussage erklären, sondern im Explanandum kann selbst eine
Hypothese stehen, die dann aus einer Gesetzesaussage
höherer Ordnung erklärt werden soll.

Das <u>Erklärungsschema</u> läßt sich nun noch umstellen, so daß
es die Form einer <u>Prognose</u> annimmt. Bei der Erklärung war
das Explanandum gegeben, das Explanans wurde gesucht. Bei
einer Prognose ist es nun genau umgekehrt: hier ist das
Explanans gegeben und das Explanandum wird gesucht (OPP,
1970, S. 69). Es ergibt sich somit:

<u>Erklärung</u>		<u>Prognose</u>
gesucht	G_1	gegeben
gesucht	$\underline{A_1}$	gegeben
gegeben	E_1	gesucht

eine strukturelle Identität zwischen Erklärung und Prognose.
Angewendet auf das Beispiel von vorhin ergibt dies:

G_1:	Soziale Isolierung bedingt eine hohe Selbstmordrate
A_1:	In x ist die soziale Isolierung hoch
P :	In x wird sich eine hohe Selbstmord-rate feststellen lassen.

Aus diesem Beispiel wird ersichtlich, daß sich ein derartiges prognostisches Vorgehen sehr gut dazu eignet, um eine
Theorie zu testen (abgesehen von den sonstigen "technokra-
tischen" Zwecken einer Prognose). Die Ableitung von Prognosen aus theoretischen Aussagen wird uns also sehr dabei
helfen, Widerlegungsversuche an Theorien vorzunehmen.

2.5 Theoriebildung in der Sozialwissenschaft

Wenn wir uns nunmehr dem Problem der Theoriebildung zuwenden, dann gehen wir am besten von dem bekannten Erklärungsschema aus, denn dort waren uns ja zum erstenmal Gesetzesaussagen oder besser Hypothesen begegnet. Unter einer Theorie versteht man nun nichts anderes als eine Menge von ineinander verschränkten Hypothesen. Etwas genauer können wir Theorie folgendermaßen definieren:

Eine Theorie ist eine Menge von untereinander verbundenen widerspruchsfreien Gesetzesaussagen oder Hypothesen, die einen systematischen Überblick über die Einzelerscheinungen eines Gegenstandsbereiches durch Spezifizierung der Beziehungen zwischen den Einzelereignissen erlauben, so daß es möglich ist, diese Einzelereignisse logisch abzuleiten und somit ihr Auftreten zu prognostizieren.

Wichtig ist hier vor allem der erste Teilsatz und dann die Möglichkeit der Prognose, d.h. der Ableitbarkeit von individuellen Aussagen (dann und dann wird sich die Venus in der Position X befinden, unter diesen Bedingungen wird die Jugendkriminalität steigen) aus allgemeineren Gesetzmäßigkeiten.

Wenn von Theorie als einer Menge von untereinander verbundenen Hypothesen gesprochen wurde, so kann damit zweierlei gemeint sein:

1. Es handelt sich um Hypothesen, die in einer Beziehung der Über- und Unterordnung stehen, d.h. es handelt sich um ein sozusagen hierarchisches System von Hypothesen und Gesetzesaussagen. Wenn dies aber vorliegt, dann haben die Hypothesen dieser Theorie einen unterschiedlichen Allgemeinheitsgrad. Unter der Allgemeinheit von Theorien wollen wir also verstehen, daß eine Theorie A aus einer Theorie (oder Hypothese) B logisch abgeleitet werden kann, aber B nicht aus A abgeleitet werden kann. Die Ableitung erfolgt nach einem ganz ähnlichen Schema wie bei der Erklärung:

Beispiel:

A. Wenn die Integration eines Kollektivs niedrig
   ist, dann ist die Selbstmordrate hoch.

A_1 Wenn das durchschnittliche Einkommen hoch ist,
   dann ist die Integration niedrig

B. Wenn das durchschnittliche Einkommen hoch ist,
   dann ist die Selbstmordrate hoch.

Aus der allgemeinen Aussage A läßt sich also in diesem
Fall über den Zwischenschritt B die Aussage C ableiten.
D.h. also, daß die Aussage C einen niedrigeren Allge-
meinheitsgrad als die Aussage A besitzt.

Welche Vorteile ergeben sich nun aus solchen allgemeinen Aussagen, weshalb sollen wir sie anstreben? Die
Antwort ist sehr einfach: Aus allgemeinen Aussagen läßt
sich eine große Anzahl von spezielleren Aussagen ableiten. Wenn ich daher annehmen kann, daß die allgemeine
Aussage einen großen Wahrheitsgehalt hat, d.h. daß sie
schon mehrere Falsifikationsversuche erfolgreich überstanden hat, dann kann ich aus ihr eine große Anzahl
anderer Aussagen ableiten, deren Wahrheit ich zunächst
unterstellen kann.

Schematisch stellt sich das so dar:

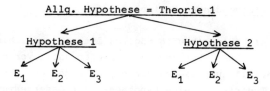

Allg. Hypothese = Theorie 1

Hypothese 1   Hypothese 2

E_1 E_2 E_3 E_1 E_2 E_3

E = Ereignis, Prognose

In diesem Fall besteht die "Theorie" nur aus einer allgemeinen Hypothese und mehreren daraus abgeleiteten weniger allgemeinen Hypothesen. In dieser allgemeinen Hypothese wurden zwar zwei Ereignisse miteinander in Beziehung gesetzt. Man nennt diese Ereignisse auch Variable.

Das Ereignis in der Wenn-Komponente nennt man <u>unabhän-</u>
<u>gige Variable</u> (oder Ursache), das Ereignis in der Dann-
Komponente der Aussage nennt man <u>abhängige Variable</u>
(oder Wirkung).

2. Neben dem zuerst angeführten Fall, daß die Theorie aus
nur einer unabhängigen und einer abhängigen Variable besteht, wird heute mit der Verfügbarkeit von computer-
unterstützten Analysemöglichkeiten der Fall immer wichtiger, daß eine ganze Reihe von unabhängigen Variablen
in bezug auf eine abhängige Variable behandelt werden
(z.B. wenn die abhängige Variable technischer Fortschritt heißt und dieser aus verschiedenen unabhängigen
Faktoren abgeleitet wird) oder daß umgekehrt für eine
unabhängige Variable (z.B. Statusinkonsistenz) eine
Reihe von abhängigen Variablen gesucht werden (z.B.
Wahl rechtsextremer Parteien, Wunsch nach Änderung der
Machtverteilung, soziale Isolierung, etc.). Für diese
Form der Analyse hat sich die Bezeichnung <u>multivariate</u>
<u>Analyse</u> durchgesetzt. Manchmal wird schließlich kaum
noch zwischen unabhängigen und abhängigen Variablen
gesprochen, sondern nur noch von einem System von
<u>interdependenten Variablen</u> ausgegangen.

Da es allerdings häufig möglich ist, für verschiedene
Variable einen Oberbegriff zu finden, soll vor allem vom
ersten Fall ausgegangen werden, d.h. dem Fall, daß wir
unter Theorie nur eine Hypothese oder Gesetzesaussage verstehen, die allerdings einen so hohen Allgemeinheitsgrad
haben soll, daß andere Theorien geringerer Allgemeinheit
aus ihr abgeleitet werden können.

Nun sagt die Allgemeinheit von Theorien oder Hypothesen noch nichts darüber aus, ob die Theorie auch prüfbar
ist oder ob es sich nicht einfach um eine tautologische
Aussage handelt. Wenn z.B. a priori, d.h. ohne jede

empirische Nachprüfung, die Wahrheit einer Aussage fest-
steht, dann sagt diese Aussage offenbar nicht viel über die
Realität aus, wir sprechen in diesem Falle davon, daß der
Informationsgehalt eines Satzes gering bzw. gleich Null ist.
Der Satz: die Leser dieses Skriptums bestehen aus Frauen
oder Männern, ist offensichtlich wahr; er ist genauso wahr
wie der Satz: Wenn der Hahn kräht auf dem Mist, dann ändert
sich das Wetter oder es bleibt, wie es ist. Beide Sätze
informieren nicht über die Realität, weil sie beide überhaupt nicht falsch sein können, sie haben also einen sehr
geringen Informationsgehalt. Wenn man umgekehrt sagt, eine
Aussage habe einen hohen Informationsgehalt, dann meint man,
daß sie relativ viel über die Realität aussagt, und daß sie
mit vielem, was geschieht, nicht zu vereinbaren ist. (OPP,
1970, S.166). Statt von Informationsgehalt spricht man auch
von "empirischem Gehalt" oder der "Erklärungskraft" von
Hypothesen. Wenn - dann Aussagen, wie wir sie bisher behandelt haben, informieren dagegen über die Realität, indem
sie eine ganze Reihe von logischen Möglichkeiten als falsch
ausschließen.

Wenn man nun Hypothesen in bezug auf ihren Informationsgehalt untersuchen will, so muß man versuchen, die Anzahl
oder die Klasse der potentiellen Falsifikatoren dieser
Hypothese festzustellen und zu vergleichen. Bei solchen
potentiellen Falsifikatoren handelt es sich um singuläre
Sätze (Basissätze). Es gilt entsprechend: je mehr singuläre Aussagen ein Satz ausschließt, desto höher ist sein
empirischer Gehalt, sein Informationsgehalt (OPP 1970,
S. 173). Daraus folgt dann ganz allgemein: Ein Satz soll
möglichst viele logische Möglichkeiten ausschließen, aber
eben nicht alle.

Übrigens hängen Informationsgehalt und Allgemeinheit von
Aussagen eng zusammen, und zwar ist die Allgemeinheit
immer größer oder gleich dem Informationsgehalt von Aus-

sagen und kann nicht kleiner als der Informationsgehalt
einer Aussage werden.

Der Informationsgehalt einer Theorie ist für die Prüfbarkeit einer Theorie wichtig. Es hat sich ergeben, daß eine
Theorie um so besser prüfbar ist, je größer ihr Informationsgehalt ist, desto mehr mögliche Falsifikatoren aus
einer Theorie abgeleitet werden können. Singuläre Aussagen
haben nur einen sehr geringen Informationsgehalt, da man
aus ihnen sehr wenige mögliche Falsifikatoren ableiten kann.
Eine Theorie, die man leichter falsifizieren kann, ist
somit auch eine Theorie, die besser geprüft werden kann.

Die Prüfbarkeit einer Theorie hängt aber nicht nur von
ihrem Informationsgehalt ab, sondern auch von ihrer Präzision. Dies scheint unmittelbar einsichtig: Präzise Theorien
sind besser prüfbar als unpräzise Theorien, da sie eindeutig widerlegbar sind.

2.6 Theorie und Deskription

Mehr oder weniger ausdrücklich wird häufig ein Gegensatz
zwischen Theorie und Deskription in der Wissenschaft behauptet. Beschreibungen sind danach nur eine Vorstufe der
eigentlichen wissenschaftlichen Arbeit, die auf die Aufstellung einer allgemeinen Theorie gerichtet sei. Im
Gegensatz zu dieser Auffassung soll der Unterschied zwischen
Theorie und Deskription in diesem Buch nur als ein gra-
dueller Unterschied betrachtet werden.

Es wird hier mit anderen Worten behauptet, daß in der
"normalen" wissenschaftlichen Forschung auch Beschreibungen eine theoretische Funktion erfüllen. Deskription wird
dann zur Wissenschaft, wenn sie "Entdeckungen" erbringt.
Entdeckungen sind systematische Deskriptionen von Zuständen,

die vorher noch nicht beschrieben worden sind, die noch
unbekannt waren.Durch solche Entdeckungen werden <u>hypothe-</u>
<u>tische "es-gibt" Aussagen</u> verifiziert. Beispiele für sol-
che hypothetische "es-gibt" Aussagen, durch die unser
Erfahrungshorizont erweitert wird, sind etwa: "es gibt
einen westwärts gerichteten Seeweg nach Indien" (durch
dessen Realisierung nebenbei auch noch bewiesen werden
kann, daß die Erde eine Kugel ist): "es gibt eine Lobby in
der Wissenschaft" (wodurch nachgewiesen werden kann, daß
die Gemeinschaft der Wissenschaftler keine ganz unpolitische Vereinigung ist).

Diese "es-gibt" Aussagen erhalten ihre Bedeutung also immer
vor einem bestimmten Hintergrund, der allerdings häufig
implizit bleibt. Bei tatsächlichen "Entdeckungen" wird
dieser Hintergrund gewissermaßen schlaglichtartig beleuch-
tet, dadurch nämlich, daß die Entdeckung allen bisherigen
Vorstellungen widerspricht. Beispiel: Es gibt einen rie-
sigen Kontinent zwischen Europa und Asien. Die meisten "es-
gibt" Aussagen in den Sozialwissenschaften können jedoch
nicht in dieser Art und Weise als eine Entdeckung bezeichnet werden, da sie durchaus nicht so überraschend Unbe-
kanntes behaupten, sondern in aller Regel nur relativ
Bekanntes in einem neuen Licht erscheinen lassen.

Neben solchen "es-gibt" Aussagen müssen nun noch <u>Allaussagen</u>
(alle Raben sind schwarz) und Aussagen, die zwischen "es-
gibt" und Allaussagen liegen, unterschieden werden. Diese
Zwischenstufe soll <u>qualifizierende "es-gibt" Aussage</u> genannt werden. Beispiel: ein Teil aller Einwohner (oder:
45% aller Einwohner) der Bundesrepublik Deutschland ist
katholisch. Auch diese Aussagen sind verifizierbar, da sie
sich wie "es-gibt" Aussagen auf eine bestimmte Zeit und
einen bestimmten Ort beziehen und für diese Situation Geltung beanspruchen. Allaussagen haben demgegenüber einen
größeren Anspruch, sie beanspruchen Geltung für eine zeit-

lich und räumlich unbegrenzte Klasse von Ereignissen. "Alle
Menschen sind von Geburt an gleich", "alle Gesellschaften
besitzen ein Inzest-Tabu", "alle Gesellschaften besitzen
ein System sozialer Differenzierung". Diese Allaussagen
sind im Gegensatz zu "es-gibt" Aussagen nicht verifizierbar, da offenkundig nicht alle Elemente einer Klasse
daraufhin untersucht werden können, ob sie die betreffende
Eigenschaft besitzen oder nicht. Selbst wenn dies für die
Gegenwart gelänge, würde dies für die Vergangenheit oder
die Zukunft nicht möglich sein. Allerdings lassen sich Allaussagen durch eine einzige gegensätzliche "es-gibt"Aussage
falsifizieren.

Allaussagen sind "es-gibt" Aussagen vorzuziehen, da aus
ihnen eine beliebige Zahl von wahren "es-gibt" Aussagen
abgeleitet werden können. Eine besonders bedeutsame Form
von Allaussagen sind die "wenn-dann"-Aussagen, d.h. die
Verknüpfung von zwei Aussagen in der Form: Für alle Menschen gilt, wenn Personen häufig Kontakt miteinander haben,
dann werden sie positive emotionale Beziehungen zueinander
entwickeln. Solche wenn-dann Aussagen werden theoretische
Aussagen genannt, weil durch sie Kausalbeziehungen zwischen
zwei Variablen festgestellt werden sollen. Wenn-dann Aussagen sind in der Regel deterministisch. Das unterscheidet
sie von den in den Sozialwissenschaften meist gemachten
Aussagen, die nur als je-desto oder bedingte Aussagen
formuliert werden können, die nur in einem bestimmten Prozentsatz der Fälle eintreffen. Es sind also die beiden
Aussageformen zu unterscheiden: Je häufiger Menschen Kontakt miteinander haben, desto eher werden sie positive emotionale Beziehungen zueinander haben (wobei häufig nicht
genau bestimmt werden kann, wie hoch die Mindestkontakt-
häufigkeit für das Eintreten der Folgerung sein muß). Die
andere (probabilistische) Aussageform (die auch als je-
desto Aussage gemacht werden kann) würde lauten: Für
einen bestimmten Prozentsatz der Menschen gilt: Wenn sie

häufigen sozialen Kontakt miteinander haben, dann werden
sie positive emotionale Beziehungen zueinander entwickeln.

Die in der formalen Logik nahezu ausschließlich verwendeten
"wenn-dann"-Aussagen lassen sich zwar grundsätzlich als Ausgangshypothesen in der Forschung verwenden, doch darüber
hinaus haben sie vor allem eine didaktische Funktion, nämlich grundsätzlich ein Modell für die Struktur eines Aus-
sagensystems zu schaffen, das dann allerdings in der praktischen Forschung durch Aussagen eines anderen Typs auszu-
füllen ist, denn die in der Forschung selbst verwendeten
empirischen Aussagen haben meist eine andere Form als
"wenn-dann" Aussagen. Werden zwei Variable in einer Tabelle,
mittels eines Korrelationskoeffizienten oder in einer Re-
gressionsgleichung miteinander verknüpft, so läßt sich aus
dieser Ausgangsbasis allein noch keine unbedingte "wenn-
dann"-Aussage formulieren, sondern dies ist erst möglich,
nachdem die oben erwähnten Schließverfahren angewendet
wurden, vor allem dann, wenn die empirischen Ergebnisse
mittels eines Allschlusses verallgemeinert wurden (vgl.
S. 28). Die empirischen Forschungsergebnisse, ganz gleich
auf welch einer umfassenden Datenbasis sie ermittelt wurden, können selbst nicht in die Allaussagen übergehen,
sondern sie sind nur unter genau den Bedingungen gültig,
unter denen sie selbst ermittelt wurden. Auch mit den fort-
geschrittensten Techniken der Datenerhebung und der Datenanalyse ist daher zunächst nur eine deskriptive Aussage
möglich.

2.7 Methodologischer Rigorismus und methodologischer Pragmatismus

Damit wollen wir die Darstellung des hypothetisch-deduk-
tiven Ansatzes des falsifikationistischen kritischen
Rationalismus abschließen. Ein wesentlicher Einwand
gegen dieses Modell besteht darin, daß es in vielen Einzelheiten nicht der tatsächlichen Forschung gerecht wird,
wie es inzwischen vor allem von wissenschafts-geschicht-
lichen Untersuchungen durch KUHN und FEYERABEND gezeigt
worden ist (vgl. KUHN, 1962, FEYERABEND, 1975). Es sollte
daher allenfalls als ein idealtypisches Modell verstanden
werden – selbst wenn im konkreten Forschungsprozeß häufig
anders verfahren werden muß. Ein wichtiger Einwand gegen
das Modell ist, daß wir es in den Sozialwissenschaften
nicht mit deterministischen und theoretischen Aussagen zu
tun haben, sondern mit probabilistischen und deskriptiven
Aussagen und daß die Übertragung des deduktiven Erklärungs-
schemas auf probabilistische Aussagen nicht voll befriedigen kann.

Dieser Zusammenhang wird häufig durch die Begriffe Entdeckungszusammenhang, Begründungszusammenhang und Verwendungszusammenhang von Forschung gekennzeichnet. Im kritischen Rationalismus (das ist die deutsche, dogmatisierte
Version der wissenschaftstheoretischen Ansichten POPPERS)
wie sie vor allem von ALBERT in vielen Veröffentlichungen
(vgl. ALBERT, 1968) und von OPP (vor allem in seiner "Methodologie der Sozialwissenschaften", 1970) vertreten wurde,
wird unter Entdeckungszusammenhang (context of discovery)
die Art und Weise behandelt, in der wissenschaftliche Hypothesen aufgestellt werden (es handelt sich also um eine
Neufassung des Induktionsproblems). Die "Lösung" des kritischen Rationalismus besteht darin, daß dieser Entdeckungszusammenhang aus dem "eigentlichen" Wissenschaftsprozeß
ausgeklammert wird und der Psychologie und Soziologie der

Forschung überwiesen wird. Tatsächlich haben die Kreativitäts-
forschung und auch die praktischen Ansätze zur Organisation
der Wissenschaft in diesem Bereich versucht, optimale Bedingungen für wissenschaftliche Arbeit zu schaffen. Wohl-
gemerkt handelt es sich damit nur um die Schaffung von
optimalen Rahmenbedingungen - für die Bedingungen im eigentlichen Sinne, unter denen der Wissensfortschritt selbst
geschaffen wird, haben diese Gebiete nur relativ be-
scheidene Beiträge leisten können.

Der Begründungszusammenhang (context of justification) bezieht sich demgegenüber auf die Art und Weise, wie die
theoretischen Ansätze (Hypothesen) in die Forschung umgesetzt werden und aus der Forschung wieder eine Falsifikation bzw. Bestätigung der Hypothesen gewonnen wird. Im
Vordergrund stehen dabei weniger Fragen des Forschungsplans
als vielmehr die (logischen) Ableitungsbeziehungen zwischen
Sätzen unterschiedlichen Allgemeinheitsgrades, d.h. zwischen den postulierten Hypothesen und den beobachteten
Erscheinungen. Diese werden auf deduktiv-nomologische Art
und Weise in Erklärungsschemata (wie wir sie oben kennengelernt haben) übertragen. Im Idealfall wird also versucht, ein deduktives System von Sätzen zu finden (das
nach Möglichkeit auch axiomatisiert, d.h. auf eine kleinst-
mögliche Zahl von widerspruchsfreien, in einer direkten
Ableitbarkeitsbeziehung stehenden Sätzen reduziert werden
kann), also eine Theorie, die dann, wenn sie einen gewissen
minimalen Bewährungsgrad besitzt, für eine Vielzahl von
Prognosen verwendet werden kann.

Aus diesen letzten Bemerkungen wird nun auch deutlich, weshalb oben von Begrenzungen des methodologischen Rigorismus
gesprochen wurde. Die Epistemologie des kritischen Rationalismus, wie er von POPPER begründet wurde als eine
"Metatheorie von Theorien" (STEGMÜLLER), geht von deterministischen Aussagensystemen aus, während in der Forschungs-

praxis im wesentlichen nur wahrscheinlichkeitstheoretisch
begründbare Aussagen gemacht werden können. Entsprechend
werden in der Forschungspraxis vor allem mathematische
oder statistische Induktion (Schließverfahren) verwendet,
statt eines deduktiven Systems, das streng falsifizierbar
konstruiert ist. So schlüssig ein solches epistemologi-
sches System von seiner Philosophie her ist, so wenig wird
es der Forschungspraxis gerecht. Im Rest dieses Kapitels
sollen einige Aspekte eines methodologischen Pragmatismus
dargestellt werden, der der Forschungspraxis näher kommt.

Der emphatische Begriff von Theorie, wie er vom kritischen
Rationalismus vertreten wird, wird dabei fallengelassen
zugunsten eines an der Forschungspraxis ausgerichteten
Theoriebegriffs. Denn es muß berücksichtigt werden, daß
die praktische Forschung überwiegend aus deskriptiven
Untersuchungen besteht, die als notwendige Datenbasis für
Untersuchungen dienen, die den Test von Theorien beabsich-
tigen. Der Unterschied liegt im wesentlichen in der Absicht
des Forschers: ist sein Vorhaben vor allem darauf ausgerichtet, eine systematische Beschreibung von einem bestimmten Tatbestand zu geben oder beabsichtigt er eine allgemeine Theorie über einen abgegrenzten Problembereich zu
geben? Der Forschungsplan wird sich in beiden Fällen voneinander unterscheiden. Eine deskriptive Absicht ist übrigens nicht geringzuschätzen: häufig erfolgt die Beschreibung
in kritischer Absicht, indem sie entweder Theorien falsifi-
ziert oder zur Entdeckung von wissenschaftlich und sozial-
politisch relevanten Tatbeständen beiträgt.Beispiele bilden
Untersuchungen über die Rolle der Armut in Gesellschaften
(Oscar LEWIS,Die Kinder von Sanchez,1967),die Beschreibung
von Kultursystemen "primitiver" Gesellschaften (z.B.
MALINOWSKI, 1961), oder die bereits erwähnte Untersuchung
von WHYTE (1965) über eine italo-amerikanische "Ecken-
stehergesellschaft". Die sorgfältige Deskription von sozialen Interaktionen, Institutionen, Kultursystemen, usw. ist

somit eine Voraussetzung für weitere theorie-testende Untersuchungen, sie kann zudem auch nicht völlig untheoretisch vorgenommen werden, denn die verwendete Begriffsbildung setzt selbst wieder Theorie voraus.

Unter methodologischem Rigorismus wurde hier insbesondere das Dogma des kritischen Rationalismus verstanden, daß als wissenschaftliche Hypothesen nur solche Aussagen zugelassen sind, die falsifizierbar sind. Dabei kann dieses Abgrenzungskriterium zwei Fassungen erhalten: die strenge Fassung besagt, daß nur solche Aussagen akzeptiert werden, die tatsächlich bereits einem Widerlegungsversuch ausgesetzt waren. Die Wissenschaftsgeschichte zeigt jedoch, daß ein solches Vorgehen höchst selten ist, da Wissenschaftler im Forschungsprozeß in der Regel anders vorgehen, in der Regel nämlich versuchen, die eigenen Aussagen zu bestätigen (und dabei mehr oder weniger erfolgreich sein können). Wie wir gesehen haben, ist das bei es-gibt-Aussagen tatsächlich möglich. Entdeckungen sind solche bestätigungsfähigen Aussagen in der Wissenschaft. Die weniger strenge Fassung des Abgrenzungsprinzips besagt demgegenüber, daß nur solche Aussagen in die Wissenschaft aufgenommen werden, die prinzipiell falsifizierbar sind. Über die tatsächliche Vorgehensweise im Forschungsprozeß wird dann noch nichts ausgesagt. Logik der Forschung und die Forschungspraxis bleiben also im Grunde getrennt. Das Problem eines deduktiven Ansatzes besteht ja darin, daß durch Deduktion allein kein neues Wissen gefunden werden kann, sondern daß mittels einer deduktiv vorgehenden Logik der Forschung nur Formalbedingungen aufgestellt werden können, unter denen anderweitig erworbene Kenntnisse kodifiziert werden können (z.B. wie Ableitbarkeitsbeziehungen zwischen Hypothesen festgestellt werden können, wie ein Begriffssystem präzisiert werden kann und wie eine Menge von Aussagen in einen theoretischen Zusammenhang gebracht werden kann). Die falsifikatorische hypothetisch-deduktive Wissenschaftstheorie kann also im

Grunde nicht angeben, wie es zu neuen Erkenntnissen kommt. Dazu braucht sie Hilfshypothesen. Sie hat zwar rigoros festgelegt, wie ein vollständiges Erklärungsschema zu konstruieren ist, sie läßt den Forscher aber im Grunde allein, was Vorschriften für den tatsächlichen Gang der Forschung anbetrifft. Hier kann also nur ein Pragmatismus weiterhelfen, wie er in Lehrbüchern über Forschungstechniken und in der Forschung selbst tatsächlich praktiziert wird. Forschung wird dann zu einem Optimierungsprozeß, bei dem der Forscher aus jeweils heterogenen Bausteinen für sein jeweiliges Forschungsproblem einen optimalen Forschungsplan zusammenstellen muß (wobei als solche Bausteine etwa wissenschaftstheoretische Vorschriften, Auswahlverfahren, Erhebungstechniken, Analysemethoden, usw. zu betrachten sind, über die jeweils eine umfangreiche Spezialliteratur vorliegt).

Der methodologische Pragmatismus, der hier vertreten wird, das sollte der Klarheit halber noch einmal betont werden, steht auf der Basis des kritischen Rationalismus, dessen grundsätzliche Philosophie geteilt wird. Deshalb wurde der Darstellung des kritischen Rationalismus auch ein relativ breiter Raum eingeräumt. Der hier vertretene Pragmatismus hebt sich jedoch ab von dialektischen, hermeneutischen und anderen rein kritizistischen Ansätzen, da der Beitrag dieser Ansätze zur empirischen Forschungspraxis (und die Vereinbarkeit dieser Ansätze mit dieser Praxis) noch geringer ist als derjenige des kritischen Rationalismus. Die im sog. deutschen "Positivismusstreit" zu alternativen Ansätzen aufgewerteten kritizistischen Ansätze haben bisher überwiegend von der Kritik der Forschungspraxis gelebt, ohne bisher alternative Forschungstechniken entwickelt zu haben.

Auch das Werturteilsproblem wird in diesem Skriptum nicht explizit behandelt, da diese Diskussion in Deutschland mit

zu vielen philosophischen Grundsatzproblemen belastet ist
(das Problem wird im Kapitel über Forschungsethik in seinen
pragmatischen Aspekten behandelt). Die Werturteilsfreiheit
der Forschung (nicht: Wertfreiheit!) wird hier grundsätzlich
vereinfachend als ein methodologisches Prinzip aufgefaßt,
ohne das Wissenschaft letztlich nicht durchführbar ist:
man kann es als ein Bündel von Vorschriften auffassen, um
Konfliktfälle zu lösen, die auftreten, wenn z.B. eine
Untersuchungshypothese mit den Daten einer Untersuchung in
Widerspruch steht. In diesem und ähnlichen Fällen müssen
Lösungsmöglichkeiten gefunden werden, die eine von den persönlichen (Vor-)Urteilen des Forschers unabhängige Entscheidung über die Annahme oder die Zurückweisung der
Hypothese gestatten, so daß Objektivität in der Forschung
approximiert wird. In der Forschungspraxis ist die Entscheidung über die Annahme oder Zurückweisung der Nullhypo-
these (der Behauptung, zwischen zwei Variablen bestehe
keine Beziehung) gebunden an letztlich konventionell festgelegte Signifikanzniveaus, sowie an Annahmen über die
Gültigkeit und Zuverlässigkeit der Daten. Die Auseinandersetzungen um statistische oder inhaltliche Signifikanz
zeigen, wie schwierig dieser Entscheidungsprozeß ist. Wichtig allerdings in unserem Zusammenhang ist, daß überhaupt
eine solche Diskussion geführt wird, um so diesen Entscheidungsprozeß möglichst unabhängig von persönlichen
Präferenzen zu machen, um so durch intersubjektive Übereinkunft zwischen den Wissenschaftlern Objektivität zu erreichen.

Das Prinzip der Werturteilsfreiheit im Forschungsprozeß
kann also so formuliert werden, daß ein Wissenschaftler im
Zweifel die methodologischen Regeln höher stellen muß als
seine persönlichen und politischen Überzeugungen, daß der
Wissenschaftler also bereit sein muß, selbst solche Hypothesen anzunehmen (vorausgesetzt, daß adäquate Tests vorliegen), die im Widerspruch zu älteren Hypothesen bzw. im

Widerspruch zu seinen eigenen Voreingenommenheiten
stehen.

Richtig ist allerdings, daß menschliches Sozialverhalten
ein wertgeleitetes Verhalten ist. Daraus kann aber nicht
gefolgert werden, daß Wissenschaft grundsätzlich nicht
werturteilsfrei durchgeführt werden könne und daß der
Wissenschaftler die Pflicht habe, bei seinen Forschungen
seine Wertprämissen jeweils explizit zu machen, sondern
nur, daß eben den wissenschaftlichen Werten (um die es ja
bei der Entwicklung einer Logik der Forschung geht) die
Priorität vor persönlichen, wirtschaftlichen oder politischen Werten gebührt. Die Explizierung der Wertprämissen vor einer jeden Forschung bringt die Gefahr der
Immunisierung von Forschungsergebnissen mit sich, da der
Forscher im Zweifel vor allem an der Bestätigung seiner
Prämissen interessiert ist, nicht aber an deren Widerlegung, d.h. ihrer Überprüfung durch einen neuen Forschungsansatz.

3 Die Phasen einer sozialwissenschaftlichen Untersuchung*

In dem vorangegangenen Kapitel über Logik der Forschung konnte der Forschungsprozeß nur ganz global gekennzeichnet werden. Dabei mußte notwendigerweise von der Forschungswirklichkeit abstrahiert werden. An diese Wirklichkeit der Forschung müssen wir uns im folgenden allerdings primär halten. Dabei wird sich zeigen - was wir mit der Bezeichnung methodologischer Pragmatismus zu umreißen versucht haben - daß Logik der Forschung und Wissenschaftstheorie nur eine unzureichende Anleitung für die Forschungspraxis geben können, daß sich diese Forschungspraxis oft ganz unabhängig von der Wissenschaftstheorie entwickelt und in ihr Kunstlehren entstanden sind, die zwar einem methodologischen Rigorismus oft nicht völlig standhalten können, gleichwohl aber auf diese Kunstlehren in der Praxis nicht verzichtet werden kann, weil Alternativen nicht in Sicht sind. Es ist darüber hinaus eine These dieses Buches, daß notwendig eine gewisse Spannung zwischen der Wissenschaftstheorie und der tatsächlichen Forschungspraxis besteht, die sehr fruchtbar sein kann.

Es gibt bislang keine umfassende Lehre vom Forschungsprozeß. Bei der Vielzahl von verfügbaren Methoden und Forschungstechniken wäre es auch wenig sinnvoll, eine solche umfassende Lehre entwickeln zu wollen. Ein Forschungsprojekt besteht jedoch aus unterschiedlichen Phasen, die einen

---

* Literaturhinweise auf methodologische Literatur findet man in Anhang B 3 (S. 331), die bibliographischen Angaben zur zitierten Literatur werden in Anhang C (S. 335) angegeben.

systematischen Zusammenhang haben. In diesem Kapitel soll
der typische Ablauf eines Forschungsprojekts dargestellt
werden, dabei sollen empirische Forschungsprojekte aus den
Sozialwissenschaften als Modell dienen.

Es sollen vier Untersuchungsphasen unterschieden werden:

    Definitionsphase,
    Erhebungsphase,
    Analysephase,
    Disseminationsphase.

Innerhalb jeder Phase werden verschiedene Arbeitsschritte
unterschieden. Die zusammenfassende Darstellung der Phasen
erfolgt in Abschnitt 35 (S. 144). Für einen ersten Überblick über den Forschungsprozeß empfiehlt sich die Lektüre
dieses Abschnitts vor der Beschäftigung mit den einzelnen
Phasen.

Als eine fünfte Phase könnte die Anwendung der Forschung
hinzugefügt werden. Da dies jedoch das primär methodologisch
orientierte Skriptum sprengen würde, soll auf die Behandlung dieser Problematik hier verzichtet werden.

3.1 Die Definitionsphase

In der Definitionsphase eines Forschungsprojekts wird das
Untersuchungsproblem bestimmt, es wird die relevante Literatur studiert, der Forschungsplan wird aufgestellt, es
werden die wissenschaftlichen Instrumente entwickelt und
es werden bereits erste Tests dieser Instrumente durchgeführt.

3.1.1 Problemwahl

Am Anfang jeder Untersuchung steht ein Problem. Diese Aussage ist zunächst einmal ziemlich nichtssagend, denn was ein Problem ist, bleibt dabei ganz unbestimmt. Es kann sich dabei nämlich um ein ganz triviales praktisches oder empirisch-deskriptives Problem handeln, es kann sich aber auch um ein von jeder Praxis zunächst abgehobenes theoretisches Problem handeln. Beispiele wären ein Projekt über die Einstellungen von Bürgern zu den politischen Parteien einerseits (was eine Voraussage auf ein zukünftiges Wahlergebnis erleichtern soll), oder eine allgemeine systemtheoretische Untersuchung z.B. über Wissenschaft als soziales System, in der die allgemeinen Strukturmerkmale dieses gesellschaftlichen Subsystems identifiziert werden und auf dieser Basis Hypothesen für die Entwicklung beispielsweise des Verhältnisses von Wissenschaft und Politik aufgestellt werden sollen.

Was ist nun konkreter unter einem Forschungsproblem zu verstehen? Auf diese Frage gibt es keine endgültige Antwort, da sich die Art der Forschungsprobleme mit der fortschreitenden Wissenschaft ändert. Es ist eine genuin wissenschaftliche Leistung, jeweils interessante Forschungsprobleme aufzuwerfen (und zu beantworten). Man kann Forschungsprobleme in verschiedene Gruppen einteilen:

1. Untersuchung sozialer Probleme wie Armut, Unterentwicklung, Arbeitslosigkeit, Jugenddelinquenz, usw. Ziel der Untersuchung ist dann ein Beitrag zur "Lösung" dieser Probleme.
2. Informationsvermittlung über bestimmte soziale Vorgänge. Ziel der Informationsvermittlung ist die wahrheitsgetreue, bzw. tatsachengemäße Beschreibung von sozialen Tatbeständen.
3. Politikberatung durch Gutachten und Expertisen. Ziel der Beratung, die sich auch auf die Bereiche Wirtschaft und Kultur beziehen kann, ist die Diagnose sozialer Er-

scheinungen, bei der im wesentlichen auf bereits vorhan-
denes Wissen zurückgegriffen werden kann, und die Ent-
scheidungsvorbereitung der Politiker.

4. Grundlagenforschung über soziale Erscheinungen. Ziel ist
   es hier, zu einer Theorie sozialer Vorgänge zu kommen,
   die die Erklärung von sozialen Erscheinungen ermöglicht.

Die Forschungsziele lassen sich ebenso wenig festschreiben
wie die Forschungsprobleme. Als oberstes Ziel kann man die
Verbesserung der menschlichen Lebensbedingungen bezeichnen.
Dieses Ziel ist jedoch so allgemein, daß daraus operationale Unterziele abgeleitet werden müssen - wobei es für
diesen Ableitungsvorgang bislang keine festen Regeln gibt.

Bei der Auswahl und Abgrenzung des Forschungsproblems muß
darauf geachtet werden, daß das Problem theoretisch fruchtbar und methodologisch realisierbar ist. Ein theoretisch
als fruchtbar erscheinendes Problem kann sich dabei durchaus als methodologisch undurchführbar erweisen und ebenso
kann ein methodologisch durchführbares Projekt theoretisch
unfruchtbar erscheinen. In diesem Sinne ist also mit
SCHEUCH (1972) zwischen Erkenntnisinteressen (-zielen)
und Erkenntnismöglichkeiten zu unterscheiden.

Bei der Definitionsphase wird auch, allerdings häufig implizit, eine Entscheidung darüber getroffen, ob eine eher
theorie-testende oder eine deskriptive Untersuchung beabsichtigt ist (dazu im nächsten Kapitel mehr). Bedeutende
wissenschaftliche Probleme aufzuwerfen - das kann allerdings nicht lehrbuchartig mitgeteilt werden, sonst wären
diese Probleme bereits erforscht. Dazu sind Originalität,
Kreativität, Neugierde und ähnliche Eigenschaften erforderlich. Natürlich ist es zugleich wichtig, bereits die
Literatur zu kennen, um so Sicherheit darüber zu erlangen,
ob das Problem nicht bereits erforscht ist. Ist dies der
Fall, dann erübrigt sich eine neue Untersuchung. Forschung

kann also nicht voraussetzungslos getrieben werden, sondern
sie ist in eine Forschungstradition eingebunden, aus der
sich erst ergibt, was als ein interessantes, noch nicht
gelöstes Problem anzusehen ist, und wie die Lösung zu beurteilen ist.

In der Sprache des vorigen Kapitels gehört die Problemauswahl also dem Entdeckungszusammenhang an. Dies bedeutet,
daß die aufgeworfenen Probleme selbst nicht logisch begründet werden können. Um so mehr kommt es darauf an, daß der
Forscher ein "Gefühl" dafür entwickelt, welche Probleme
wichtig, relevant, richtungsweisend für die zukünftige
Forschung sind und zugleich mit verbesserten oder neuen
Forschungstechniken untersucht werden können. LAZARSFELD
hat in diesem Sinne exemplarische Arbeit geleistet, vor
allem in seinem Vermögen, auch aus scheinbar trivialem
Alltagsverhalten theoretisch bedeutsame Perspektiven zu
entwickeln, so etwa, wenn in "Personal Influence" der Einfluß der Massenmedien auf einfaches Konsumverhalten untersucht wird und damit die Entdeckung verbunden wird, daß
der Einfluß der Massenmedien nicht so direkt ist, wie das
zu dieser Zeit vermutet wurde, sondern daß von den Medien
ausgestrahlte Werbung erst über Meinungsführer in der Bevölkerung zur Wirkung kommt (vgl. S.318 für eine Kurzbeschreibung der Untersuchung). Auf diese Weise hat eine zunächst
scheinbar trivial wirkende Problemwahl im Zusammenhang mit
der Anwendung damals neuer Forschungstechniken theoretisch
sehr bedeutsame Forschungsergebnisse erbracht. Ein anderes Beispiel ist die Untersuchung von FESTINGER "When
Prophecy Fails", in der ein theoretisch direkt relevantes
Ereignis mit einer recht "normalen" Forschungstechnik
(nämlich nicht-standardisierter teilnehmender Beobachtung)
untersucht wurde und im Ergebnis eine Bestätigung der Theorie der kognitiven Dissonanz erfolgte (vgl. S. 316).

3.1.2 Literaturanalyse

Der nächste Schritt in einer Untersuchung besteht in einer
Literaturanalyse. Sie hat mehrere Aufgaben: Sie soll einen
aktuellen Überblick über den vorhandenen Wissensstand ergeben, sie soll bereits vorhandene Forschungsergebnisse
vermitteln, sie soll ein Hilfsmittel für die eigene Hypothesenbildung darstellen und sie soll bereits durchgeführte Forschungen exemplarisch vorführen, insgesamt soll
sie also über Ansätze zur Lösung des Forschungsproblems
informieren.

Es gibt verschiedene Wege, sich bei diesem Literaturstudium
einen Einstieg in die Untersuchungsproblematik zu verschaffen.

1. Sind nur sehr geringe Vorkenntnisse über das Spezialgebiet vorhanden, so beginnt man am zweckmäßigsten mit
   der Durchsicht von allgemeinen Handbüchern, Wörterbüchern und auch einführenden Lehrbüchern (z.B. Handbuch
   der empirischen Sozialforschung, Handwörterbuch der
   Sozialwissenschaften, International Encyclopaedia of
   the Social Sciences, sowie von Wörterbüchern). Man beginnt also bei Nachschlagewerken, die eine stichwort-
   artige Gliederung aufweisen. Eine Übersicht über die
   gegenwärtig wichtigsten soziologischen Nachschlagwerke
   findet sich im Anhang B 2 (S.328).

2. Der nächste Schritt besteht darin, daß man den ersten
   Überblick durch die Lektüre von Spezialmonographien
   aus dem Problembereich vertieft. Erste Literaturhinweise dazu findet man in den Nachschlagewerken.

3. Erst als dritter Schritt ist eine systematische Biblio-
   graphierung von aktuellen Forschungsarbeiten zu empfehlen. Hierzu gibt es eine Reihe von Hilfsmitteln:
   Spezialbibliographien bestimmter Forschungsgebiete (die
   allerdings schnell veralten), Spezialzeitschriften wie
   "sociological abstracts", die kurze Zusammenfassungen
   ("abstracts") von Zeitschriftenaufsätzen und Büchern

enthalten. Schließlich ist neuerdings bei der Suche nach
engen Spezialgebieten der "Social Science Citation Index"
behilflich. Das wichtigste Instrument, um sich einen
aktuellen Überblick über ein Forschungsgebiet zu verschaffen, dürfte heute "sociological abstracts" sein. Die
Zeitschrift hat allerdings den Nachteil, daß sie deutsche Buchpublikationen in der Soziologie nicht vollständig erfaßt.

4. Die Literatursuche wird ergänzt durch die Konsultierung
von Dissertationsverzeichnissen und die Kataloge der
Bibliotheken. Zunächst natürlich der nächstgelegenen
Universitätsbibliothek, aber hilfreich kann auch etwa
die Durchsicht der Systematik der Kieler Bibliothek des
Instituts für Weltwirtschaft oder der Bielefelder
Bibliothek für Soziologie sein. An vielen Hochschulorten
gibt es auch neben der Zentralbibliothek noch eine Menge
von Spezialbibliotheken in Seminaren, Forschungsinstituten und nicht mit der Universität verbundenen Instituten, die oft wenig genutzt werden, aber für das eigene
Spezialproblem wichtiges Material enthalten können.

Die Literaturanalyse ist nun natürlich kein Selbstzweck,
sie hat vielmehr mehrere <u>Funktionen</u>:

1. <u>Prüfung vorhandener Forschungsansätze</u> und Problemlösungen.

   a) In sehr umfangreichen Forschungstraditionen (z.B.
   Schichtung und Mobilität, abweichendes Verhalten) muß
   die Literaturanalyse eine Begründung ermöglichen,
   inwieweit die geplante Untersuchung entweder neue
   Erkenntnisse erbringen kann oder alte Erkenntnisse
   präzisiert.

   b) In jungen Forschungstraditionen sollte durch die
   Literaturanalyse eine Anbindung der Untersuchung an
   Klassiker der Soziologie (DURCKHEIM, WEBER, PARSONS,
   MERTON, usw.) oder an theoretische Traditionen er-
   folgen, die eine Übertragung in den neuen For-

schungsbereich möglich erscheinen lassen (z.B. Rollentheorie, strukturell-funktionale Theorie).

2. Übersetzung des Forschungsproblems in die wissenschaftliche Fachsprache. Das bedeutet nicht, daß nun krampfhaft ein soziologischer Jargon eingeführt werden soll, sondern nur, daß die verwendeten Begriffe expliziert werden sollen und überprüft wird, daß sie in der soziologischen Terminologie und Forschung eingeführt sind.

3. Klärung der methodologischen Durchführbarkeit der Untersuchung. Diese Frage setzt die Beantwortung der beiden anderen Fragen voraus. Neben der rein sachbezogenen Literatur muß nun aber zusätzlich methodologische Literatur herangezogen werden. Damit soll nicht nur das Erkenntnisinteresse expliziert werden, sondern es sollen zusätzlich die Erkenntnismöglichkeiten abgeschätzt werden, d.h. es muß in einem ersten Anlauf die Umsetzung des Forschungsproblems in den Forschungsplan erfolgen.

Durch Klärung dieser Punkte müssen durch die Literaturanalyse vor allem die folgenden Fragen geklärt werden:

1) Ist das Forschungsproblem bereits früher wissenschaftlich untersucht worden?

2) Läßt sich das Problem überhaupt in einen wissenschaftlichen Bezugsrahmen übersetzen?

3) Kann die Forschungsfrage mit dem vorhandenen methodologischen Instrumentarium (und seiner möglichen Erweiterung) beantwortet werden?

Diese Fragen sollten explizit gemacht werden. Erst bei einer positiven Beantwortung der beiden letzten Fragen sollte ein Forschungsplan entwickelt werden.

3.1.3 Theoretischer Bezugsrahmen

Aus der Literaturanalyse soll eine klare Vorstellung über das Forschungsproblem hervorgehen. Dies wird am besten dadurch erreicht, daß die wichtigsten in der geplanten Untersuchung zu erfassenden Variablen explizit gemacht werden und in ein Variablenschema eingruppiert werden, aus dem dann die einzelnen Beziehungen zwischen den Variablen ersichtlich werden sollen.

Es hat sich eingebürgert, Variablen in zwei Gruppen einzuteilen, nämlich unabhängige Variable (Kausalfaktoren) und abhängige Variable (Wirkfaktoren). Ob eine bestimmte Variable in einer Untersuchung als abhängige oder unabhängige Variable betrachtet werden soll, beruht nicht auf den intrinsischen Eigenschaften der Variablen selbst, sondern ist eine Entscheidung des Forschers. Geht man nämlich davon aus, daß die meisten soziologisch relevanten Variablen in einem komplexen gegenseitigen Bedingungsgeflecht stehen, dann können die meisten Faktoren sowohl als abhängige wie unabhängige Variablen betrachtet werden und es bedarf eines Entschlusses des Forschers, welchen Aspekt er in seiner Untersuchung primär untersuchen will. Technischer Fortschritt (oder Einstellungen zum technischen Fortschritt) kann so einmal als unabhängiger Faktor für die abhängige Variable Modernisierung von Gesellschaften betrachtet werden; Einstellungen zum technischen Fortschritt können aber auch als abhängige Variable selbst gesehen werden, abhängig von Persönlichkeitsvariablen und der Stellung im Sozialsystem (vgl. SAHNER, 1975).

Im Gegensatz zu experimentellen Verfahrensweisen ist die Zahl der Variablen, die in sozialwissenschaftlichen Untersuchungen gleichzeitig erfaßt werden, meist recht hoch. Es ist also meist nicht nur eine Hypothese, die geprüft werden soll, sondern es sind eine Vielzahl von Hypothesen, die häufig mit den Daten verträglich erscheinen. Dies

Problem läßt die Datenanalyse gelegentlich willkürlich erscheinen.

In vielen Untersuchungen ist eine im engeren Sinne theoretische Perspektive nicht vorhanden, sondern es überwiegt
eine deskriptive Orientierung. Auch in diesem Fall müssen
allerdings die zu erhebenden Variablen expliziert werden,
und es müssen die Grundgesamtheit und die Analyseeinheiten
der Untersuchung bestimmt werden. Diese beiden Festlegun-
gen sollen sicherstellen, daß in der Untersuchung vergleichbare Tatbestände in einer kohärenten Art und Weise
behandelt werden. Da wissenschaftliche Beschreibungen
letztlich auch der Theorievorbereitung dienen sollen, soll
auch hier von der Erarbeitung eines theoretischen Bezugsrahmens gesprochen werden.

Die Formulierung des theoretischen Bezugsrahmens stellt die
endgültige Übersetzung des Forschungsproblems in die Sprache der Wissenschaft dar. Der methodologische Rigorismus
fordert im allgemeinen, daß dieser Prozeß vor der Feldarbeit der Untersuchung vollständig abgeschlossen sein muß.
Bevor also die Forschungsinstrumente (z.B. Fragebögen) ent-
worfen sind und vor allem bevor die Interviews durchgeführt werden, soll die Formulierung der Forschungshypothesen beendet sein. Dies schützt vor nachträglichen ad-hoc
Interpretationen der Ergebnisse, vor einer unmerklichen
Abänderung der ursprünglichen Hypothesen im Verlauf des
Forschungsprozesses, die bewirken kann, daß kein echter
Test mehr zustande kommt. In vielen der in Anhang A aufgeführten beispielhaften Forschungsprojekten war dies auch
tatsächlich der Fall. In "When Prophecy Fails" von
FESTINGER et al. wurde eine Hypothese aus der Theorie der
kognitiven Dissonanz getestet, die vor Beginn der Untersuchung vorlag. In der Untersuchung über Probleme des
gemischtrassigen Wohnens von WILNER, WALKLEY und COOK
wurden Hypothesen aus einer vorhergehenden Untersuchung

von DEUTSCH und COLLINS getestet, die gleichzeitig aus dem
theoretischen Werk von George HOMANS abgeleitet waren. Die
Untersuchung von LIPSET, TROW und COLEMAN über eine amerikanische Druckergewerkschaft ging ebenfalls von einer vorher vorliegenden Hypothese aus, nämlich dem "ehernen Gesetz
der Oligarchie", die allerdings wegen ihrer Allgemeinheit
nicht so einfach in einen Forschungsplan umzusetzen war wie
in den anderen Fällen. Die Ausarbeitung der Untersuchungshypothesen vor der Datenerhebung ist so ein Kennzeichen
einer reifen Forschung – sie ist vor allem bei der Anwendung von quasi-experimentellen Forschungstechniken notwendig.

Allerdings zeigen auch andere der aufgeführten Untersuchungen, daß der Forscher, der sich in Neuland begibt, vor allem
in zwei Situationen nicht in jedem Falle einen abgeschlossenen theoretischen Bezugsrahmen vor Beginn der Feldarbeit
entwickeln kann: nämlich entweder dann, wenn er sich in
eine langwierige Feldforschung begibt, bei der gesellschaftliche Subkulturen beschrieben werden sollen, oder
wenn er längerfristige dokumentarische oder statistische
Auswertungen vorwiegend historischen Materials durchzuführen hat. In beiden Fällen steht zu Beginn der Forschungsarbeit weniger ein ausgearbeiteter theoretischer Bezugsrahmen, sondern eine allgemeine Forschungsthese. Eine
Arbeit vom ersten Typ ist die Untersuchung von WHYTE, der
zunächst mit der vagen Idee begann, eine Gemeindeunter-
suchung in der Tradition der LYNDs durchzuführen.
Arbeiten des zweiten Types sind die Untersuchungen von
DURKHEIM, MERTON, aber auch von ZAPF, in denen jeweils komplexes historisches Dokumentenmaterial verarbeitet wurde,
das zu Beginn der Forschungsarbeit durchaus noch nicht
vollständig überschaubar war, so daß auch der theoretische Bezugsrahmen noch nicht voll ausformulierbar war.

Je langfristiger also die Datenerhebung und je komplexer
das untersuchte Material (d.h. je höher die Zahl der
Variablen der Untersuchung), desto weniger wird es möglich
sein, den theoretischen Bezugsrahmen und die Vorformulie-
rung der Forschungshypothesen vor Beginn der Feldarbeit
abzuschließen. Umgekehrt bedeutet dies aber, daß man sein
Forschungsvorhaben überschaubar gestalten sollte und versuchen sollte, bei der Auswahl der Variablen strenge Kriterien anzulegen. Vor allem bei Examensarbeiten sollte man
daher den Untersuchungsansatz eng fassen, auf den Test nur
einer zentralen Hypothese beschränken und damit auch die
Zahl der Variablen eng zu begrenzen.

Ein Motiv für die Aufnahme sehr vieler Variablen in den
Untersuchungsplan ist häufig die Angst davor, daß die Untersuchung bei einer Begrenzung auf nur wenige Variablen
ohne ein positives Ergebnis endet, daß also die Wahrscheinlichkeit steigt, daß die Hypothese _nicht_ bestätigt wird,
und daß es sich in dem Umtersuchungsbericht nicht gut
macht, nur einen solchen negativen Test zu berichten. Die
Auffassung: "Wir wollen uns die Theorie nicht durch die
(Forschungs-)Praxis kaputt machen lassen", ist nicht nur
bei Sozialisten und Systemforschern verbreitet!

Es sollte jedoch vor allem bei der Behandlung von Fragen
der Forschungslogik klar geworden sein, daß eine solche
Einstellung falsch ist. Auch ein solches "negatives" Ergebnis ist für den Fortschritt in der Forschung sehr wichtig, denn es soll ja eine Richtung in der Forschung auf-
zeigen, in der sich eine zukünftige Weiterarbeit nicht
lohnt. Wir alle wissen aus manchen Gesellschaftsspielen,
daß es in bestimmten Situationen wichtiger ist zu wissen,
welche Karten der Gegenspieler nicht hat, als genau zu
wissen, was er gerade auf der Hand hat.

3.1.4 Operationalisierung der Grundbegriffe

Die mittels sozialwissenschaftlicher Begriffsbildung be-
zeichneten Vorgänge lassen sich häufig nicht direkt beobachten. Sie müssen vielmehr zum Zwecke ihrer direkten
Beobachtbarkeit umgewandelt werden in ganz konkrete Ver-
haltensvorschriften an einen Beobachter oder in ganz konkrete Fragen, die in einer Umfrage etwa an eine repräsentative Bevölkerungsauswahl gestellt werden. "Soziales Vorurteil" ist etwa ein solcher Begriff, "soziale Schichtung"
ein anderer. Zwar läßt sich beides sowohl beobachten wie
auch erfragen, aber es gibt keinerlei Garantie dafür, daß
der eine Beobachter bzw. Befrager genau das Gleiche
beobachtet bzw. befragt wie ein anderer. Wenn man aber
nicht von gleichartigen Stimuli ausgeht, kann man auch die
Antworten nicht direkt miteinander vergleichen.

Eine Operationalisierung der Begriffe verfolgt also mehrere
Zwecke: Einmal wird überhaupt aus den mannigfaltigen Möglichkeiten der Konkretisierung abstrakter Begriffe eine
Auswahl getroffen, d.h. es werden ganz bestimmte Indikatoren für den theoretischen Begriff ausgewählt, zweitens
wird diese Indikatorenauswahl auch nach außen hin kundge-
tan, d.h. sie wird veröffentlicht und damit kritisierbar,
und drittens sollen die verwendeten Indikatoren quantifi-
ziert werden, d.h. es soll eine Messung der vorgeschlagenen Begriffe erfolgen.

Man kann bei der Auswahl der Indikatoren zwischen deskriptiven und theoretischen Begriffen unterscheiden. Deskriptive Begriffe sind solche, deren Operationalisierung unproblematisch ist. Beispiele für Begriffe, die Eigenschaften von Personen bezeichnen,sind Alter, Geschlecht, Aus-
bildungsstand, Beruf (allerdings können selbst hier kniff-
lige Abgrenzungsschwierigkeiten auftreten). Eigenschaften
von Kollektiven bezeichnen Begriffe wie: Zahl der Beschäftigten, Umsatz, Rückfälligkeitsquote, Selbstmordrate.

Theoretische Begriffe können demgegenüber prinzipiell nicht vollständig operationalisiert werden. Die Operationalisierung bezieht sich mithin nur auf Teilaspekte des gemeinten Sachverhalts, es werden immer nur Indikatoren konkret erfaßt. Es kommt bei der Auswahl der Indikatoren darauf an, auf der Zielscheibe des universalistischen (theoretischen) Begriffs gewissermaßen das Schwarze zu treffen. Beispiele für derartige theoretische Begriffe (auf der Ebene von Individuen) sind: autoritäre Persönlichkeit, Entfremdung, Intelligenz, Konformität, Autorität, Kreativität. Theoretische Begriffe auf der Ebene von Kollektiven sind etwa: Anomie, Kohäsion, Arbeitsteilung, Produktivität, Effizienz, usw.

Theoretische Begriffe lassen sich deshalb nicht so einfach wie deskriptive Begriffe operationalisieren, weil sie definitionsgemäß eine unendliche Klasse von Ereignissen bezeichnen. Häufig bezieht sich der Begriff aus heuristischen Gründen auch auf Ereignisklassen, die nicht vollständig enumeriert werden können. Der Begriff Intelligenz wird allgemein als Fähigkeit des Individuums, Probleme zu lösen, verstanden - und geht damit grundsätzlich darüber hinaus, was durch einzelne Intelligenztests gemessen werden kann.

Es gibt eine deutliche Diskrepanz zwischen der (theoretisch abgeleiteten) Forderung nach Offenlegung des Operationalisierungsverfahrens und der tatsächlichen Hilflosigkeit, mit der diesem Problem begegnet wird. Dies scheint darauf zu beruhen, daß diese Forderung mit den Möglichkeiten, die die Praxis bietet, teilweise in Widerspruch steht: in der Forschungspraxis ist es nämlich erforderlich, (das ist teilweise auch bedingt durch die rapide Expansion des Faches und das entsprechend geringe know-how der Forscher), daß die Operationalisierung in einer sehr frühen Phase des Forschungsprozesses durchgeführt werden muß,

für diesen Vorgang aber große Erfahrungen erforderlich sind.
Der Forscher hat also nur wenige Möglichkeiten, aus den
eigenen Fehlern oder denen anderer zu lernen.

Auch bei dieser Aufgabe ist zu empfehlen, sich auf _Vorarbei-
ten_ zu stützen. Dies gilt insbesondere für den Operationa-
lisierungsvorgang der Fragenformulierung beim Interview.
Noch ist es hier weitgehend üblich, in jeder Befragung ein
eigenes Instrumentarium zu entwickeln. Dies ließe sich vermeiden, wenn es Sammlungen von exemplarischen Fragebögen
gäbe - ein Kompendium für Fragebogenaufbau und Fragenformulierung anhand praktischer Beispiele. Dies ist allerdings
nicht verfügbar. Das soll übrigens nicht als Aufforderung
für ein blindes Abschreiben von alten Fragebögen mißver-
standen werden. Es trifft zu, daß (wenn es sich nicht um
eine vollständige Replikation handelt) wohl keine zwei Fragebögen identisch sein werden. Man sollte deshalb nicht
ständig neue Formulierungen (Operationalisierungen) benutzen - denn es ist auch daran zu denken, daß ja eine
Kontinuität und damit Vergleichbarkeit in der Forschung
geschaffen werden soll, die gleichartige Stimuli voraussetzt.

Dies trifft vor allem für die Verwendung von komplexen Indikatoren zu, d.h. bei der Verwendung von _Skalen_ und _Indizes_.
In der Sozialforschung und der Psychologie sind bisher
eine Vielzahl von solchen Skalen entwickelt worden, aber
speziell in der Soziologie hat sich noch keine Standardisierung unter diesen Skalen eingebürgert. Zwar trifft es zu,
daß sich solche Skalen abnützen können, daß ihre Verwendung
dann problematisch wird, wenn sie dem Befragten bereits
bekannt sind (obwohl über die Richtung der dann erfolgenden
Abweichung nur Vermutungen bestehen), aber dies sollte
gerade nicht dazu ermutigen, in einer jeden neuen Untersuchung vollständig neue Skalen zu erfinden, sondern es

sollte im Gegenteil dazu führen, jeweils nur Modifikationen
älterer Skalen zu übernehmen.

Durch die Operationalisierung soll zugleich die Meßbarkeit
der Grundbegriffe festgelegt werden. Unter "Messen" soll
verstanden werden, daß bestimmte Vorgänge numerisch erfaßt
werden und zugleich Klarheit geschaffen wird über die
arithmetischen Eigenschaften, die diesen Zahlen anhaften.
Diese Eigenschaften sind z.B. Addierbarkeit, Multiplizier-
barkeit.

Bereits die Zuschreibung absoluter Zahlen zu bestimmten
Eigenschaften ergibt Meßvorgänge (300 Studenten sind männlich), ebenso die Angaben von Prozentsätzen (75% der Studenten sind männlich). Meßvorgänge sind damit etwas
Alltägliches. Nichtalltäglich sind jedoch Skalen, wie z.B.
Temperatur, Intelligenz oder soziale Schicht. In solchen
Skalen wird versucht, eine latente Eigenschaft möglichst
eindimensional auf einem möglichst hohen Meßniveau zu
repräsentieren, so daß eine intersubjektive Übereinkunft
über Merkmalswerte dieser Eigenschaft erzielt werden kann
(vgl. SCHEUCH, ZEHNPFENNIG, 1974).

Man unterscheidet heute in den Sozialwissenschaften vier
Meßniveaus:
1. Nominales Messen, d.h. die Zuschreibung von Zahlenwer-
   ten zu bestimmten Gegenständen oder Eigenschaften, wobei nur die Identität unterschieden wird, den einzelnen
   Zahlen aber keine weiteren Relationen entsprechen.
   Beispiel: Beruf, Geschlecht, Herkunftsort. Als Mittelwert einer Verteilung kann der Modus gewählt werden.
2. Ordinales Messen, zwischen zwei Merkmalsausprägungen
   auf einer ordinalen Skala kann zusätzlich zu Identität
   auch eine Relation des "größer als" festgestellt werden.
   Bei einer Verteilung von x Merkmalsausprägungen kann
   als Mittelwert der Median verwendet werden.

3. Intervall-Messen, zusätzlich zur ordinalen Skalierbarkeit können die Abstände zwischen Meßpunkten fixiert
   werden, die Differenzen zwischen Skalenwerten sind konstant. Als Mittelwert einer Verteilung kann das
   arithmetische Mittel verwendet werden.
4. Rationales Messen, der Quotient zwischen Skalenwerten
   ist konstant und es kann ein absoluter Nullpunkt der
   Skala definiert werden. Als Mittelwert kann das geome-
   trische Mittel gewählt werden (vgl. BENNINGHAUS, Deskriptive Statistik, Teubner Studienskripten zur Soziologie,
   Bd. 22, S. 21 f., 1974).

In den Sozialwissenschaften sind viele Messungen nur auf
nominalem oder ordinalem Niveau möglich, empirische Klassifikationen und Typologien sind häufig nur Nominalskalen.
Die Zuordnung von Zahlen zu diesen Merkmalsausprägungen erfolgt willkürlich, außer der Bildung von Häufigkeiten sind
für die Skalen selbst keine Rechenoperationen erlaubt.
Auch bei Ordinalskalen sind eigentlich Additionen und Sub-
traktionen (und damit die Bildung des arithmetischen Mittels)
nicht definiert, dennoch hat sich in der Datenanalyse
weitgehend eingebürgert, daß diese Voraussetzungen still-
schweigend gemacht werden und eigentlich höherwertige
Skalen verwendet werden. Die Diskussion darüber, inwieweit
dies zulässig ist und welche konkreten Verzerrungen dabei
auftreten können, hält noch an. Da man diese Grenzüber-
schreitungen nicht vollständig verhindern kann, sollte man
wenigstens fordern, daß die so gewonnenen Ergebnisse entsprechend gekennzeichnet werden.

3.1.5 Festlegung von Grundgesamtheit und Analyseeinheit

Zur Definitionsphase einer Untersuchung gehören noch zwei
sehr wesentliche Punkte: nämlich die Festlegung der Grundgesamtheit einer Untersuchung und die Bestimmung der Analyseeinheiten. Die Grundgesamtheit (häufig auch als "Univer-
sum" oder "Population" bezeichnet) kann sich etwa auf die
Bevölkerung eines Staates oder einer Gemeinde beziehen,
kann aber auch nach einer kategorialen Zugehörigkeit von
Personen bestimmt werden: etwa Richter, Sportler einer
bestimmten Disziplin oder Minister in Deutschland. Die
Grundgesamtheit kann sich aber auch auf Kollektive oder
Artefakte beziehen:z.B. auf Organisationen,wie Unternehmen
der Stahlindustrie oder die Finanzverwaltung des Bundes
und der Bundesländer. Artefakte können beispielsweise Bil-
der des 19. Jahrhunderts sein, die Zeitungsberichterstat-
tung über eine gewisse Klasse von Ereignissen (z.B. die
Dreyfuss-Affaire oder Berichterstattung über Wissenschaft)
aber auch Dokumente, wie z.B. Personalakten von Behörden.

Mit der Grundgesamtheit ist die Analyseeinheit zu definieren. Dies erscheint nur in der Umfrageforschung als ein
triviales Problem, wo in der Regel die Person als Einheit
gewählt wird. Aber selbst dabei ist zu berücksichtigen,
daß nicht die Persönlichkeit als ein ganzheitliches
Phänomen in der Regel untersucht wird, sondern daß den
Soziologen meist nur ganz bestimmte soziale Rollen von
Personen interessieren, also mehr oder weniger enge Ausschnitte aus der Persönlichkeit.

Bilden jedoch nicht Menschen, sondern Kollektive oder
Artefakte die Grundgesamtheit der Untersuchung, dann wird
die Definition der Analyseeinheit meist problematischer.
In bezug auf Texte(persönliche Dokumente, Zeitungen,
Bücher, usw.) können etwa Worte, Sätze, Abschnitte oder
der gesamte Text jeweils die Einheit der Analyse bilden.
Bei der Untersuchung von Organisationen kann man etwa

bestimmte Funktionsträger, formelle oder informelle Gruppierungen, aber auch Arbeitsabläufe und Organisationsnormen
(-pläne o.ä.) zur Analyseeinheit erklären und entweder
allein oder in Kombination untersuchen. Ähnliche diffizile
Probleme bei der Definition der Analyseeinheiten treten bei
Beobachtungen von sozialen Gruppen auf. Die Einheit der
Analyse ist hier in der Regel sehr diffus. Der Forscher muß
durch ein Analyseschema versuchen, sie möglichst einzugren-
zen, um im Ergebnis auch Gleiches mit Gleichem vergleichen
zu können.

Grundgesamtheit und Auswahleinheit der Untersuchung können
nun noch weiter aufgegliedert werden.Bei der Grundgesamtheit
kann man meist gewissermaßen Hierarchien von Grundgesamtheiten unterscheiden, nämlich eine Zielgesamtheit, das ist
die Grundgesamtheit, auf die hin Verallgemeinerungen eigentlich beabsichtigt sind, z.B. alle Bewährungshelfer der
Bundesrepublik. Im Auswahlprozeß wird man allerdings meist
keine vollständige Liste aller Bewährungshelfer zur Verfügung haben, die einer Stichprobe zugrunde gelegt werden
könnte. Man ist also auf andere Verzeichnisse angewiesen.
Die Summe der in diesen Verzeichnissen aufgeführten Bewährungshelfer stellt die Erhebungsgesamtheit dar. Sie kann
von der Zielgesamtheit abweichen, der Grad der Abweichung
muß durch eine Plausibilitätskontrolle festgestellt werden.
Häufig sollen jedoch nicht nur Aussagen über Bewährungshelfer gemacht werden, sondern im Verlauf der Analyse
sollen auch Aussagen über Sozialarbeiter insgesamt oder
auch über "Bundesbürger" oder über ganz allgemein "sozio-
kulturelle Persönlichkeit" gemacht werden. Die Zielgesamtheit Bewährungshelfer wird dann also als eine Teilmenge
aus anderen Zielgesamtheiten aufgefaßt.

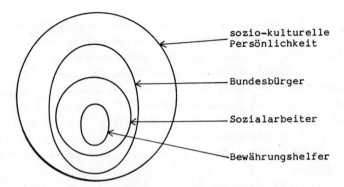

<u>Abb. 1</u>: Darstellung einer Hierarchie von Grundgesamtheiten•

Dabei werden implizite Annahmen darüber gemacht, daß die
Zielgesamtheit "Bewährungshelfer" eine repräsentative
Untermenge aus der <u>"Supergesamtheit"</u> der sozio-kulturellen
Persönlichkeiten darstellt. Das Beispiel zeigt, daß man
mit solchen Verallgemeinerungen, die über die Zielgesamtheit hinausgehen und eine der vielen möglichen Superge-
samtheiten umfaßt, sehr vorsichtig sein muß. Die Darstellung
stellt eine Vereinfachung dar, da konzentrische Kreise angenommen werden. Häufig kann es jedoch vorkommen, daß
sich die Kreise überschneiden.

Auch bei den konkreten in die Untersuchung aufgenommenen
<u>Auswahleinheiten</u> (Analyseeinheiten) kann noch weiter dif-
ferenziert werden. Die Auswahleinheit bezieht sich dabei
auf die Fälle, die wirklich in die Untersuchung aufgenommen
werden sollen, in einer Haushaltsbefragung also etwa konkrete Haushaltungen. Da aber die Listen der Einwohner-
meldeämter nur Personen erfassen, wird man meist eine
Personenstichprobe in die Untersuchung einbeziehen und befragt dann jeweils eine Person aus einem Haushalt. Die tatsächliche Auswahleinheit weicht also in diesem Fall von der

---

• Die Darstellung wurde angeregt durch die Arbeit von
KOPS, 1975.

eigentlich beabsichtigten Analyseeinheit ab. Auch bei Personenbefragungen läßt sich ein solches Auseinanderklaffen von Auswahleinheit und Analyseeinheit feststellen, nämlich dann, wenn Einstellungen untersucht werden.

Wie bei der Grundgesamtheit ist auch bei der Auswahleinheit bereits eine frühzeitige Festlegung durch den Forscher erforderlich. Der Forscher muß sich klar darüber werden, auf welche Auswahl-, bzw. Analyseeinheiten er sich in seiner Untersuchung überwiegend beziehen will. Neben Individuen und Personenmehrheiten (Gruppen, Organisationen) kann sich eine soziologische Analyse dabei auch auf Situationen beziehen, dann wird Einheit der Analyse etwa ein bestimmter Verhaltensakt (wie z.B. abweichendes Verhalten, Entscheidungen in Organisationen) oder Verhaltenssequenzen (Forschungsprojekte, Gerichtsverhandlungen, Produktionsprozesse oder die Besetzung einer Professur im Universitätsbereich wie in der Untersuchung von CAPLOW und McGEE (1965), die eine der wenigen Befragungen darstellt, in denen eine solche situative Analyseeinheit erfaßt wurde.

Die Unterscheidung von Auswahleinheit und Analyseeinheit wird besonders in der Mehrebenen-Analyse und in der sog. ökologischen Analyse problematisch, d.h. in der Analyse von Aggregatdaten etwa in der Wahlforschung, bei der Wahlen auf Bezirks- und Kreisebene untersucht werden. Ökologischer Fehlschluß ist dabei der unzulässige Schluß von einer Korrelation auf der Aggregatebene auf das Verhalten von Personen genannt worden. Es ist hier nicht zulässig, von der Auswahleinheit "Bezirk" auf eine auf einer völlig anderen Ebene liegenden Einheit "Person" zu schließen, wenn nicht sichergestellt ist, daß die Korrelation auf der höheren Ebene nicht vollständig ist. Ein solcher Schluß von einer Aggregationsebene auf eine andere ist übrigens auch im umgekehrten Falle immer problematisch, nämlich beim Schluß vom Verhalten von Personen auf Gruppen und Insti-

tutionen - was aber meist vergessen wird. Dieser Schluß
wird auch als Gruppenfehlschluß bezeichnet (SCHEUCH, 1966).
In der Mehrebenen-Analyse werden grundsätzlich mindestens
zwei Analyseeinheiten in die Untersuchung aufgenommen, so
wenn beispielsweise von COLEMAN Schüler aus ganz unterschiedlichen Schulen untersucht wurden und dabei sowohl
Daten für die Schüler als auch für die Schulen zusammen
analysiert werden (COLEMAN 1961, vgl. Anhang A). Eine zusammenfassende Darstellung der analytischen Probleme von
Mehrebenen-Analysen bringt HUMMELL, Teubner Studienskripten
zur Soziologie Nr. 39, 1972.

3.1.6 Der Forschungsplan

Nach Abschluß dieser Vorarbeiten: Problemwahl, Literaturanalyse, theoretischer Bezugsrahmen, Operationalisierung
der Grundbegriffe, Festlegung von Grundgesamtheit und
Analyseeinheit wird die Definitionsphase der Untersuchung
mit der Aufstellung eines Forschungsplans abgeschlossen.
Der Forschungsplan enthält die in der Definitionsphase ein-
gebrachten Überlegungen und Ergebnisse, geht aber darüber
hinaus, denn er legt die Forschungstechnik fest, d.h. die
beabsichtigte Erhebungsmethode, er spezifiziert die Anwendung der Erhebungsmethode, den Auswahlplan und die anschließende Datenanalyse. Vor dieser Datenanalyse ist dabei
in der Regel noch eine mehr oder minder große Datenbear-
beitung (Verkoden, Lochen, Datenbereinigung) erforderlich.
Bei der Entwicklung des konkreten Forschungsplans einer
Untersuchung muß diejenige Kombination aus den unterschiedlichen Forschungstypen gewählt werden (vgl. nächstes Kapitel), die das gewählte Forschungsproblem möglichst adäquat
zu lösen verspricht.

Im Forschungsplan wird aber vor allem auch ein Zeitplan für
die Untersuchung festgelegt, die einzelnen Arbeitsschritte
werden spezifiziert und auf das erforderliche Forschungs-
personal aufgeteilt und es wird ein Kostenplan aufgestellt.

Da die Aufstellung eines Forschungsplans bereits gute
Kenntnisse des Forschungsprozesses voraussetzt, sollen die
Probleme in einem späteren Kapitel noch ausführlicher behandelt werden, dann nämlich, wenn die einzelnen Elemente, die
in den Forschungsplan eingehen müssen, behandelt worden
sind (vgl. Kap. 6).

Es erscheint häufig als sinnvoll, den Forschungsplan in
einem ersten <u>Untersuchungsbericht</u> festzuhalten. Dies Papier
eignet sich auch zur Vorlage bei Stiftungen, wenn Finanzmittel eingeworben werden sollen. Der Bericht sollte vor
allem die Ergebnisse der Literaturanalyse, den theoretischen Bezugsrahmen des Projekts, die Hypothesesammlung
und den eigentlichen Forschungsplan, nämlich die Umsetzung
des Forschungsproblems in die Forschungspraxis enthalten.

Der Forschungsplan hat also für das gesamte Projekt eine
<u>strategisch wichtige Funktion</u>: Aus der nahezu unendlichen
Kombinationsmöglichkeit von Forschungs- und Analysetechniken wird nämlich an dieser Stelle diejenige Kombination
ausgewählt, von der angenommen wird, daß sie für die Lösung
des Problems am adäquatesten ist. Natürlich spielt auch
eingefahrene Gewohnheit und erworbene Kompetenz in diesem
Prozeß eine Rolle und kann so die Auswahl unter den Forschungsmethoden einschränken. Dabei muß man gelegentlich
einer bereits erprobten Methode den Vorzug vor einer uner-
probten geben - wenn die Untersuchung nicht selbst einen
Beitrag zur Methodenentwicklung liefern will.

Der Forschungsplan sollte also enthalten:
1. Eine Beschreibung des Forschungsproblems,
2. den aktuellen Forschungsstand zu diesem Problem,
3. den theoretischen Bezugsrahmen bzw. die Forschungshypothese,
4. den Forschungsplan (Abstimmung der Teilprojekte und des
   Instrumentariums) im engeren Sinne,

5. möglichst ausgearbeitete Vorstellungen über die Datenanalyse,
6. einen Zeitplan (als Balken- oder auch als Netzplan),
7. einen Kostenvoranschlag (evtl. nach Haushaltsjahren
   und Kostenarten getrennt),
8. eine Liste der Projektbearbeiter (evtl. mit Lebenslauf
   und Publikationen).

In den meisten größeren Forschungsprojekten ist durch den
Forschungsplan eine Koordination der verschiedenen Teilprojekte der Gesamtuntersuchung zu leisten. Das Projekt
wird so zu einem Forschungsprogramm. Neben die Hauptuntersuchung treten dann häufig explorative Voruntersuchungen,
Fallstudien zu Spezialproblemen, Expertengespräche oder
Erhebungen bei speziellen Grundgesamtheiten. Diese verschiedenen Teiluntersuchungen müssen im Forschungsplan
sinnvoll kombiniert werden. Neben der Behandlung weiterer
Fragestellungen in einer Mehrthemenuntersuchung kann ein
Multi-Methodenansatz auch den Zweck haben, die Gültigkeit
und Zuverlässigkeit der Ergebnisse aus der Hauptuntersuchung zu überprüfen. Der Forschungsplan kann so (etwa
durch die Verwendung von Kontrollgruppen, alternativen
Meßverfahren, u.ä.) zu einem quasi-experimentellen Entwurf
werden.

3.1.7 Zusammenfassung

Es sollte in dem vorangehenden Abschnitt gezeigt werden,
daß in der Definitionsphase einer Untersuchung sehr umfangreiche Vorarbeiten zu leisten sind. Nicht immer werden
diese Vorarbeiten auch in der hier aufgeführten Reihenfolge
durchgeführt, sondern je nach Kenntnisstand des Forschers
können die Arbeitsschritte nahezu gleichzeitig in Angriff
genommen werden.

In der Auftragsforschung wird für die Definitionsphase
häufig nur eine Dauer von einem Monat angesetzt. Dies kann
nur dann ausreichen, wenn der Forscher grundsätzlich schon
in das Problemgebiet eingearbeitet ist. Insgesamt wird man
für die Definitionsphase eine Dauer von bis zu sechs Monaten
ansetzen. Nur bei einer sehr systematischen Literaturanalyse (die dann aber bereits ein eigenes Teilprojekt darstellt) wird ein längerer Zeitraum benötigt.

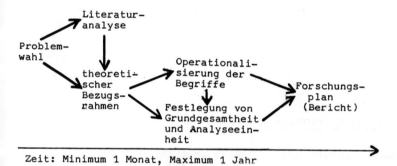

Zeit: Minimum 1 Monat, Maximum 1 Jahr

Abb.2: Arbeitsschritte in der Definitionsphase einer
Untersuchung

Das Forschungsproblem verändert sich häufig im Verlauf der
Definitionsphase der Untersuchung. Dies kann einmal dadurch
geschehen, daß dem Auftraggeber klarzumachen ist, daß
seine ursprüngliche Fragestellung zu umfassend ist und durch
eine sozialwissenschaftliche Untersuchung nur zum Teil beantwortet werden kann. Umgekehrt ist auch denkbar, daß dem
Auftraggeber, der eine Antwort auf ein ganz spezifisches
Problem haben möchte, klarzumachen ist, daß dies Problem
adäquat nur durch einen komplexen Forschungsansatz gelöst
werden kann, der u.a. auch die Prüfung von Alternativhypo-
thesen einschließt. Eine gegenseitige Beratung zwischen
Auftraggeber und Forscher erscheint also angebracht. Gut

geschildert ist dieser Konsultationsprozeß in der Untersuchung von HYMAN et al. 1962 (vgl. Anhang A) bzw. in
einem Bericht der Autoren über das Projekt (WRIGHT und
HYMAN, 1964).

Aber auch in der auf Eigeninitiative beruhenden Grundlagenforschung kann sich im Verlauf der Definitionsphase eine
Veränderung des ursprünglich ins Auge gefaßten Forschungsproblems ergeben, z.B. aufgrund der Kenntnis von Forschungsergebnissen, methodologischen Anforderungen und der lang-
fristigen Beschäftigung mit dem Problem überhaupt. Der Forschungsprozeß gewinnt so eine _interne Dynamik_, die jedoch
nach Möglichkeit in späteren Forschungsberichten dokumentiert werden sollte.

3.2 Die Durchführungsphase

Wegen der Notwendigkeit der Finanzbeschaffung muß nach der
Definitionsphase einer Untersuchung häufig eine Wartepause
bis zur Bewilligung der erforderlichen Projektmittel eingeschoben werden. Es liegt auf der Hand, daß es einem Projekt nicht gut tut, wenn diese Pause sehr lang ist. Meist
liegt es aber an der Qualität der Vorarbeiten und des Forschungsplans, wie schnell ein Forschungsprojekt bewilligt
wird.

In der Durchführungsphase wird der Forschungsplan in die
Praxis umgesetzt. Diese Phase bezieht sich vorwiegend auf
die _Datensammlung_. Die Ausgliederung der Datenanalyse aus
der Durchführungsphase geschieht aus pragmatischen Gründen,
da sich heute in dieser Hinsicht eine weitgehende zeitliche Phasenverschiebung durchgesetzt hat. Im folgenden
wird von nur einer Hauptuntersuchung ausgegangen. Die besonderen Probleme von Mehrthemenuntersuchungen, Multi-
Methodenansätzen und quasi-experimentellen Entwürfen werden

dabei nicht behandelt.

Wir stützen uns wieder auf die Erhebung als Modelluntersuchung. Die Arbeitsschritte, die in der Durchführungsphase unterschieden werden sollen, sind die Entwicklung der Forschungsinstrumente, der Auswahlplan der Untersuchung, der Vortest, die organisatorischen Vorbereitungen der Hauptuntersuchung, die Durchführung der Untersuchung im eigentlichen Sinne und die Verkodung der Daten.

3.2.1 Die Entwicklung der Forschungsinstrumente

Der Begriff des Instrumentariums wird in den Sozialwissenschaften weit gefaßt und bezieht sich in der Regel nicht auf Maschinen (wie Teleskope, Teilchenbeschleuniger und andere wissenschaftliche Instrumente der Datengenerierung). Maschinen werden in den Sozialwissenschaften bisher nicht bei der Datenerhebung,sondern nur in der Datenanalyse eingesetzt in Form von mechanischen Lese- und Sortiermaschinen und von elektronischen Datenverarbeitungsgeräten für Datenmanipulation, Tabulierung und statistische Datenanalyse. Dieses datenverarbeitende Arsenal teilt die Soziologie mit einer Vielzahl von anderen Disziplinen (von der Ökonomie bis zur Meteorologie). Nur Teile der "software" sind dabei auf die besonderen Probleme der Sozialwissenschaften zugeschnitten.

Das sozialwissenschaftliche Instrumentarium für die Datenerhebung bezieht sich bisher vor allem auf Fragebögen, Beobachtungsschemata, inhaltsanalytische Verfahren und Kodierungsvorschriften für diese Erhebungsinstrumente. Es ist heute noch so - wie bereits erwähnt - daß sich ein jeder Forscher diese Instrumente selbst zusammenbasteln muß. Das Wort "basteln" ist dabei durchaus angebracht, da es noch keine wirkliche stringente Lehre vom Interview oder etwa der Beobachtung gibt (deshalb ist die Beobachtung der

Befragung keineswegs überlegen - wie es vor kurzem in der
Soziologie teilweise angeklungen ist).

Allerdings gibt es eine große Zahl von Erfahrungsregeln,
die man bei der Zusammenstellung dieser Instrumente unbedingt beachten muß. Es ist aber beachtlich, daß in der
methodologischen Literatur über das Interview Beispiel-
sammlungen fast vollständig fehlen, daß diese Literatur
damit im wesentlichen davon ausgeht, daß für eine jede
Untersuchung ein neuer Fragebogen konstruiert wird. Entsprechend besteht diese Literatur aus einer Beschreibung
der Funktionen und Einsatzmöglichkeiten der Befragung und
der Beobachtung und enthält dann eine ausführliche Formen-
lehre des Fragebogens und der Fragen selbst sowie eine
Regelsammlung über das richtige Verhalten des Interviewers
(vgl. SCHEUCH, 1973, als der immer noch besten zusammenfassenden Darstellung über das Interview in deutscher
Sprache und ERBSLÖH, Interview, Teubner Studienskripten
zur Soziologie, Bd. 31, 1972). Bei Beobachtungstechniken
ist dies bezeichnenderweise zum Teil anders: Die Komplexität der Beobachtungssituation hat es mit sich gebracht,
daß hier eine Reihe von Beobachtungsschemata zur Verfügung stehen, die relativ geschlossene Verfahren darstellen
(vgl. GRÜMER, Beobachtung, Teubner Studienskriptum zur
Soziologie, Bd. 32, 1974).

Bei der Verwendung von Skalen und Indizes verhält es sich
teilweise anders, besonders in der Schichtungsforschung
stehen mehrere gut getestete Skalen zur Verfügung. Aber
insgesamt ist auch hier die Entwicklung keineswegs abgeschlossen, sondern der Forscher ist meist genötigt, sein
eigenes Instrumentarium zu erfinden (vgl. SCHEUCH, ZEHN-
PFENNIG, 1974).

Die Vorgehensweise bei der Zusammenstellung der Forschungsinstrumente (die innerhalb eines Instituts am günstigsten

im Team durchgeführt wird, um ein breites Erfahrungsspektrum einzubeziehen) stützt sich auf zwei Quellentypen: die Methodenlehre, in der die einzelnen Forschungstechniken als Kunstlehren im Überblick abgehandelt werden und die fachspezifische Literatur, aus der sich konkrete Vorbilder für den Instrumentenaufbau insgesamt, bestimmte Einzelformulierungen, sowie Skalen und Indizes entnehmen lassen. Die Instrumentenzusammenstellung ist also, was die überwiegende Mehrzahl der "Einzelteile" angeht, meist keine originäre Leistung. Dies ist auch nicht erwünscht, da sonst die Kontinuität der Forschung leiden würde. Die Originalität des Forschungsansatzes erweist sich vielmehr erst durch die Zusammenstellung der Einzelteile zu einem Gesamtinstrumentarium - sei es einem Fragebogen, einem Beobachtungsschema, einem inhaltsanalytischen Schema oder einem anderen Erhebungsinstrument, und durch die Zusammenstellung mehrerer derartiger Erhebungsinstrumente in einem Forschungsplan.

Die beiden wichtigsten Kriterien zur Beurteilung der Angemessenheit des Instrumentariums sind ihre Gültigkeit (validity) und Zuverlässigkeit (reliability). Unter Gültigkeit wird allgemein das Ausmaß verstanden, in dem einzelne Indikatoren, Indizes oder Skalen auch wirklich das erfassen (messen), was sie eigentlich erfassen sollen. Gültigkeit ist also konzipiert als ein Ausdruck für die Angemessenheit der Operationalisierung eines Begriffs. Zuverlässigkeit wird verstanden als das Ausmaß, zu dem bei wiederholten Messungen durch das gleiche Instrument auch ein gleiches Ergebnis erzielt wird, inwieweit sich also eine Intersubjektivität der Messungen ergibt. Gültigkeit bezieht sich somit auf die inhaltliche Stimmigkeit des Instrumentariums, Zuverlässigkeit auf die methodologisch-forschungstechnische Stimmigkeit.

Gültigkeit und Zuverlässigkeit müssen jeweils in der Einzelsituation geprüft werden - entsprechend enthält die forschungstechnische Literatur der verschiedenen Erhebungstechniken jeweils Listen von Gültigkeits- und Zuverlässigkeitskriterien (vgl. etwa SCHEUCH 1973 für Gültigkeits- und Zuverlässigkeitskriterien beim Interview).

Bei der Beurteilung der Gültigkeit haben sich vier Verfahren herauskristallisiert:

1. Prognostische Gültigkeit - aus der Kenntnis früherer Skalenwerte und Indikatoren wird eine Prognose auf zukünftige Einstellungen und Verhalten abgeleitet und dann in der Untersuchung überprüft. Dies Verfahren setzt voraus:
   a) eine explizite Hypothese, aus der die Prognose abgeleitet werden kann,
   b) Wiederverwendung erprobter Indikatoren und Skalen.

2. Externe Gültigkeit - ein Indikator wird mit einem anderen Kriterium verglichen, von dem man weiß, daß es im wesentlichen das Gleiche mißt wie der zu überprüfende Indikator. Das Verfahren setzt also eine inhaltliche Entscheidung über die Ähnlichkeit zweier Indikatoren voraus. Vorteil des Verfahrens ist, daß es keine Wiederholung voraussetzt, sondern innerhalb einer Untersuchung durchgeführt werden kann.

3. Extremgruppenvergleich - der Indikator wird bei zwei Gruppen aus der Untersuchung verglichen, von denen man annimmt, daß sie sich deutlich voneinander unterscheiden. "Diskriminiert" der Indikator tatsächlich in der erwarteten Richtung zwischen den Extremgruppen, so kann dies als ein Kriterium für die Gültigkeit gedeutet werden. Voraussetzung ist wieder eine Entscheidung des Forschers über die Unterscheidbarkeit der Gruppen.

4. Konstrukt-Gültigkeit - der Indikator wird in Zusammenhang mit dem theoretischen Bezugsrahmen der Untersuchung auf seine Gültigkeit hin untersucht, bzw. alter-

native Hypothesen werden in bezug auf ihre Verträglich-
keit mit dem Indikator hin untersucht. Es handelt sich
im wesentlichen um eine Plausibilitätskontrolle der
Operationalisierung des Indikators.

Die Überprüfung der Gültigkeit setzt die Abschätzung der
Zuverlässigkeit bereits voraus. Als Faustregel gilt, daß
bei einem Indikator die Gültigkeit nicht gesichert ist,
wenn die Zuverlässigkeit der Messung nicht gewährleistet
ist. Methoden zur Überprüfung der Zuverlässigkeit variieren
nach der verwendeten Erhebungsmethode.

Die drei wichtigsten Verfahren der Zuverlässigkeitsprüfung
sind:

1. Wiederholungen – die Messung eines Indikators wird in
   einem angemessenen Zeitabstand bei der gleichen Klasse
   von Personen oder Objekten wiederholt. Die Übereinstimmung zwischen beiden Messungen wird als Maß der Zuverlässigkeit verwendet. Bei der Wiederholung muß darauf
   geachtet werden, daß keine Lernprozesse seitens der
   Versuchspersonen, aber auch keine Versuchsleitereffekte
   auftreten.

2. Parallelisierung – zwei verschiedene Indikatoren werden
   konstruiert, die den gleichen Sachverhalt messen sollen
   und beide werden den gleichen Versuchspersonen vorgelegt.
   Dies kann zeitlich versetzt geschehen, aber auch in
   einem Arbeitsgang durchgeführt werden.

3. Konsistenzprüfung – sie kann auf zwei Arten erfolgen,
   nämlich als Halbierungstest, durch den etwa einzelne
   Sätze einer Skala in zwei inhaltlich gleichwertige Teile
   geteilt werden und beide Teile jeweils einer Zufallsauswahl der Versuchspersonen vorgelegt werden. Das Ausmaß der Übereinstimmung zwischen den summierten Werten
   jedes Teils wird als Maß für die Zuverlässigkeit verwendet. Konsistenz kann aber auch als Versuchsleiterkon-
   sistenz überprüft werden. Es wird dann untersucht, wie

zuverlässig die Versuchsleiter arbeiten (als Interviewer, Beobachter und Vercoder). Pro Versuchsleiter werden die summierten Werte für einzelne Indikatoren ermittelt und der Grad dieser Übereinstimmung als Maß der Zuverlässigkeit verwendet. Dies kann übrigens auch mit dem Wiederholungsverfahren kombiniert werden.

Methoden der Gültigkeits- und der Zuverlässigkeitsüberprüfung müssen bei der Entwicklung des Forschungsinstrumentariums immer mit eingebaut werden.

Der Aufbau des Instrumentariums erfolgt also in den folgenden Teilschritten:

1. Auswahl der einzelnen Indikatoren (die zu Indizes und Skalen zusammengefaßt sein können), wobei die einzelnen Indikatoren zu drei Gruppen gehören können:
   a) unabhängige Variable
   b) abhängige Variable
   c) intervenierende Variable - hierzu sind häufig die demographischen Hintergrundvariablen zu rechnen, die in keiner Untersuchung fehlen dürfen.
2. Zusammenstellung der Indikatoren zu einem einheitlichen Instrument.
3. Einbau von Kontrollmöglichkeiten des Instruments hinsichtlich
   a) der Zuverlässigkeit der Messungen und
   b) der Gültigkeit der verwendeten Indikatoren.

3.2.2 Der Auswahlplan

Grundgesamtheit und Analyseeinheit sollen nach der vorausgehenden Darstellung bereits in der Definitionsphase der Untersuchung abgegrenzt werden. Nunmehr muß entschieden werden, wie die Analyseeinheiten konkret ausgewählt werden sollen. Es geht also hier um die Frage der Repräsentativität der Untersuchung. Diese Frage stellt sich übrigens bei jedem Forschungsprojekt, auch z.B. in der historischen Forschung. Gelegentlich wird die Meinung vertreten, daß

die Frage der Repräsentativität bei theorie-testenden
Untersuchungen weniger bedeutsam sei als bei deskriptiven
Untersuchungen, da es hier darauf ankomme, eine gesetz-
mäßige Beziehung zu testen. Dies ist nur dann zutreffend,
wenn die Grundgesamtheit genau bestimmt ist, für die die
Gesetzmäßigkeit gelten soll und gesichert ist, daß die
untersuchten Fälle nicht untypisch für die Grundgesamtheit
sind, denn die in einer Untersuchung aufgefundene Beziehung zwischen Variablen (= Gesetzmäßigkeit) soll verallgemeinerungsfähig sein. Die Generalisierbarkeit und die
Repräsentativität von Aussagen hängen aber zusammen (ähnlich wie Gültigkeit und Zuverlässigkeit). Repräsentativität
bezieht sich auf das forschungstechnische Problem, abzu-
sichern, daß von einer Stichprobe auch Aussagen für die
Grundgesamtheit gemacht werden können, während sich Generalisierbarkeit darauf bezieht, daß bestimmte Aussagen auch
auf andere Situationen (z.B. andere Grundgesamtheiten)
übertragen werden können.

Bei der Erstellung des Auswahlplans ist eine Entscheidung
zwischen vier Möglichkeiten zu treffen. Es muß nämlich
geprüft werden, ob
    eine Vollerhebung,
    eine Wahrscheinlichkeitsauswahl,
    eine bewußte,bzw. eine willkürliche Auswahl oder
    eine Einzelfallstudie
durchgeführt werden soll.

1. Eine Vollerhebung (die Summe aller Analyseeinheiten
entspricht der Grundgesamtheit) erscheint dann angebracht,
wenn
a) auf die Sicherheit der Aussagen sehr viel Wert gelegt
    wird (etwa für exakte Planungsunterlagen) oder
b) wenn Daten zur Verfügung stehen sollen, mit denen andere
    Stichproben verglichen und geeicht werden können,
c) eine tief gegliederte Tabellenanalyse durchgeführt

werden soll,

d) die Grundgesamtheit nicht sehr groß ist (so daß die Differenz zwischen der beabsichtigten Auswahl und der Grundgesamtheit so klein wird, daß die Mehrkosten für die Gesamterhebung gerechtfertigt erscheinen).

Der Ausdruck "Grundgesamtheit" und die Tatsache, daß er häufig für ganze Bevölkerungen verwendet wird, darf uns nicht dazu verführen anzunehmen, daß sie immer sehr groß sein muß. Die Grundgesamtheit "ehemalige Kanzler der Bundesrepublik" hatte 1976 einen Umfang von vier Personen. Es liegt auf der Hand, daß diese Grundgesamtheit nur durch eine Vollerhebung repräsentativ erfaßt werden kann, jede Auswahl würde hier eine Verzerrung bedeuten. Auf der anderen Seite ist die Grundgesamtheit "Bevölkerung der Bundesrepublik Deutschland" eine Bewegungsmasse, die sich täglich in ihrem Umfang verändert. Sie kann daher vollständig nur an einem Stichtag erfaßt werden.

2. Die der repräsentativen Wahrscheinlichkeitsauswahl zugrundeliegende statistische Wahrscheinlichkeitsrechnung geht von einem Urnenmodell aus, das die vollständige Grundgesamtheit bzw. ein Verzeichnis aller Einheiten der Grundgesamtheit enthält. Zieht man nun eine Stichprobe nach dem Zufallsprinzip aus dieser Urne, so läßt sich der statistische Zufallsfehler bestimmen, mit dem einzelne Merkmalswerte der Stichprobe von der Grundgesamtheit abweichen. Es zeigt sich, daß diese Abweichung bei einer reinen Zufallsauswahl sehr klein ist und sich die Fehlergrenzen (das Mutungsintervall) zudem zuverlässig schätzen lassen.

Diese Erkenntnis, daß man von einer relativ kleinen Zufallsauswahl auf eine Grundgesamtheit schließen kann, hat, daran kann kein Zweifel sein, die sozialwissenschaftliche Forschung revolutioniert, denn erst so wurde die Voraussetzung dafür geschaffen, ohne übermäßigen Kostenaufwand sichere Aussagen über große Grundgesamtheiten machen zu können.

In dem Auswahlplan für eine repräsentative Stichprobe muß
nun eine Annäherung an das Urnenmodell hergestellt werden.
Dafür sind eine Vielzahl von Verfahren entwickelt worden,
die hier nicht näher besprochen werden können (vgl. dazu
das Teubner Studienskriptum Nr. 38 "Auswahlverfahren" von
BÖLTKEN,1976), z.B. reine und geschichtete Zufallsauswahlen, Klumpenauswahl, Mehrstufenauswahl usw.

Die Größe der Stichprobe richtet sich nach dem Zufallsfehler, den man noch zulassen möchte. Allerdings werden die
dazu entwickelten Formeln in der Praxis nur selten angewendet, sondern bei der Entscheidung für eine bestimmte
Stichprobengröße richtet man sich eher nach pragmatischen
Richtgrößen. Dabei haben sich etwa folgende Werte eingebürgert:

2000 Personen (Einheiten): repräsentative Stichprobe einer
     heterogenen umfangreichen Bevölkerung,angebracht bei
     einer Untersuchung mit offener Themenstellung, die
     auch detaillierte Analysen von Teilgruppen erlaubt.

1000 Personen: repräsentative Stichprobe für eine Unter-
     suchung mit spezifischer Themenstellung und vermin-
     derter Möglichkeit der Teilgruppenbildung.

 500 Personen: repräsentative Stichprobe von spezifischen
     (homogenen) Grundgesamtheiten (Berufsgruppen, regionale
     Spezifizierung) und mit spezifischer Fragestellung
     (z.B. Hypothesentest) der Untersuchung.

100-200 Personen: repräsentative Stichprobe von sehr
     spezifischen Grundgesamtheiten (einzelne Berufe)
     mit eingeschränkter,sehr spezifischer Fragestellung,
     wobei in der Auswertung weitgehend auf Teilgruppen-
     aufgliederungen verzichtet werden muß, aber etwa Pfad-
     analysen gut möglich sind.

Größere Stichproben sind erforderlich, wenn innerhalb der
Erhebung Spezialgruppen gesondert untersucht werden sollen
und/oder die Fragestellung relativ diffus ist,wenn detaillierte regionale Aufgliederungen benötigt werden (dies ist

die Rechtfertigung von Volkszählungen) und wenn für Kontextanalysen Untergruppen aus der Stichprobe gebildet werden
sollen. So arbeiteten BLAU und DUNCAN in der Studie zur
amerikanischen Berufsstruktur mit einer Stichprobe von über
20 000 Personen (vgl. S. 311).Kleine Stichproben können verwendet werden,wenn die Homogeneität der untersuchten Einheiten sehr groß ist und/oder die Fragestellung sehr spezifisch ist.

Es ist grundsätzlich nicht einfach, Zufallsstichproben zu
generieren, da soziale Ereignisse nicht zufällig ablaufen,
die Ereignisse mithin nicht in der Reihenfolge ihres Vor-
kommens ausgewählt werden können. Der Forscher muß häufig
eine List anwenden, um eine reine Zufallsauswahl herstellen
zu können. Stehen Karteien mit Verzeichnissen der Grundgesamtheit zur Verfügung, so können z.B. alle Karteikarten
durchnumeriert werden und dann nach Zufallszahlen (die
einer Tabelle entnommen werden oder auf einem Taschenrech-
ner erzeugt werden können) die benötigte Anzahl von Fällen
herausgesucht werden. Ist die Kartei bereits auf einem
Computer (wie die meisten Einwohnerkarteien),so gibt es
Programme, die eine Zufallsstichprobe vom gewünschten Umfang
erzeugen können. Allerdings ist zu berücksichtigen, daß
keine Kartei wirklich alle Fälle der Grundgesamtheit enthält: Tod, regionale Mobilität, Nichtseßhaftigkeit, Krank-
heit und Delinquenz sind einige der Faktoren, die die Vollständigkeit von Karteien beeinflussen und jede Kartei mit
einem Fehler von schätzungsweise 2-5% belasten.

Stehen keine Karteien zur Verfügung, so kann man bei einer
Personenbefragung z.B. durch einen Zufallsmarsch eine
Flächenstichprobe erzeugen. Allerdings dürften sich reine
Zufallsauswahlen hier nur annähernd verwirklichen lassen.
Meist muß man hierbei auch zweistufig vorgehen: Zunächst
wird ein Register aller Zähleinheiten angefertigt (z.B.
aller Wohnungen eines zufällig ausgewählten Wohngebiets)
und anschließend wird aus diesem Register eine Zufallsstich-

probe gezogen. Es handelt sich also um eine regional geschichtete Auswahl.

3. Bewußte und willkürliche Auswahlen. Von bewußten Auswahlen (Auswahl nach Gutdünken) spricht man, wenn die Auswahl
vom Modell der Zufallsauswahl abweicht und theoretische
oder praktische Gesichtspunkte für die Aufnahme der Einheiten in die Untersuchungsauswahl entscheidend sind. Die
Quotenauswahl ist das wichtigste dieser Auswahlverfahren.
Voraussetzung ist dabei, daß wichtige Kennzahlen der Grundgesamtheit bekannt sind (aus früheren Untersuchungen oder
Volkszählungen meist Alter, Geschlecht, Beruf, Ausbildung).
In die Stichprobe soll nun eine möglichst große Approxima-
tion an diese Kennzahlen erreicht werden. Um dies zu gewährleisten, werden den Interviewern "Quoten" vorgegeben,
die so berechnet sind, daß bei Erfüllung aller Quoten ein
verkleinertes Abbild der Grundgesamtheit entsteht. Das Quo-
tensample läßt zwar eine statistisch korrekte Berechnung
des Auswahlfehlers nicht zu, es hat sich aber in der Praxis
gut bewährt (z.B. bei Wahlvorhersagen). Wichtig für diesen
Erfolg dürfte vor allem eine sorgfältige Schulung der
Interviewer sein, die bei der Erfüllung der Quoten nicht
mogeln dürfen und die ihren (erlaubten) Spielraum bei der
Erfüllung der Quoten nicht zu sehr nach Bequemlichkeits-
erwägungen ausschöpfen dürfen. Insgesamt besteht so das
Quotenauswahlverfahren aus einer Mischung von theoretischen (Berechnung der Quoten) und praktischen Elementen.

Willkürliche Auswahlen sind solche, in denen der Forscher
nach eigenem Ermessen (das praktisch oder theoretisch geleitet sein kann) entscheidet, welche Einheiten in die
Auswahl aufgenommen werden sollen. Häufig wird allerdings
bei diesen Auswahlen der Versuch unternommen, eine Vollerhebung von ganz bestimmten Merkmalsträgern zu machen.
Beispiele für willkürliche Auswahlen sind historische
Analysen, in denen Beteiligte an historischen Ereignissen

untersucht werden oder auch Untersuchungen der Machtelite
in Gemeinden, in denen mittels der Reputationstechnik die
politischen Entscheidungsträger der Gemeinde erfaßt werden
sollen. Beispiele von willkürlichen Auswahlen, die keinen
Vollerhebungscharakter haben, sind die meisten Organisa-
tionsuntersuchungen, in denen ganz bestimmte, "typische"
Einheiten für die Untersuchung ausgewählt werden.

Bei bewußten Auswahlen wird die Stichprobe im Gegensatz zu
willkürlichen Auswahlen nach einem Formalprinzip ausgewählt, das aber keiner reinen Zufallsauswahl nach dem Urnenmodell entspricht. Ein Beispiel für eine Mischung aus will-
kürlicher und bewußter Auswahl ist das Schneeballprinzip
zur Auswahl von Experten (bzw. anderen hochselektiven Grundgesamtheiten), wobei einige willkürlich ausgewählte An-
fangskandidaten gebeten werden, jeweils mehrere andere Experten zu benennen, die in der gleichen Position wie sie
selbst sind. Dieses Verfahren ist immer dann angebracht,
wenn keine Verzeichnisse der Grundgesamtheit zur Verfügung
stehen (es wurde in der Untersuchung "Medical Innovation
von COLEMAN, KATZ und MENZEL angewendet - vgl. Anhang A).

4. Einzelfallstudien. Auch die Auswahl von nur einem Fall
ist eine Form der willkürlichen Auswahl, deren Anwendung
sorgfältig überlegt werden muß. Einzelfallstudien können
als eigenständige Untersuchungsformen (vgl. Abschnitt 421.,
S. 178) aber auch als Teilanalysen einzelner Fälle in einer
größeren Untersuchung durchgeführt werden. In beiden Fällen
kann der Einzelfall als ein
a) abweichender Fall, als
b) Normalfall oder als
c) Idealtyp angesehen werden.

Wird der Einzelfall als abweichender Fall studiert, so kann
dies zur Falsifikation einer deterministischen Gesetzesaussage führen. In diesem Sinne haben LIPSET et al. in dem

Buch "Union Democracy" die Untersuchung einer amerikanischen Druckergewerkschaft dazu benutzt, um das "eherne Gesetz der Oligarchie" von Robert MICHELS zu widerlegen,bzw.
zu relativieren (vgl. Anhang A).

Die Untersuchung einzelner Fälle, die dem statistischen
Durchschnitt am besten entsprechen, erfolgt meist aus illu-
strativen Zwecken - um den Forschungsbericht mit Anschau-
ungsmaterial anzureichern.

Vom Normalfall unterscheidet sich der "Idealtyp" dadurch,
daß er bestimmte Klassifikationsgesichtspunkte besonders
rein verkörpert. Es wird also vorausgesetzt, daß eine bestimmte Klasse von homogenen Erscheinungen konstruierbar
ist, die durch die Beschreibung nur eines Falles (der sorgfältig auszuwählen ist) in seiner Ganzheit beschrieben
werden kann. Es kommt also bei einer solchen idealtypischen
Beschreibung entscheidend auf die Auswahl des Falles an,
der den Idealtyp repräsentieren soll. Die Funktion einer
idealtypischen Beschreibung ist übrigens wissenschaftstheoretisch umstritten. Es dürfte sich um eine Explikation
von komplexen mehrdimensionalen Begriffsfiguren handeln
(wie zum Beispiel Max WEBERs "Idealtypen" der legalen,
traditionalen oder charismatischen Herrschaft).

Die Entscheidung zugunsten einer dieser vier Auswahlmög-
lichkeiten ist häufig eine Kostenfrage. Es ist aber zu berücksichtigen, daß bei der Datenerhebung (sei es bei Befragungen, sei es bei Inhaltsanalysen) immer auch ein sach-
licher Fehler entsteht, der mit der Gesamtzahl der erhobenen Fälle steigt. Aus diesem Zusammenhang ergibt sich,
daß sich bei einer Volkszählung nur eine gewissermaßen
statistische Genauigkeit der Ergebnisse ergibt, daß aber
die auftretenden sachlichen Fehler diese statistische Genauigkeit mehr als kompensieren können. Aus diesem Grunde
wird heute mehr und mehr statt der Volkszählung ein Mikro-

zensus verwendet, in den nur 1% der Bevölkerung aufgenommen
wird.

Eine Auswahl muß in sozialwissenschaftlichen Untersuchungen oft nicht nur hinsichtlich der Zahl der Einheiten, die
in die Untersuchung aufzunehmen sind, getroffen werden, sondern auch hinsichtlich der Zeit und des Ortes. Auswahlen in
der Zeit sind meist bei länger andauernden Beobachtungen
erforderlich, da man den Beobachtern oder Befragten in der
Regel nicht zumuten kann, über den gesamten Zeitabschnitt
Buch zu führen, sondern das Zeitintervall muß in Abschnitte
aufgeteilt werden, in denen die Beobachtungen stattfinden
und solche, in denen die Beobachtungen niedergeschrieben
werden. Bei Zeitbudgetuntersuchungen kann in der Regel nur
ein Tag detailliert erfaßt werden. Es muß aber vermieden
werden, daß in einer Befragung immer der gleiche Wochentag
aufgezeichnet wird. Es ist also ein Auswahlplan erforderlich, in dem die zu erfassenden Wochentage ausgewählt werden. Bei Inhaltsanalysen vor allem von Zeitschriften muß
ebenfalls häufig ein Auswahlplan in der Zeit bestimmt werden, wenn man nicht willkürlich eine bestimmte geschlossene
Zeitperiode untersuchen will.

Zusammenfassend bleibt anzumerken, daß die Entwicklung des
Auswahlplans zu häufig als ein bloßes technisches Problem
angesehen wird. Die Wahl einer bestimmten Grundgesamtheit
ist jedoch selbst wieder eine Auswahl, die häufig genug
sehr willkürlich getroffen wird. Wird beispielsweise eine
repräsentative Erhebung in einer Stadt mit einer einseitigen
Wirtschaftsstruktur und besonderen politischen Verhältnissen gemacht, dann wird fraglich, ob die Untersuchungsergebnisse auch auf andere Städte übertragen werden können.
Mit dem Auswahlverfahren steht und fällt somit die Generalisierbarkeit der Ergebnisse.

3.2.3 Vortest und Exploration

Da für eine Untersuchung meist ein neues Forschungsinstrument entwickelt wird, ist es unbedingt erforderlich, daß dieses Instrument vor der endgültigen Anwendung erprobt wird. Diese Erprobung wird meist als <u>Vortest</u> (Pretest) bezeichnet. Er hat den Zweck, vor der "Feldarbeit" die grundsätzliche Verwendbarkeit, die technische Durchführbarkeit und Hinweise auf Schwächen des Instruments zu geben. Schließlich soll der Vortest meist auch die Kenntnisse des Forschers über seinen Forschungsgegenstand vertiefen. Der Vortest hat also meist eine Doppelfunktion in inhaltlicher und in methodischer Hinsicht. Beide Funktionen sollten getrennt werden, man sollte also zwischen der explorativen Studie und dem eigentlichen Pretest unterscheiden. Vor allem beim Eindringen in ein relativ neues Problemgebiet wird beim Pretest die inhaltliche Seite (also die Exploration) im Vordergrund stehen.

Sowohl bei Befragungen, wie auch bei Beobachtungen oder Inhaltsanalysen gibt es keine "harten" Kriterien für die Entscheidung über die Angemessenheit des Instruments, m.a.W. vollkommen eindeutige Entscheidungen über das Ergebnis des Pretests gibt es nicht, Erfahrung und Fingerspitzengefühl spielen hier eine große Rolle. Dies liegt nicht zuletzt daran, daß objektive Tests für die Verständlichkeit von Fragen nicht vorhanden sind, insbesondere dann nicht, wenn mit einer Fragenformulierung Personen aus ganz unterschiedlichen sozialen Schichten angesprochen werden sollen.

Es ist üblich, für den Pretest etwa 20-30 Fälle auszuwählen. Voraussetzung für den methodischen Test sollte sein, daß das endgültige Forschungsinstrument bereits vollständig vorliegt und daß es in einer der endgültigen Erhebungssituation möglichst ähnlichen Art und Weise getestet wird. Um Varianten in den verwendeten Indikatoren zu erproben, kann man zwei Versionen des Instruments herstellen, die

jeweils in einer Hälfte der Testpersonen angewendet wird,
wobei zufällig ausgewählt werden sollte (Halbierungsmethode). Es ist dann möglich, die Werte der einen Gruppe mit
den Werten der anderen Gruppe zu vergleichen und man wird
dann meist den Stimulus mit der größeren Streuung für das
endgültige Erhebungsinstrument verwenden.

Ob für den Vortest eine homogene Auswahl aus der Grundgesamtheit gewählt werden soll, oder ob eine repräsentative
Auswahl angestrebt werden soll, ist übrigens strittig. Man
kann hier zwischen einem "most-different design", bei dem
möglichst unterschiedliche Fälle untersucht werden, und
einem "most-similar design", bei dem möglichst gleichartige
Einheiten ausgewählt werden, unterscheiden.

Bei der Verwendung von Skalen vor allem bei Befragungen
sollte vor der Anwendung eine Eichung erfolgen. Eine solche
Eichung setzt allerdings einen sehr umfangreichen Pretest
voraus. Die Eichung wird daher häufig mit einer Hauptuntersuchung gekoppelt. Als Ergebnis soll die Eichung die Verteilung der Testergebnisse bei einem repräsentativen
Schnitt durch die Grundgesamtheit zeigen, so daß bei der
späteren Anwendung der Skala der jeweilige Testwert einer
Person mit der Verteilung der Testwerte der Grundgesamtheit
verglichen werden kann. Dies ist die Voraussetzung der Anwendung von Skalen bei Einzelpersonen ohne Rekurs auf eine
Erhebung, wie sie in der Psychologie (z.B. bei Intelligenztests) inzwischen üblich ist. In den Sozialwissenschaften ist die Eichung von Instrumenten bislang selten,
sie ist vor allem bei der Verwendung von Schichtungsskalen
angewendet worden.

Der Vortest sollte so angelegt sein, daß die Ergebnisse
bereits maschinell ausgewertet werden können - auf diese
Art und Weise kann auch das Analyseprogramm bereits getestet werden, bzw. es kann die zweckmäßigste Art und Weise

der Vorverkodung des Forschungsinstruments erprobt werden.
Es ist sehr bedeutsam, daß man sich rechtzeitig Gedanken
über die Auswertung seiner Ergebnisse macht, da sich Ver-
säumnisse in dieser Hinsicht nachträglich oft nicht mehr
korrigieren lassen.

Der Vortest (also der methodisch ausgerichtete Teil)hat im
wesentlichen die folgenden Aufgaben:
1) Test der einzelnen Fragenformulierungen. (Kommen die
   Fragen an? Wie lassen sich Mißverständnisse vermeiden?)
2) Test ganzer Skalen und Indizes, Eichung. (Welche Items
   sind entbehrlich? Welche diskriminieren am besten?
   Welche Indikatoren sind am angemessensten?)
3) Test des Forschungsinstruments in seinem Gesamtverlauf.
   (Reihenfolge der Fragen? Länge der Befragung?)
4) Test des Erhebungspersonals. (Wird das Instrument von
   dieser Seite verstanden? Gibt es Hinweise auf Versuchsleitereffekte? Sind alle Anweisungen klar verständlich?
   Und werden sie befolgt?)
5) Test der Versuchspersonen (Gibt es grobe Mißverständnisse? Unangenehme Fragen? Sind die Versuchspersonen
   überfordert oder werden sie gelangweilt?)

Ist eine explorative Untersuchung mit dem Vortest verbunden, so kann es zu Zielkonflikten kommen: Da die Exploration eine inhaltliche Vertiefung in das Forschungsproblem
bezweckt, erscheint es als wenig zweckmäßig, bereits ein
fertiges Instrumentarium anzuwenden, sondern man sollte
ein noch wenig standardisiertes Instrument benutzen. Daraus
folgt aber, daß die Exploration und der Vortest nach Möglichkeit getrennt werden sollten, die Exploration gehört
dann eher noch in die Definitionsphase des Projekts.

3.2.4 Vorbereitung der Hauptuntersuchung

Nach dem Pretest fallen vor der Durchführung der Hauptuntersuchung einige Aufgaben an, die häufig wegen ihres überwiegend technisch-organisatorischen Charakters kaum erwähnt
werden. Es sind dies:

> Vorverschlüsselung der Erhebungsintrumente,
>
> Gestaltung des Erhebungsinstruments,
>
> Subkontraktion der Datenerhebung oder Anwerbung
> eines eigenen Erhebungsstabes,
>
> Schulung des Erhebungsstabes bzw. Koordination
> mit dem Kontraktor.

Diese Punkte sollten nicht unterbewertet werden, da von
ihnen die Nachvollziehbarkeit der Untersuchung (Intersubjektivität, Zuverlässigkeit) und die Qualität der Daten
(Objektivität, Gültigkeit) abhängen.

Bei der Vorverschlüsselung der Erhebungsinstrumente muß
vor allem die beabsichtigte Datenverarbeitung berücksichtigt werden (vgl. Abschnitt 3.3.2, S. 116). Die Vorverschlüsselung muß demnach bei der maschinellen Datenverarbeitung am weitesten gehen, bei der qualitativen Text-
auswertung handelt es sich kaum um ein Problem der Vorverschlüsselung, sondern nur um ein Auswahlproblem der
Daten. In der heute überwiegend üblichen elektronischen
Datenverarbeitung ist grundsätzlich ebenfalls eine Vorverschlüsselung erforderlich, sie unterscheidet sich aber
von derjenigen, die bei der maschinellen Datenverarbeitung
notwendig ist.

Die Vorverschlüsselung muß in die Gestaltung des Erhebungsinstruments mit eingehen. Zu diesem Arbeitsschritt gehören
weiter das Layout des Erhebungsinstruments (also die drucktechnische Aufmachung), der Entwurf von Begleit- und Ein-
führungsschreiben und die drucktechnische Abwicklung.

Die <u>Aufmachung des Fragebogens</u> ist immer dann kein triviales Problem, wenn Dritte mit dem Instrument umgehen müssen (also entweder Interviewer (Beobachter) oder die Befragten selbst). Daher sollte man die Aufmachung nicht nur dem Drucker überlassen. Durch das Erhebungsinstrument wird ja der Stimulus gesetzt, der bestimmte Reaktionen hervorrufen soll: dies gilt selbst dann, wenn Interviewer mit dem Instrument umgehen müssen. Verzweigungen im Fragebogen beispielsweise müssen klar ersichtlich werden, Anweisungen sollten speziell hervorgehoben werden, usw. Generell sollten vor allem die photomechanischen Vervielfältigungsverfahren ausgeschöpft werden. Abschreckende Beispiele der Fragebogengestaltung stellen die meisten Behördenfragebogen dar (wo die Verpflichtung zur Ausfüllung jede ansprechende Gestaltung überflüssig zu machen scheint), aber auch die von vielen Meinungsforschungsinstituten entwickelten Standard-Fragebögen stellen keine guten Beispiele dar (wo Interviewerschulung und vor allem Interviewergewöhnung eine gute Gestaltung überflüssig erscheinen lassen). Bei schriftlichen Befragungen ergibt sich häufig ein Konflikt zwischen äußerster Ökonomie in der Länge des Fragebogens (um die Befragten nicht zu sehr zu belasten) und gestalterischen Erfordernissen - es dürfte aber davon auszugehen sein, daß ein gut gestaltetes aber etwas längeres Befragungsinstrument besser "ankommt" als ein kurzes und unübersichtliches. Generell gilt, daß sich die Klarheit des Instrumentenaufbaus auch in der Klarheit seiner Gestaltung widerspiegeln soll.

Zu jeder schriftlichen Befragung aber auch zu Interviews und Beobachtungen gehört eine <u>Einführung</u> bzw. ein <u>Einführungsschreiben</u>. Schon die Wahl des Briefkopfes kann für die Antwortbereitschaft von Bedeutung sein. Es wird daher oft von Wichtigkeit sein, einen einflußreichen und bekannten Förderer zu finden, der die Untersuchung unterstützt. Wichtiger noch aber ist es, eine Motivation für

die Mitarbeit an der Untersuchung aufzubauen. Generell
dürfte gelten, daß vor allem bei der Untersuchung von sozialen Problemen ein Gefühl der persönlichen Betroffenheit
die Antwortbereitschaft verstärkt. Allerdings darf dieses
Motiv auch nicht überstrapaziert werden, denn sonst würden
ja die jeweils nicht Betroffenen in einer Erhebung in
ihrer Antwortbereitschaft gehemmt werden.

Für die Datenerhebung ist in der Regel die <u>Anwerbung eines
Erhebungsstabes</u> erforderlich. Eine einzelne Person sollte
nicht zu viele Erhebungen nacheinander selbst durchführen,
da anderenfalls zu hohe Versuchsleitereffekte ins Spiel
kommen, d.h. der Erheber tendiert dazu, implizite Erwartungen an die Versuchspersonen zu stellen und die Untersuchungsergebnisse damit auf sublime Weise zu beeinflussen.
Bei längeren Befragungen dürfte die Grenze bei etwa 20
Interviews liegen, bei kürzeren Befragungen bei maximal
50 Personen, die ein einzelner Interviewer oder Beobachter
bewältigen kann. Gelegentlich wird übrigens auch gefordert,
daß der Forscher selbst keine Befragungen durchführen soll,
da er in Kenntnis aller Untersuchungshypothesen noch am
ehesten die Versuchspersonen zu beeinflussen in der Lage
ist. Allerdings sollte der Forscher seinen Fragebogen in
der Regel selbst erproben (zu den Problemen der Versuchsleitereffekte und anderen Verzerrungsmöglichkeiten in der
sozialwissenschaftlichen Forschung vgl. zusammenfassend
BUNGARD und LÜCK, Teubner Studienskriptum Nr. 27, 1974).

Bei größeren Untersuchungen ergibt sich also ein sowohl
methodisch als auch pragmatisch bedingter Zwang zur Verwendung eines Untersuchungsstabes, der die eigentliche
"Feldarbeit" durchzuführen hat. Dieser Stab kann entweder
vom Forscher selbst zusammengestellt werden (meist aus
Studenten) oder es kann ein Forschungsinstitut eingeschaltet werden (Subkontraktion). Ob das eine oder andere
günstiger ist, hängt von der geplanten Untersuchung ab.

Bundesweite repräsentative Befragungen können praktisch
nur von Forschungsinstituten durchgeführt werden, da nur
sie überregionale Interviewerstäbe organisiert haben.
Auch bei größeren regionalen Untersuchungen empfiehlt sich
die Subkontraktion. Die Service-Leistung der Institute umfaßt meist die Beratung bei der Fragebogenredaktion, den
Vortest, die Durchführung der Befragung, die Verkodung der
Daten und die Erstellung eines geprüften Lochkartensatzes
einschließlich einer ersten Grundauszählung.

Der Einsatz eines eigenen Erhebungsstabes erscheint vor
allem bei der Erprobung neuer, sowie beim Einsatz unüb-
licher Verfahren als angebracht, also bei Beobachtungen
und Inhaltsanalysen und bei der Befragung von Populationen,
zu denen nur schwer Zugang zu finden ist (Eliten, Delin-
quente, etc.). Da diese Untersuchungen in der Regel von
Universitätsinstituten durchgeführt werden, besteht das
Untersuchungspersonal meist aus Studenten, deren Schulung
in einem Methodenseminar oder in einem Praktikum erfolgen
kann. Dabei kann es je nach Themenstellung erwünscht sein,
sehr junge, sozialwissenschaftlich "naive" Studenten als
Datensammler einzusetzen (da ihre Erwartungen an die
Beobachteten noch diffus sind) und nur bei Spezialunter-
suchungen (Expertenbefragungen, Beobachtung und Inhaltsanalyse komplexer Sachverhalte) erscheint es angebracht,
ältere Studenten einzuwerben.

Der Erhebungsstab muß geschult und in seiner späteren Arbeit kontrolliert werden. Bei der Subkontraktion der Erhebung tritt an die Stelle der Schulung die Kooperation
mit dem ausführenden Institut. Man sollte mit den Betreuern
des Instituts alle Arbeitsschritte absprechen und eine
weitgehende gegenseitige Konsultation vereinbaren, um so
bei der Analyse der Daten unter Umständen auch unerwar-
tete Randerscheinungen mit berücksichtigen zu können. Man
darf sich mit anderen Worten von der Routine der Insti-

tute nicht "einlullen" lassen, sondern sollte sich genau
über die Arbeitsweise der Institute informieren lassen.
Das betrifft also natürlich Fragen der Stichprobengestal-
tung, aber auch Fragen des Interviewereinsatzes und vor
allem Fragen der Verkodung der Daten.

Bei der Schulung des eigens angeworbenen Erhebungsstabes
muß eine grundlegende Einführung in die angewandte Erhebungstechnik gegeben werden, das Forschungsinstrument muß
systematisch durchgesprochen werden und es müssen Probe-
interviews entweder im Vortest oder unter den Interviewern
selbst in einem Rollenspiel durchgeführt werden. Eine
solche Schulung ist sehr wichtig: Durch sie muß das Verhalten des Erhebungsstabes bei der Darbietung des Forschungsinstruments standardisiert werden und es muß vermieden werden, daß systematische Fehler durch Versuchsleitereffekte in die Untersuchung eingeführt werden. Viele
Untersuchungen zeigen, daß derartige Effekte auch bei Befragungen nicht ausgeschlossen werden können und es wird
daher häufig empfohlen, neben derartigen reaktiven Verfahren andere, nicht-reaktive Verfahren zu verwenden. Dies
kann als Ratschlag für eine Untersuchung so umformuliert
werden, daß bei der Verwendung von reaktiven Verfahren nach
Möglichkeit eine Gültigkeitsprüfung durch nicht-reaktive
Forschungstechniken gemacht werden sollte.

In die Vorbereitung der Hauptuntersuchung - das ist sicherlich in diesem Abschnitt deutlich geworden - fließt in besonderem Maße das "know-how", also Erfahrung beim Umgang
mit den Forschungstechniken mit ein. Diese Erfahrungen
können durch Bücher kaum vermittelt werden.

3.2.5 Durchführung der Hauptuntersuchung

Wie die Vorbereitungsarbeiten so besteht auch die Durchführung der Hauptuntersuchung vor allem aus organisatorischen Problemen, da ja die wichtigsten Entscheidungen

über die Untersuchungshypothesen, den Forschungs- und Auswahlplan und die Forschungsinstrumente bereits früher ge-
fallen sind. Dennoch: was im Verlauf der Durchführung der
Hauptuntersuchung geschieht, ist ein irreversibler Prozeß,
in dem über die Qualität der Daten entschieden wird. Eine
sorgfältige Kontrolle und Dokumentation ist also erforderlich.

Die Haupterhebung sollte möglichst zügig durchgeführt werden,um nicht zu große Zeitintervalle zwischen der ersten
und der letzten Erhebung entstehen zu lassen. Es ist unvermeidlich, daß sich bei der Erhebung Ausfälle ergeben,
bei mündlichen Befragungen liegen sie in der Regel zwischen 20 und 30% der Befragten. Um die Repräsentativität
der Stichprobe nicht zu gefährden, dürfen Ersetzungen nur
in Ausnahmefällen vorgenommen werden - nämlich nur dann,
wenn zusammen mit der Stichprobe bereits eine solche Ersatz-
stichprobe gebildet wurde, die nach dem gleichen Verfahren
gebildet wurde wie die Originalstichprobe. Für die konkrete Auswahl der Ersatzfälle muß dann ein Verfahren definiert werden, damit sie nicht willkürlich vorgenommen
wird.

Der Erhebungsstab sollte angewiesen werden, Besonderheiten
der Erhebungssituation zu notieren. Gegen diese Regel wird
allerdings häufig verstoßen. Eine Hilfe dürfte hier sein,
wenn die geforderten Angaben auf dem Fragebogen vorverschlüsselt werden. Dann kann sich bei den Interviewern
oder Beobachtern nicht das Gefühl einstellen, daß diese
Angaben doch nicht ausgewertet würden.

Sozialpsychologische Untersuchungen haben immer wieder gezeigt, daß Versuchsleitereffekte kaum zu vermeiden sind,
daß diese Effekte insbesondere dazu tendieren, die Versuchspersonen in Hinsicht auf "soziale Erwünschtheit" zu
beeinflussen (BUNGARD, LÜCK, 1974), d.h. der Versuchs-

leiter tendiert (unbewußt) dazu, das Verhalten der Versuchspersonen in Hinblick auf die Bestätigung seiner Hypothesen zu beeinflussen (und zwar in der Regel durch nichtverbales Verhalten). Aus diesem Grunde empfiehlt es sich in der Regel nicht, den Erhebungsstab zu stark an der Untersuchung zu beteiligen – selbst wenn beim Einsatz von Studenten aus didaktischen Gründen das Gegenteil erwünscht ist. Gelegentlich sind Forscher daher dazu übergegangen, die Versuchsleiter zu täuschen, also bewußt falsche Hypothesen vorzugeben. Abgesehen davon, daß in dieser Situation auch wieder Versuchsleitereffekte auftreten, sollte dies Verfahren nur dann angewendet werden, wenn im Anschluß an die Erhebung eine Aufklärung über die richtigen Hypothesen erfolgen kann.

In der medizinischen Forschung über die Wirksamkeit von Medikamenten werden zur Vermeidung von "placebo-Effekten" (Reaktion des Patienten auf ein Medikament, die nur eingebildet ist) sogenannte Doppelblindtests durchgeführt, bei denen zwei Gruppen von Patienten gebildet werden: die einen erhalten das Medikament, die anderen nur das Placebo (Scheinmedikament). Um nun aber Versuchsleitereffekte seitens des verschreibenden Arztes zu vermeiden, erhält ohne vorherige Information ein Teil der Ärzte nur Placebos, der andere Teil echte Medikamente.

In die Haupterhebung sollten gelegentliche Kontrollen (etwa durch Doppelinterviews oder telefonischen Nachkontakt) eingeschaltet werden. Sie haben zwei Funktionen: nämlich erstens die tatsächliche inhaltliche Überprüfung der Erhebungen und zweitens auch die Kontrolle der Interviewer, die damit von Interviewfälschungen abgehalten werden sollten. Entgegen manchen Behauptungen gibt es nämlich keine sicheren Verfahren, um gefälschte Interviews zu entdecken – der beste Schutz sind hier Kontrollen, der Aufbau eines Vertrauensverhältnisses zwischen Forscher und

Interviewer und ein Entlohnungssystem, das solche Fälschungen unattraktiv macht (Stückentlohnungen pro durchgeführte Erhebung verleiten viel eher zu Fälschungen als
ein Stundenlohn).

Bei vielen Untersuchungen muß auch der Einsatz des Erhebungsstabes vorgeplant werden, z.B. dann, wenn die Auswahl
sehr heterogen ist, also beispielsweise verschiedene
ethnische Gruppen umfaßt, die äußerlich oder sprachlich
erkenntlich sind. Es ist dann häufig vorteilhaft, den
Erhebungsstab nach dem Ähnlichkeitsprinzip einzusetzen,um
so Spannungen zu vermeiden.

3.2.6 Verkodung der Daten

An die Durchführung der Haupterhebung schließt sich die Verkodung der Erhebungsbögen an: die vom Forscher bzw. dem
von ihm eingesetzten Erhebungspersonal durchgeführten Beobachtungen oder Befragungen werden dadurch in eine
maschinenlesbare Form gebracht, d.h. in der Regel auf Lochkarten übertragen und können dann maschinell oder elektro-
nisch weiterverarbeitet werden. Der Prozeß der Verkodung
stellt vor allem bei offenen Fragen eine Form der Inhaltsanalyse dar: jede sozialwissenschaftliche Untersuchung hat
somit eine inhaltsanalytische Phase.

Ist der Erhebungsbogen bereits zum Großteil vorverschlüsselt, dann entfällt oft ein eigener Kodiervorgang. Die
Vorverschlüsselung kann dabei so weit gehen, daß bereits
maschinenlesbare Codes auf dem Fragebogen vermerkt werden,
so daß der recht kostspielige eigentliche Kodiervorgang
eingespart wird. Eine vollständige Vorverschlüsselung setzt
aber voraus, daß keine offenen Fragen eingesetzt werden
und daß der Forschungsgegenstand insgesamt relativ gut bekannt ist - setzt also zumindest einen sehr sorgfältigen
Vortest voraus.

Der Codeplan muß gewährleisten, daß spätere Forscher eine
möglichst vollständige Information über die auf Lochkarten
oder Magnetband vorliegenden Daten einer Untersuchung in
den Händen halten, von denen aus eine Sekundäranalyse der
Untersuchung möglich wird. Der Codeplan ist also später
als Ergänzung des Fragebogens zu lesen. Er muß damit enthalten:

1. Alle nach der Erhebung vorgenommenen Ergänzungen bei
   halb- oder vollstandardisierten Erhebungsinstrumenten.
   Das betrifft bei Befragungen vor allem Verweigerungen,
   keine Angaben und "weiß-nicht"-Angaben. Diese Kategorien
   sollten für die ganze Erhebung einheitliche Codes erhalten (z.B. Code = 9 für "keine Angabe" und "weiß
   nicht").

2. Eine Liste der Antworten auf die teiloffenen und die
   offenen Fragen. Im Codeplan müssen diese Listen so aufbereitet werden, daß sie später noch lesbar sind. Der
   Verkoderstab muß also angewiesen werden, sorgfältig
   vorzugehen. (Häufig geht man so vor, daß die offenen
   Fragen jeweils nur von einem Mitarbeiter kodiert werden,
   um so die interne Konsistenz der Codierung zu erhöhen.)
   Jede Restriktion der Kategorienzahl bringt einen In-
   formationsverlust mit sich und verlangt bei der Vercodung z.T. recht einschneidende inhaltliche Entscheidungen. Andererseits kann eine offene Antwort meist
   nicht in ihrer ganzen Vielfalt auf den Datenträger übernommen werden (das ist erst in der elektronischen Textverarbeitung zu erwarten). Eine Analyse aufgrund des
   maschinenlesbaren Codes kann so zu einer Informations-
   verkürzung führen.

In der Regel kann der Codeplan nicht vollständig vor dem
eigentlichen Kodierungsvorgang abgeschlossen werden, sondern er muß (vor allem bei den offenen Fragen) im Verlauf
der Kodierung ergänzt werden. Das schriftliche Festhalten
aller Entscheidungen im Verlauf des Kodierungsvorgangs ist

dabei extrem wichtig, um die Konsistenz dieser Kodierung
zu gewährleisten. Es muß darauf hingewiesen werden, daß
viele Entscheidungen, die bei der aktuellen Arbeit als
selbstverständlich erscheinen mögen, im zeitlichen Abstand
kaum noch rekonstruierbar sind. Immer wieder kommt es vor,
daß von den Lochkarten aus diese inhaltlichen Entscheidungen kaum noch rekonstruiert werden können. Ist aber eine
Sekundäruntersuchung einer Erhebung nicht gewährleistet,
dann sind die Ergebnisse nicht intersubjektiv überprüfbar
und eine Objektivität der Forschung kaum zu erreichen.

Die wichtigsten inhaltlichen Prinzipien bei der Verkodung
einzelner Fragen sind:

1. Vollständigkeit der Erfassung aller Reaktionen (um dies
   zu gewährleisten wird häufig eine "Restkategorie" eingeführt, für nicht eindeutig kodierbare Reaktionen).

2. Ausschließlichkeit der Merkmalskategorien (wenn ein Merkmal einer Kategorie zugewiesen wurde, darf es nicht zugleich einer zweiten Kategorie zugewiesen werden).

3. Skalierbarkeit (bei der Kodierung wird jeweils das höch-
   ste Meßniveau gewählt). Auf diesem Meßniveau erfolgt dann
   die weitere Klassifizierung. Das Meßniveau wird dabei
   nicht nur von den Eigenschaften des Erhebungsmaterials
   selbst bestimmt, sondern es muß selbst als eine analytische Kategorie aufgefaßt werden. Bei offenen Fragen beispielsweise wird man meist zunächst die Reaktionen auf dem
   nominalen Niveau klassifizieren. Durch die Wahl eines ge-
   eigneten theoretischen Bezugsrahmens können die gleichen
   Reaktionen häufig auch ordinal skaliert werden. Es kommt
   also auf die Phantasie (und die Belesenheit) des Forschers
   an, ob er in den Reaktionen eine Ordnung (Skalierbarkeit)
   entdeckt, so daß er ein möglichst hohes Meßniveau erreicht.

Der eigentliche Kodierungsvorgang besteht darin, daß der
Fragebogeninhalt so verschlüsselt wird, daß er in maschinenlesbare Form überführt wird. Das geschieht bislang
meist noch dadurch, daß mit Hilfe des Codeplans die Daten
des Erhebungsbogens auf ein Codeblatt übertragen werden,

d.h. auf diesem Blatt wird für jede der 80 Spalten der Lochkarte ein Code zwischen 0 und 9 (bzw. zusätzlich die Position X = 11 und Y = 12) eingetragen. Anschließend werden
diese Codeblätter auf einer Lochkartenstanzmaschine abge-
locht. Nur in Ausnahmefällen werden bereits direkt maschinenlesbare Codeblätter verwendet.

Es findet also in der Regel eine doppelte Übersetzung statt:
Die Übertragung von dem Erhebungsbogen auf das Codeblatt
(hier ist eine Kontrolle vor allem wegen des Auftretens
von inhaltlichen Fehlern notwendig, die etwa durch den Einsatz von zwei unabhängig voneinander arbeitenden Kodern
erreicht werden kann - das Ausmaß der Übereinstimmung läßt
sich dann in einem Inter-Coder-Zuverlässigkeitskoeffi-
zienten festhalten); die zweite Fehlerquelle besteht bei
der Übertragung der Codeblätter auf die Lochkarten. Hier
treten vor allem Flüchtigkeitsfehler auf. Sie können kontrolliert werden, wenn ein zweiter Lochvorgang eingeschaltet wird, z.B. auf einem Prüflocher, einem "simulierenden"
Lochstanzer, der signalisiert, wenn eine von der Original-
lochung abweichende erneute Eingabe erfolgt.

Beide Fehlertypen sind leider irreversibel, sie können auf
dem fertigen Datensatz kaum entdeckt werden. Es sollten
daher Maßnahmen ergriffen werden, um diese Fehler so niedrig wie möglich zu halten. Eine dieser Maßnahmen dürfte
in der Art der Entlohnung liegen: Stücklöhne verführen zu
überhasteter Arbeit und erhöhen die Fehlerzahl, es sollten
daher nach Möglichkeit angemessene Zeitlöhne gewählt
werden, selbst wenn die Untersuchungskosten in der Regel
etwas höher liegen werden. Man sollte die Kosten für
Kontrollen des Kodiervorgangs nicht scheuen, da sich dies
auf die Qualität der abgelochten Daten positiv auswirkt und
man sich hierdurch erheblichen Ärger bei einer erforderlichen Datenbereinigung ersparen kann. Vor allem eine
Prüflochung ist zwar teuer, aber das einzig sichere Ver-

fahren, das Ablochen der Daten sicher zu kontrollieren.

3.2.7 Zusammenfassung

In diesem Abschnitt ging es um die Durchführung dessen, was
in der Definitionsphase der Untersuchung geplant war.Selbst
wenn es sich hier bisweilen um Routineaufgaben handelt,
muß doch jeder Schritt sorgfältig <u>kontrolliert und doku-
mentiert</u> werden, weil in der sozialwissenschaftlichen Forschung Untersuchungen meist nicht in Serie durchgeführt
werden. Daher werden Fehler später nicht mehr korrigierbar.
Gerade in der Durchführungsphase kann sich das "know-how"
und die Routine eines erfahrenen Forschers bezahlt machen.
Aus diesem Grunde wird auch die Durchführung von Erhebungen häufig an Privatfirmen subkontrahiert.

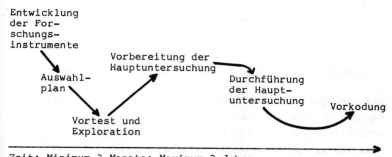

Entwicklung
der For-
schungs-
instrumente

Auswahl-
plan

Vorbereitung der
Hauptuntersuchung

Durchführung
der Haupt-
untersuchung

Vorkodung

Vortest und
Exploration

Zeit: Minimum 3 Monate; Maximum 2 Jahre

<u>Abb. 3</u>: Arbeitsschritte in der Definitionsphase einer
Untersuchung

Die Dauer dieser Phase schwankt je nach der Dauer, die für
die Vortests und die Hauptuntersuchung benötigt wird. Sollen für eine Untersuchung neuartige Forschungsinstrumente
entwickelt werden, so muß für diese Arbeitsschritte ausreichend Zeit eingeplant werden. Für die Durchführung der
Hauptuntersuchung wird man bei repräsentativen Erhebungen
eine möglichst kurze Zeit einplanen (vierzehn Tage bis ein

Monat), um äußere Einflüsse auf die Erhebung möglichst
gering zu halten. Dies setzt aber die Verfügbarkeit eines
großen Interviewerstabes voraus, d.h. die Untersuchung muß
an ein Institut subkontrahiert werden. Wesentlich längere
Untersuchungszeiträume müssen bei Beobachtungen im Feld
eingeplant werden oder bei Inhaltsanalysen von historischen
Dokumenten, für die nur ein kleiner Erhebungsstab beschäftigt wird. Reine Routineuntersuchungen, oder die einzelnen
Wellen eines Panel lassen sich sicher auch in einer kürzeren Zeitspanne als drei Monaten durchführen. Dies dürften aber extreme Ausnahmen bleiben. Werden für die Durchführungsphase allein allerdings mehr als zwei Jahre angesetzt, dann ist zu überlegen, ob das Gesamtprojekt nicht
besser in zwei Teilprojekte aufzuteilen ist, weil das die
Möglichkeit eröffnen würde, Zwischenergebnisse in die
Untersuchung mit einzuarbeiten.

3.3 Die Analysephase

Die Verfügbarkeit großer elektronischer Datenverarbeitungsanlagen hat die Analysemöglichkeiten der sozialwissenschaftlichen Massendaten außerordentlich ausgeweitet.
Zwar ist es nicht die mathematische Kompliziertheit der
Analyse, sondern es ist in erster Linie der Umfang der
gespeicherten Daten, der den Zugang zur Großrechenanlage
erfordert: Dies hat dazu geführt, daß sich der Schwerpunkt
der Forschungstätigkeit von der Datensammlung (wie in der
Zeit nach 1950) nunmehr auf die Datenanalyse verschoben
hat (und zwar wohl etwa seit 1965) - wie SCHEUCH bereits
vor einigen Jahren feststellen konnte (SCHEUCH,1967,1973a).
Allerdings wird dabei gelegentlich vernachlässigt, daß die
beste Analyse vergebens ist, wenn die Daten selbst fehler-
haft sind.

Dieser Nachdruck auf Datenanalyse führt dazu, daß diese
Phase häufig länger dauert als die Definitions- und Durchführungsphase - und daß gleichwohl die meisten Untersuchungen nicht vollständig in der Analyse ausgeschöpft werden,
sondern sich gewissermaßen ein Datenfriedhof bildet. Es
muß dabei allerdings berücksichtigt werden, daß die Datenanalyse meist weniger arbeitsteilig durchgeführt wird als
die Datenerhebung.

3.3.1 Dateiaufbau und Datenbereinigung

Die für die Analyse geordneten Daten einer Untersuchung
wird eine Datei genannt (im Unterschied zur Kartei, die
die Grundlage der Analyse bei der qualitativen Textanalyse und der manuellen Datenanalyse darstellt). Grundlage
der Datei bildet in der Regel ein Lochkartensatz, dessen
Aufbau dann einfach ist, wenn nur eine Lochkarte pro Fall
verwendet wird. Nicht mehr trivial wird der Dateiaufbau,
wenn für jede Analyseeinheit mehrere Lochkarten verwendet
werden und vor allem dann, wenn in einer Datei mehrere
Analyseeinheiten verwendet werden (für eine Mehrebenenanalyse) oder wenn etwa in einer Sekundäranalyse zwei oder
mehrere Dateien verbunden (kumuliert) werden.

Der Lochkartensatz stellt bei der elektronischen Datenverarbeitung nur noch das Eingabemedium dar, die interne
Weiterverarbeitung erfolgt vom Magnetband oder von der
Magnetplatte. Es erscheint aber vorteilhaft, in jedem
Falle eine vollständige Datei der Rohdaten auf Lochkarten
zu produzieren (die man beschriften lassen sollte), da
diese Lochkarten auch von Laien gelesen, ausgewechselt
und korrigiert werden können - und natürlich jederzeit
auf Band oder Platte gelesen werden können. Erfahrungsgemäß hat der Nichtprogrammierer außerordentliche Schwierigkeiten, allein simple Lesefehler auf einem elektronischen Datenträger zu identifizieren, da der Zugang zu den
Ein- und Ausgabegeräten einer Rechenanlage die Beherrschung

einer Reihe von Benutzerprogrammen voraussetzt - generell
also diese Medien nicht direkt gelesen werden können, sondern sehr unanschaulich sind. Leider lassen sich bis heute
Magnetbänder nicht so leicht handhaben wie Tonbänder -
obwohl prinzipiell kein technischer Unterschied zwischen
diesen Medien besteht. (Allerdings ist eine neue Genera-
tion von Kleincomputern mit sehr großem Kernspeicher in
Entwicklung, so daß in Zukunft der Zugang zur Großrechenanlage wieder entbehrlich wird.)

Der Aufbau einer Datei muß prinzipiell so erfolgen, daß
spätere Benutzer die Untersuchung re-analysieren können.
Untersuchungen, deren Datei diesen Ansprüchen nicht genügt, haben einen nur geringen wissenschaftlichen Wert, da
der Analyseprozeß grundsätzlich nicht kontrolliert werden
kann, die Intersubjektivität der Forschung also nicht gewahrt ist. Der Codeplan, d.h. die Leseanweisung für die
Datei und nach Möglichkeit eine erste Grundauszählung
der Daten, gehören also mit zur Datei.

Mit der Datei wird im Prinzip eine Summe von zweidimen-
sionalen Datenmatrizen aufgebaut, die die Analyseeinheiten
der Untersuchung und die Variablen enthalten. Es muß also
nicht nur zwischen der Grundgesamtheit und den Analyseeinheiten unterschieden werden, sondern zusätzlich zwischen
Variablen (d.h. beispielsweise die Fragen eines Fragebogens) und den Merkmalsausprägungen dieser Variablen
(d.h. den einzelnen verkodeten Antworten auf diese Fragen).
Die Merkmalsausprägungen der Variablen können als Eigenschaften angegeben sein (wobei das Vorliegen oder Nicht-
vorliegen des Merkmals registriert wird - als dichotome
Variable), als diskrete (mit einer endlichen Zahl von
ganzzahligen Merkmalen) oder kontinuierliche Variable.
Da die Zahl der Merkmalsausprägungen bei nahezu jeder
Variablen unterschiedlich groß ist, muß den Variablen auf
der Datei ein unterschiedlich großer Platz eingeräumt

werden (vgl. ALLERBECK 1972, S. 36 ff. für eine übersicht-
liche Darstellung des Dateiaufbaus).

Nach Erstellung des Datensatzes sollte zunächst eine Grundauszählung (über Computer, Fachzählsortierer oder Tabulie-
rer) erstellt werden, die für alle verwendeten Variablen
der Untersuchung eine Häufigkeitsverteilung aller Merkmalskategorien ergibt. Auf der Basis dieser Grundauszählung
lassen sich Fehler bei der Lochung oder auch beim Codieren
ersehen. Es ist zweckmäßig, auch diese Fehler direkt in
der Anfangsphase der Untersuchung zu beseitigen, selbst
wenn das Heraussuchen der fehlerhaften Lochkarten einige
Mühe bereitet. Es gibt aber in den Rechenzentren bereits
Standardprogramme, die bei der Datenbereinigung behilflich
sind (und meist zugleich das Einlesen des Datensatzes zu
einer computergerechten Datei steuern). Datenbereinigung
und Dateiaufbau gehören so eng zusammen. Das Ergebnis der
Datenbereinigung soll darin bestehen, daß eine auch für
Dritte benutzbare Datei geschaffen wird, die als Eingabemedium für EDV-Anlagen dienen kann.

Eine häufig recht mühsame besondere Datenbereinigungsphase
muß eingeschoben werden, wenn die Daten entweder älteren
Datums sind oder von dritter Seite geliefert werden, weil
dann häufig noch beabsichtigte oder unbeabsichtigte Doppellochungen und andere Datenfehler eliminiert werden müssen.

Nach der Datenbereinigung ist bei modernen Analyseprogram-
men zunehmend noch eine Datenmodifikation erforderlich. Da
ja in der elektronischen Datenverarbeitungspraxis ein
großer Teil des Klassifikationsprozesses und der Indika-
torenbildung in den Analyseprozeß verlagert wird, ist es
erforderlich, für eine Vielzahl von Variablen empirisch
ermittelte Klassengrenzen (Kategorien) zuzuweisen. Um nun
auch noch die Variable in der Ursprungsform auf der Datei
zu erhalten, wird man häufig dazu übergehen, eine Variable

unter jeweils unterschiedlichen Klassifikationsgesichts-
punkten auf dem System-File zu halten (dadurch erhöht sich
zwar die Summe der Variablen oft beträchtlich, aber neuere
Versionen von SPSS bieten beispielsweise Platz bis zu 1000
Variablen). Eine kontinuierliche Variable kann so einmal
in der Originalform gehalten werden, dann aber auch in
dichotomisierter Form (wobei etwa der Median oder das
arithmetische Mittel als Halbierungsgrenze gewählt werden
können) und die Variable kann schließlich in Prozentzahlen
oder z-Werte transformiert und zusätzlich auf dem System-
File gehalten werden.

Weitergehende Datenmodifikationen mit Hilfe von logischen
und/oder arithmetischen Operationen gehen dann fließend
in die Indexbildung und Skalierung über, die mit den erwähnten Programmpaketen ebenfalls dialogartig erstellt werden
können (vgl. SODEUR, Teubner Studienskriptum zur Soziologie
Nr. 42, 1974, für eine zusammenfassende Darstellung von
empirischen Verfahren zur Klassifikation).

3.3.2 Auswahl des Analyseprogramms

Es lassen sich fünf Möglichkeiten der Datenverarbeitung
unterscheiden:
1. qualitative Textverarbeitung,
2. manuelle Datenverarbeitung,
3. maschinelle Datenverarbeitung,
4. elektronische Datenverarbeitung und
5. elektronische Textverarbeitung.

Unter Textverarbeitung soll hier die Analyse zusammenhän-
gender Sinneinheiten verstanden werden, wie sie etwa durch
Befragungen und Dokumente erfaßt werden können. In der
Datenverarbeitung werden Texte meist in nur wenige Merkmalskategorien als Ziffernkombinationen verschlüsselt und
anschließend auf einen Datenträger übernommen. Bei der
Datenverarbeitung handelt es sich also um eine bereits auf

wenige Merkmale reduzierte, dem Anspruch nach nicht-redun-
dante Textverarbeitung.

Qualitative Textverarbeitung ist die vorherrschende Verar-
beitungsmethode der Geschichtswissenschaft und der Kultur-
soziologie. Aber auch Befragungen können auf diese Art
vorgehen, nämlich dann, wenn qualitative Interviews durchgeführt werden, die auf Tonband aufgezeichnet werden. Die
Vorgehensweise besteht also bewußt darin, noch keine Vorverschlüsselung der Ergebnisse vorzunehmen, sondern die
Interpretation und Klassifikation zur Gänze erst nach der
Erhebung durchzuführen. Es muß hier aber berücksichtigt
werden, daß sich meist nur relativ kleine Datenmassen sinnvoll auf diese Art und Weise bearbeiten lassen. Bei größeren Datenmengen sind Hilfsmittel erforderlich.

Der Übergang von der Textverarbeitung zur Datenverarbeitung besteht darin, daß vom Forscher von vornherein eine
Gliederung (Klassifikation) der zu erhebenden Merkmale
durchgeführt wird. Wenn Fragebögen verwendet werden, so
werden also nicht nur offene Fragen gestellt, sondern
die möglichen Antworten werden bereits vorverschlüsselt
(bei Altersangaben werden z.B. nur wenige diskrete Al-
tersgruppen verwendet). Diese Vorverschlüsselung erleichtert die Analyse besonders bei größeren Datenmengen.

Manuelle Datenverarbeitung ist zugleich die älteste Form
der (quantitativen) Datenverarbeitung. Sie besteht darin,
daß Fragebögen entweder von Hand mittels Strichlisten
ausgewertet werden oder auf Karteikarten übertragen werden (z.B. Randlochkarten), die dann anschließend weiter
ausgewertet werden können. Max WEBER, der von allen großen
Soziologen in Deutschland sicher die meiste Erfahrung in
der empirischen Forschung hatte, da er an mehreren Enquêten des Vereins für Socialpolitik und anderer Institutionen teilnahm (vgl. LAZARSFELD und OBERSCHALL, 1965),

beschreibt im Jahre 1909 sehr lebhaft, wie eine solche Fra-
gebogenauswertung von Hand vorgenommen werden müßte, wobei
er sich voll darüber im klaren war, daß die damals übliche
impressionistische und illustrative Auswertung der gängi-
gen Fragebogenerhebungen wissenschaftlich ziemlich wertlos
war:

"Denn nur eine ganz gewaltige, viele Monate langes eigenes
Sortieren, Zählen und Rechnen nicht scheuende, wirklich
niemals zu bezahlende Arbeitskraft und Arbeitsfreude könnte,
wie gleich zu zeigen, etwas wirklich Brauchbares daraus
machen" (S.953). "Und weiterhin wäre dann die Frage aufzuwerfen, ob und in welcher Form(es gibt deren bekanntlich
mehrere anderweitig erprobte) Korrelationen zwischen den
einzelnen Gruppen charakteristischer Antworten auf die
verschiedenen Fragen herzustellen wären. Nur eingehende
Versuche von geübter Hand und von seiten jemandes, der
sich in dem Urmaterial liebevoll und kontinuierlich ver-
senkt hat, können ergeben, ob und wo dies lohnt. Dann
erst, nachdem aus dem Material alles 'Zählbare' herausge-
holt und in Beziehung zueinander gesetzt ist, könnte auf
diesem Unterbau versucht werden, proletarische Denk- und
Empfindungs-'Typen' zu ermitteln" (WEBER,1909, S.956).
Der letzte Zusammenhang ergibt sich daraus, daß es sich
bei der besprochenen Erhebung um 5200 Fragebögen von Arbeitern handelte. Dieses längere Zitat wurde vor allem auch
deshalb hier angeführt, weil man sich heute nur selten
klar macht, welchen Fortschritt die modernen Datenverarbeitungsanlagen gebracht haben, denn was Max WEBER noch
als eine Arbeit von Monaten beschreibt, das erledigt eine
Datenverarbeitungsanlage, wenn die Daten erst einmal ana-
lysegerecht aufbereitet sind, heute in wenigen Minuten.
Dennoch ist auch heute noch eine manuelle Datenverarbeitung nicht völlig überflüssig geworden, sie ist allerdings
vor allem als Ergänzung der maschinellen oder elektronischen Datenverarbeitung nützlich. Auch heute noch ist
eine "liebevolle und kontinuierliche" Versenkung in das
Primärmaterial erforderlich, um die Daten angemessen
interpretieren zu können.

Bei der maschinellen Datenverarbeitung wird in Form der
standardisierten Lochkarte ein zusätzlicher Datenträger
in den Forschungsprozeß eingeführt. Die Lochkarte konsti-
tuiert eine Matrix, auf die mittels eines Codes numerisch
verschlüsselte Daten übertragen werden. Bei einer Befragung kann so jedes einzelne Interview durch eine oder
mehrere Lochkarten wiedergegeben werden, wobei dann den
einzelnen Fragen (die Variablen der Untersuchung) jeweils
unterschiedliche Spalten der Lochkarten zugewiesen werden
und die Antworten (die Merkmale der Variablen) jeweils die
vorkommenden Lochpositionen auf den Lochkarten zugewiesen
erhalten. Die Auswertung erfolgt dann durch eine Fachzähl-
sortiermaschine oder durch eine Tabuliermaschine. Mehr-
dimensionale Aufgliederungen des Kartensatzes lassen sich
so leicht maschinell herstellen. Die anschließenden stati-
schen Berechnungen von Assoziations- und Signifikanzmaßen
müssen dann allerdings von Hand vorgenommen werden. Eine
Beschränkung ergibt sich daraus, daß die Analyse erschwert
wird, wenn mehr als eine Lochkarte pro Einheit benutzt
wird: Als Konsequenz wurden früher häufig in einer Karten-
spalte mehrere Fragen verkodet (z.B. bei Alternativfragen)
und es wurden für einzelne Fragen auch Doppelnennungen zugelassen. Das erzog zu genauem Überlegen bei der Auswahl
der auf Datenträger zu übernehmenden Variablen. Es war bei
dieser Art der Datenverarbeitung auch erforderlich, eine
sehr weitgehende Vorverschlüsselung vorzunehmen.

Auch bei der elektronischen Datenverarbeitung dient die
Lochkarte noch als Datenträger. Sie erhält jedoch eine
andere Funktion als in der maschinellen Datenverarbeitungs-
phase, da sie im Prinzip nur noch einen "Zwischenträger"
darstellt, bevor die Untersuchungsdaten von Magnetband oder
Magnetplatte im Computer weiterverarbeitet werden. In der
für elektronische Datenverarbeitung als Input-Medium wirken-
den Lochkarte dürfen zudem Doppelnennungen nicht mehr vorkommen, da Doppelnennungen hier inhaltlich definiert sind:

sie sind nämlich bei dem meist verwendeten EBCDIC-Code als
Buchstaben oder Sonderzeichen definiert (das bedeutet
zugleich, daß grundsätzlich auch Texte verarbeitet werden
könnten, was bei der maschinellen Datenverarbeitung nicht
möglich ist). Prinzipiell können nun für jedes Interview
mehrere Lochkarten verwendet werden und prinzipiell brauchen z.B. kontinuierliche Variable (z.B. Altersangaben)
nicht mehr vorverschlüsselt zu werden. Das führt häufig
zu einem sehr extensiven Lochkartenverbrauch. Der in der
maschinellen Datenverarbeitung in der Regel noch relativ
kleine Lochkartensatz wird so zur komplexen Datei, die
zudem mittels moderner Verarbeitungspraktiken noch ständig
umstrukturiert werden kann. Die Vorverschlüsselung des
Erhebungsinstruments muß also in einer ganz anderen Weise
gehandhabt werden als in der Phase der maschinellen Datenverarbeitung. Es gelten vorwiegend zwei Regeln: Doppelnennungen innerhalb einer Frage sind verboten (das bedeutet
häufig eine Modifizierung des Erhebungsinstruments) und die
Verkodung mehrerer Fragen in einer Lochspalte ist ebenfalls
verboten. Offene wie auch halboffene Fragen können nun
sehr extensiv verschlüsselt werden, so daß während der
Verkodung weniger rigid vorgegangen werden muß - dafür
verlagern sich viele der früher hier auftretenden Probleme
in die Datenanalyse.

Die elektronische Textverarbeitung zeichnet sich erst in
Ansätzen ab, sie ist zur Zeit noch nicht verfügbar. Es ist
aber zu erwarten, daß es in absehbarer Zeit möglich sein
wird, auch Texte (also z.B. Antworten auf offene Fragen)
mit auf die Lochkarte zu übernehmen und auf dem Computer
mit auszuwerten. Voraussetzung dafür ist, daß die Techniken der Inhaltsanalyse mittels Computer weiter verfei-
nert werden und daß für diese inhaltsanalytischen Techniken
standardisierte Verfahrensregeln verwendet werden. Dies
würde ein weiterer Schritt dazu sein, daß nicht bereits
vor der eigentlichen Analyse bei der Vorverschlüsselung

der Daten ein sehr enges Klassifikationsschema entwickelt
werden muß, sondern daß die Klassifikation erst Bestandteil
der Datenanalyse wird.

Dieser Exkurs über mögliche Arten der Datenverarbeitung
war erforderlich, weil erst durch die beabsichtigte Art
der Datenverarbeitung über die Auswahl des Analyseprogram-
mes entschieden werden kann. Bereits früher haben wir gesehen, daß auch die Art der Vorverschlüsselung des Erhebungsinstruments durch die beabsichtigte Datenverarbeitung beeinflußt wird. Heute dominieren die maschinelle
sowie die elektronische Datenverarbeitung, vor allem dann,
wenn Erhebungen durchgeführt werden. Aber auch, wenn alle
elektronischen Datenverarbeitungsmöglichkeiten genutzt
werden, ist an bestimmten Stellen im Forschungsprozeß ein
Rückgriff etwa auf qualitative Textverarbeitung erforderlich, nämlich z.B. bei der Analyse der im Forschungsinstrument verbliebenen offenen Fragen.

Elektronische Datenverarbeitung ist ein sehr komplizierter
Vorgang, die den Rückgriff auf Vorarbeiten durch Programmierer voraussetzt. Allerdings gibt es hier inzwischen
eine Menge von Hilfen für den Nichtprogrammierer in Form
von "Analysepaketen". Klaus ALLERBECK (1972) hat (im
Teubner Skriptum Nr. 26) die im Moment bedeutendsten Datenanalyse"pakete" für die Sozialwissenschaften, nämlich SPSS,
Data-Text und OSIRIS, beschrieben. Diese Programmpakete
sind inzwischen weiter ausgebaut worden, wobei wohl SPSS
im Moment dasjenige Programm ist, das am weitesten verbreitet, am besten dokumentiert und am vielfältigsten aufgebaut
ist, um die Routineprobleme der Datenanalyse einer Erhebung
zu lösen. Bisher sind diese Pakete allerdings noch nicht
sehr gut dazu geeignet, Mehrebenenprobleme zu lösen, allerdings werden hier ständig neue Verbesserungen angeboten.
Als Eingabemedium setzen die Programme eine bereinigte
Datei (meist auf Lochkarten) voraus, die dann aufgrund der

programmspezifischen Spezifikationen zu einem "System-File" zusammengestellt werden, so daß es nunmehr möglich wird, mit nur wenigen Steuerkarten die gewünschten statistischen Analysen berechnen zu lassen und auf dem gedruckten Output Kommentare und Variablenbeschriftungen mit ausgeben zu lassen, so daß eine auch für Dritte lesbare Analyse entsteht.

Bei einem anstehenden Analyseproblem sollte man sich zunächst einmal darüber informieren, ob das Problem durch eines der Programmpakete gelöst werden kann (hierzu bietet ALLERBECK den besten Überblick). Ist die Antwort positiv, so sollte man am besten selbst die Benutzersprache lernen. Sie sind so aufgebaut, daß keine Vorkenntnisse eigentlicher Programmiersprachen (wie FORTRAN, ALGOL, usw.) erforderlich sind und man sich die Sprache in einem Semesterkurs aneignen kann. Durch die Verfügbarkeit dieser Programmpakete wird das Schreiben eigener Analyseprogramme weitgehend überflüssig.

Allerdings entstehen durch die Verwendung der Programmpakete zwei Gefahren: die eine Gefahr besteht in der gedankenlosen Anwendung aller möglichen Analysen, obwohl das Meßniveau der Daten eigentlich der entsprechenden Statistik nicht entspricht. So ist es nunmehr mit Leichtigkeit möglich, Faktorenanalysen durchzuführen, ohne die Logik dieses Verfahrens zu verstehen, es genügt, wenn ein halbes Dutzend (oder weniger) Steuerkarten geschrieben werden, um sehr komplizierte Rechenvorgänge ablaufen zu lassen – die dann häufig genug nicht adäquat interpretierbar sind. Dies ist die Gefahr der <u>Überinterpretation der Untersuchungsdaten durch die Routinisierung der Datenanalyse</u> und die Bereitstellung riesiger Rechenkapazitäten, die dazu verleitet, mechanisch (und damit ohne theoretischen Hintergrund) alle gerade modischen Analyseprogramme durchlaufen zu lassen.

Die zweite Gefahr besteht darin, daß alle Untersuchungen
in das vorgegebene Raster des Dateiaufbaus eingepaßt werden,
ohne daß man die Besonderheiten der eigenen Untersuchung
berücksichtigt und ohne zu berücksichtigen, daß auch andere
als die in den Programmpaketen vorgegebenen statistischen
Analysemethoden sinnvoll sein könnten. Dies ist die Gefahr
der voreiligen Übernahme der Programmpakete oder bestimmter Analyseroutinen der Programmpakete.

Vor der Entscheidung für ein bestimmtes Programm oder
Programmpaket sollte also eine gründliche Information und
Beratung durch das nächste Rechenzentrum stehen. Außerdem
sind die Vorteile der Verwendung von Programmpaketen
(nämlich Zugänglichkeit, Schnelligkeit, Einfachheit) sorgfältig gegen ihre Nachteile abzuwägen.

3.3.3 Deskriptive Analyse

Es ist nicht Aufgabe dieses Skriptums, detailliert die
Analysemöglichkeiten von empirischen Erhebungen in den
Sozialwissenschaften darzulegen. Dazu muß auf die ein-
schlägige Literatur (vor allem Statistiklehrbücher) ver-
wiesen werden, z.B. in dieser Reihe der Teubner-Skripten:
BENNINGHAUS, Deskriptive Statistik, Bd. 22, 1974; SAHNER,
Schließende Statistik, Bd. 23, 1971; RENN, Nichtpara-
metrische Statistik, Bd. 25, 1975; HUMMELL, Probleme der
Mehrebenenanalyse, Bd. 39, 1972; HARDER, Dynamische
Modelle in der empirischen Sozialforschung, Bd. 41, 1973;
SODEUR, Empirische Verfahren zur Klassifikation, Bd. 42,
1974. Weitere Bände sind noch in der Planung. Besonders
zu erwähnen ist auch der Aufsatz von SCHEUCH (1973a),der
einen Überblick über moderne Analysemöglichkeiten bietet.
Das Ziel der Analyse ist ein zweifaches: Zum einen besteht
es darin, den deskriptiven Gehalt der Erhebung auszuschöpfen; zum anderen sollen die formulierten Hypothesen
überprüft werden, also insgesamt ein Beitrag zur Theorie-
entwicklung geleistet werden.

Ein Nachteil der bis heute üblichen Lehrbücher der Statistik ist jedoch häufig, daß oft   ziemlich unverbunden eine große Vielzahl von statistischen Tests dargestellt wird   (selbst wenn diese Darstellung wie in den meisten Teubner Skripten sehr anschaulich gemacht wird), daß aber keine Strategien der Datenanalyse für den Forschungsprozeß insgesamt dargestellt werden. Unter Strategie der Datenanalyse soll hier verstanden werden, daß die Analyse in einer bestimmten vernünftigen Abfolge geschieht, z.B. erste deskriptive Darstellung, empirische Klassifikation der verwendeten Variablen und Indexbildung, daran anschließend eine multivariate Analyse mit den wichtigsten Variablen und schließlich die Konstruktion eines empirischen Erklärungsmodells mit Hilfe etwa einer Pfadanalyse. Dabei gibt es im übrigen kaum ein statistisches Verfahren, das man völlig eindeutig der Deskription oder dem Test von Theorien zurechnen kann. Diesen Charakter erhalten statistische Verfahren immer erst in der Hand des Forschers. So kann von scheinbar sehr einfachen Maßzahlen aus der sog. deskriptiven Statistik (Prozentzahlen, Mittelwerte) ein hoch theoretischer Gebrauch gemacht werden. Umgekehrt kann von hoch komplizierten Verfahren wie der Faktorenanalyse oder Pfadanalyse ein recht trivialer klassifikatorischer Gebrauch gemacht werden.

Es erscheint zweckmäßig, die Analyse in zwei Abschnitten durchzuführen. Die erste Phase entspricht den Möglichkeiten der maschinellen Datenverarbeitung, d.h. es wird zunächst eine Grundauswertung der Daten vorgenommen, die prinzipiell auch ohne Computer mit Tabulier- und Fachzählsortiermaschinen durchführbar ist (natürlich kann diese Grundauswertung auch auf dem Computer erfolgen). Der erste Schritt ist die Erstellung einer Häufigkeitsverteilung der erhobenen Merkmale.

Der zweite Schritt wäre eine weitergehende tabellarische
Auswertung der wichtigsten Variablen. Diese Grundauswertung sollte nach Möglichkeit in einem ersten Projektbericht festgehalten werden, um Interessenten eine rasche
und vollständige Information über die Untersuchung zu ermöglichen. Leider werden solche Übersichten viel zu wenig
angefertigt. Auch ohne eine Großrechenanlage kann übrigens
mit diesen Grundauswertungen und der Anwendung "deskriptiver" Statistik wie auch der "schließenden" Statistik
eine differenzierte Analyse durchgeführt werden. (Immer
noch sehr gute Beispiele einer solchen Analyse finden sich
in ZEISEL, Die Sprache der Zahlen, 1970). Allerdings setzt
die deskriptive Analyse bei der Verwendung von Tabulier-
und Fachzählsortiermaschinen voraus, daß die Klassifizierung der Daten bereits abgeschlossen ist, daß alle Daten
in relativ wenige diskrete Merkmalsklassen zerlegt sind.
Zugleich muß auch die Zahl der Variablen insgesamt beschränkt
sein (schon deswegen, weil die Analyse bei der Verwendung
von mehr als einer Lochkarte schwierig wird). Diese Art der
(maschinellen) Auswertung erzieht also zu äußerster
Ökonomie bei der Auswahl der analysierten Variablen.

Zu der ersten Datenanalysephase gehört jedoch bereits die
Untersuchung der Abhängigkeitsbeziehungen zwischen Variablen. In einer solchen bivariaten Analyse werden jeweils
die Beziehungen zwischen einer unabhängigen Variable und
einer abhängigen Variable (meist in Tabellenform) untersucht, wobei häufig auch Drittfaktoren eingeführt werden,
um zu kontrollieren, ob eine statistisch aufgewiesene
Beziehung zwischen den Variablen nicht als eine Scheinkorrelation zu gelten hat (vgl. hierzu ZEISEL, 1970,
BENNINGHAUS, 1974).

Bei der Analyse sozialwissenschaftlicher Daten ist zu berücksichtigen, daß man neben der Feststellung des Meßniveaus von Daten (nominal-, ordinal-, intervall-, ratio-

skaliert) auch die Merkmale dieser Variablen nach ihrer
soziologischen Bedeutung her in unterschiedliche Klassen
einteilen kann. SCHEUCH (1967, S. 673) unterscheidet dabei (in Anlehnung an LAZARSFELD und MENZEL, 1961):

1. Individual-Merkmale, wie sie üblicherweise in der Meinungsforschung erhoben werden (Alter, Bildungsstand,
   Einstellungen). Sie beziehen sich allerdings nicht notwendig auf Personen, sondern können sich auch auf andere
   Analyseeinheiten beziehen.

2. Relations-Merkmale sind Merkmale der Analyseeinheit in
   bezug zu den anderen Analyseeinheiten, denen sie zuge-
   hören, wenn beispielsweise nicht nur der Notendurchschnitt eines Schülers untersucht wird - als Individual-
   Merkmal -, sondern auch das Verhältnis zum Klassen-
   durchschnitt (Klassenbester zu sein ist ein Relations-
   Merkmal).

3. Aggregat-Merkmale sind Eigenschaften eines Kollektivs,
   die sich aus der Summierung von Individualeigenschaften
   von dem Kollektiv angehörenden Einheiten ergeben (Pro-
   Kopf-Einkommen ist ein solches Aggregat-Merkmal für
   nationale Einheiten, Selbstmordrate ein anderes).

4. Global-Merkmale sind Merkmale eines Kollektivs, die
   nach LAZARSFELD und MENZEL nicht auf "Informationen
   über die Eigenschaften der einzelnen Elemente beruhen"
   (1961, S. 426), die also unabhängig sind von den Merkmalen der dem Kollektiv angehörenden Personen (z.B. die
   durchschnittliche Regendauer in einem Gebiet, die
   politische Tradition einer Gemeinde).

3.3.4 Kausal- und Modellanalyse

Der zweite Abschnitt in der Datenanalyse hat die deskriptive Analyse zur Voraussetzung, strebt aber eine Vertiefung der Analyse an entweder in Richtung auf eine Kausal-
analyse oder in Richtung auf eine Modellanalyse. Eine Kau-
salanalyse strebt konsequent die Herausarbeitung der Beziehung zwischen unabhängiger und abhängiger Variable an,

wobei es vor allem darauf ankommt nachzuweisen, ob die Beziehung zwischen den Variablen auch tatsächlich besteht
(also keine Scheinkorrelation vorliegt) und welche Bedeutung Drittvariable haben. In der Modellanalyse spielen
zwar auch Beziehungen zwischen Variablenpaaren eine Rolle,
dennoch ist die analytische Absicht vor allem darauf gerichtet, die Wechselbeziehungen einer Mehrzahl von
Variablen untereinander zu spezifizieren.

Diese Formen der Analyse setzen meist die Verfügbarkeit
größerer Datenanalysekapazitäten voraus. Es soll über die
reine Grundauszählung hinaus eine computerunterstützte
multivariate Analyse, möglicherweise auch Formen der Faktorenanalyse, Varianz- oder Regressionsanalyse durchgeführt werden. Die Bezeichnung multivariate Analyse hat sich
für alle Verfahren eingebürgert, in der zwei Variablen-
gruppen von unabhängigen und abhängigen Variablen mit
Drittfaktoren konfrontiert werden, um so die wahre Beziehung zwischen den beiden Zielvariablengruppen zu ermitteln.
Zwar sind einige dieser Verfahren auch ohne Großrechner
durchführbar (etwa mit Hilfe von Kleinrechnern), dies
hängt dann jedoch weitgehend von der Datenmenge ab. Bei
den in sozialwissenschaftlichen Erhebungen meist recht
großen Fallzahlen ist jedoch eine sehr große Speicherka-
pazität der Datenverarbeitungsanlagen erforderlich. Ein
wesentlicher Vorteil bei der Anwendung dieser Analysemöglichkeiten besteht (wie erwähnt) darin, daß die Programme für derartige Analysen schon in anwendungsreifer
Form vorliegen. Dabei ist SPSS (Statistical Package for
the Social Sciences) wohl dasjenige Programmpaket, das
gegenwärtig am weitesten für Standardprobleme der multivariaten Analyse ausgebaut ist.

Die Analyse der Daten wird mehr und mehr zu einem itera-
tiven und zu einem interaktiven Prozeß. Iterativ ist der
Prozeß, weil meist nicht mehr von vornherein eine voll-

ständige Vorstellung von den gewünschten Tabellen und
Statistiken aufgestellt werden kann (das würde ja z.B.
voraussetzen, daß der Prozeß der Klassifikation der Daten
bereits vollständig abgeschlossen ist), sondern daß sich
der Prozeß der Analyse in mehreren Stadien vollzieht, zu
denen z.B. auch umfangreiche Datenmodifikationen gehören
können (mit denen beispielsweise aufgrund einer klassifi-
katorischen Analyse, bzw. der Grundauswertung mehrere Indikatoren zu einem Index zusammengefaßt werden). Dieser Vorgang war der Analyse in der maschinellen Datenverarbeitung
meist vorgelagert; in der elektronischen Datenverarbeitung
wird er mehr und mehr in den eigentlichen Analyseprozeß
hineinverlagert.

Zugleich ist die Analyse interaktiv. Durch die Verfügbarkeit
der Daten auf einem maschinenlesbaren Datenträger und durch
den gleichzeitig sehr schnellen Zugriff zu den Daten wird
es (allerdings bisher nur in Einzelfällen) möglich, in
einen direkten "Dialog" mit den auf Magnetplatte gespeicherten Daten zu treten (etwa auf einem Monitor), und auf
diese direkte Art und Weise etwa eine Indexbildung vorzunehmen, bzw. alle für die Überprüfung einer Hypothese relevanten Variablen durchzutesten.

Durch die Verfügbarkeit von Großrechenanlagen haben die
Analysemöglichkeiten in der Sozialforschung enorm zuge-
nommen. Die wichtigste Entwicklung dürfte wohl sein, daß
es nunmehr möglich geworden ist, die bivariate Analyse
zugunsten einer echten multivariaten Analyse aufzugeben,
wie sie beispielhaft in der Pfadanalyse verwirklicht ist,
wo nämlich der Versuch gemacht wird, jeweils ein Netz
von Faktoren in ihrem gegenseitigen Bedingungsverhältnis
darzustellen. Beispiele finden sich in der Untersuchung
von BLAU und DUNCAN, vgl. Anhang A). Dies scheint ein
realistischeres Abbild der sozialen Wirklichkeit zu liefern (mit einer den Problemen einer komplexen Umwelt

angepaßten realistischen und gewissermaßen "naturalisti-
schen" Vorgehensweise, BLALOCK, 1973) als die üblichen
Zwei-Faktoren-Modelle, denen eine experimentelle Vorgehensweise entspricht. Damit wird der Begriff der Kausalität zwar nicht aufgehoben, aber doch erweitert. Ziel der
Analyse ist es dann nicht mehr, die Abhängigkeit jeweils
einer unabhängigen Variable von (im Idealfall) einer abhängigen Variable zu untersuchen, sondern es bürgert sich
die Vorstellung ein, daß jede der untersuchten Variablen
(je nach Kontext) zugleich abhängige und unabhängige
Variable sein kann, daß entsprechend für eine größere Zahl
von Variablen das komplexe Variablengeflecht darzustellen
ist.

Ein besonderes Problem der multivariaten Analyse, zu dem
bisher noch keine zufriedenstellende Lösung gefunden worden
ist, ist das der sog. <u>Multikollinearität</u> der Variablen
(BLALOCK, 1963). Darunter ist zu verstehen, daß bei der Grup-
pierung der Variablen in abhängige und unabhängige Variablen auch die unabhängigen Variablen untereinander korrelie-
ren, so daß der Einfluß einer einzelnen Variable auf die
abhängige Variable nicht genau bestimmt werden kann. Da
die meisten soziologischen Variablen in gegenseitigen Beziehungen zueinander stehen, ist es also schwierig, eindeutige Kausalbeziehungen zwischen zwei Variablen festzustellen.

Die nahezu unendliche Kombinationsfähigkeit der Daten einer
Erhebung untereinander bringt es mit sich, daß in der Analyse in der Regel nur ein Bruchteil der an sich möglichen
Analysen durchgeführt wird. Der Prozeß der Analyse bleibt
so für weitere (Sekundär-) Analysen offen. Es werden eben
jene Aspekte der Daten zunächst berücksichtigt, die für
die Ausgangsfragestellung am bedeutsamsten sind.

Formale Prinzipien für die Analyse von Erhebungsdaten sind
noch nicht verfügbar. Der Prozeß der Datenanalyse ist auch
im Zeitalter der Großrechenanlagen noch eine Kunst geblieben, bei der es auf den Spürsinn des Forschers ankommt,
aus der hypothetisch nahezu endlos großen Zahl der möglichen Tabellen und anderen Analysehilfsmitteln, diejenigen auszuwählen, die für sein Forschungsproblem am rele-
vantesten erscheinen. Statistische Lehrbücher sind zwar
notwendige Hilfsmittel für die Durchführung der Analyse
und für die Entscheidung darüber, ob eine Beziehung zwischen Variablen als ausgeprägt und signifikant gelten
kann, aber sie können dem Forscher die grundlegende Entscheidung nicht abnehmen, welche Techniken er bei welchem
Problem anzuwenden hat. Es sollte zu denken geben, daß
einer der bedeutendsten empirischen Untersuchungen, die
bisher je geschrieben wurde - nämlich DURCKHEIMS "Suicide" -
ohne jede Computerunterstützung durchgeführt wurde, allein
durch die Verwendung von (freilich sehr vielfältigen)
amtlichen Statistiken.

Eine Hilfe bei der Aneignung von Analysemethoden versuchen
neuerdings speziell für Ausbildungszwecke geschriebene
Werkbücher zu geben, die eine Kombination anstreben zwischen der Vermittlung von Sachwissen auf einem bestimmten
Spezialgebiet, dem Erlernen von Datenanalysetechniken und
den Umgang mit Umfragen in der Sekundäranalyse. Von der
Amerikanischen Gesellschaft für Politische Wissenschaft
wurden so "SETUPS" entwickelt (Supplementary Empirical
Teaching Units in Political Science), ausgearbeitete Semi-
nare für das Grundstudium, wobei gegenwärtig eine Serie
über international vergleichende Weltpolitik getestet wird.
Eines dieser Programme "Studying Voting Behavior over
Time and Across Nations" von William R. KLECKA (1975) enthält so Daten aus den USA, Großbritannien und der Bundesrepublik.

In der Bundesrepublik wurde diese Idee am Zentralarchiv
für empirische Sozialforschung aufgenommen und in Studien-
programme für das Hauptstudium übertragen. Thomas A. HERZ
und Maria WIEKEN-MAYSER haben als erstes Werkbuch zur Einführung in die Analysen von Umfragen einen Band "Berufliche
Mobilität in der Bundesrepublik" ausgearbeitet, der zusammen mit dem Datensatz für die Sekundäranalyse vom Zentralarchiv bezogen werden kann (1976). Weitere
Werkbücher sind in Planung. Der Band enthält zunächst eine
Einführung in das Spezialgebiet, beschreibt dann die Variablen der herangezogenen Untersuchungen und führt dann
Schritt für Schritt in die unterschiedlichen Techniken
der Datenanalyse ein. Im Anhang enthält der Band die Code-
bücher der verwendeten Studien. Die Werkbücher füllen damit
eine Lücke zwischen den meist sehr abstrakten Lehrbüchern
der statistischen Datenanalyse und der eigenen Forschungspraxis.

Exkurs über sozialwissenschaftliche "Daten": Es ist im vorhergehenden häufig von "Daten" die Rede gewesen, die in
den Analyseprozeß des Sozialwissenschaftlers eingehen –
entweder zum Zwecke der Deskription oder zu kausalanaly-
tischen Zwecken.

Von "Daten" spricht man dabei vorwiegend aus zwei Gründen:
Zunächst weil die Ergebnisse einer Untersuchung in der
Analyse als etwas Gegebenes betrachtet werden, an dem
keine Änderungen mehr vorgenommen werden können. Von Daten
wird aber auch gesprochen, weil die Ergebnisse einer Untersuchung für die maschinelle oder elektronische Datenverarbeitung als Ziffernkombinationen verschlüsselt und gespeichert werden. Diese Daten dürfen aber nicht als ein
ein-für-allemal Gegebenes betrachtet werden, die der Forscher in seiner Analyse beliebig manipulieren kann, sondern "Daten" stellen nur die Gesamtheit der Fakten und
Beobachtungen dar, die der Forscher in seine Analyse auf-

nimmt.

Dabei besteht allerdings bisweilen die Tendenz, diesen
"Daten" nachträglich eine größere Bedeutung zuzuschreiben,
als ihnen tatsächlich zukommt, daß sie also überinterpre-
tiert werden. Die Art und Weise des Datenerhebungsprozesses sollte daher im Untersuchungsbericht beschrieben werden, damit der Leser sich selbst ein Urteil darüber bilden
kann, welche Verzerrungsmöglichkeiten hierbei aufgetaucht
sein können. Da die Gefahr immer gegeben ist, daß sich
der Forscher mit seinen - möglicherweise unter sehr unsicheren Verhältnissen gewonnenen "Daten" - in seiner Analyse in eine Scheinwelt zurückzieht, daß er in eine reine
Scholastik verfällt, ist eine wissenschaftliche Kontrolle
des Datenerhebungsprozesses selbst erforderlich. Um eine
solche Kritik am Datenerhebungsprozeß durchführen zu können, muß der Sozialwissenschaftler aber selbst Erfahrungen
in diesem Bereich besitzen.

3.3.5 Zusammenfassung

Wegen der großen Datenmassen, die in einer sozialwissenschaftlichen Erhebung meist anfallen (häufig bis zu 100
Variable mit manchmal mehreren hundert Indikatoren) können
sehr vielfältige und gelegentlich uferlose Analysen der
Daten unternommen werden. Soziologen haben in der Regel
nur ein begrenztes mathematisches Verständnis für die
potentiellen Möglichkeiten der Analyse, so daß ihnen das
Angebot von standardisierten Datenanalysepaketen, mit
denen ohne größere Schwierigkeiten komplizierte Analysen
auf Großrechenanlagen durchgeführt werden können, als sehr
verlockend erscheint. Zugleich entstehen dadurch Gefahren
der Fehl- und vor allem der Überinterpretation der Daten.

Aus der Wissenschaftsgeschichte sind viele Beispiele bekannt,
bei denen ein Forscher im Verlauf der Analyse seiner
Daten auf Zusammenhänge stößt, mit denen er überhaupt

nicht gerechnet hat, wobei aber gerade diese Überraschungen
sich später als die wichtigsten Ergebnisse der Untersuchung
herausstellen können. Die Entdeckung informeller Gruppen-
zusammenhänge im Industriebetrieb war so das wichtigste
Ergebnis des Forschungsprogramms der Hawthorne-Unter-
suchungen (vgl.ROETHLISBERGER und DICKSON, 1949), obwohl
die Forscher jahrelang nach ganz anderen Faktoren zur Erklärung der Leistungssteigerung von Industriearbeitern
gesucht hatten. Auf der Grundlage dieser unerwarteten
Forschungsergebnisse ist dann in der Industriesoziologie
eine ganz neue Forschungstradition entstanden, die zur
"Human-Relations"-Bewegung in der Industrie geführt hat.
MERTON hat solche unerwarteten Entdeckungen in der Wissenschaft als "serendipity-pattern" bezeichnet (MERTON, 1968,
S. 157). Serendipitie ist damit einer der Faktoren, der
dazu führt, daß der Forschungsprozeß immer offen für neue
Entdeckungen gehalten werden muß.

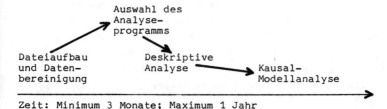

Zeit: Minimum 3 Monate; Maximum 1 Jahr

Abb. 4: Arbeitsschritte der Analysephase einer Untersuchung

Die Dauer der Analysephase ist sehr variabel. Es hängt
hier viel davon ab, ob die Datenbereinigung problemlos
durchgeführt wird und ob für die intendierten Analysen
bereits fertige (und auf der Datenverarbeitungsanlage
auch implementierte) Programme zur Verfügung stehen. Häufig
schließt sich an die Erstauswertung der Daten für Auftraggeber noch eine vertiefte wissenschaftliche Analyse an.

3.4 Disseminationsphase

Mit der Datenanalyse ist allerdings die Arbeit an einer
Untersuchung noch nicht beendet. Als eine vierte Unter-
suchungsphase schließt sich eine Disseminationsphase an.
Sie wird in der methodologischen Literatur kaum beachtet,
da sie wohl meist als selbstverständlich und zugleich als
nebensächlich (bzw. nicht im eigentlichen Sinne als streng
wissenschaftlich) betrachtet wird. So verständlich dies in
einem strikt methodologischen Sinne ist, so dürfte doch
gleichzeitig auch klar sein, daß Forschungen,über die
nicht berichtet wird, weder Objektivität noch Intersubjektivität erreichen können. Die Wissenschaft würde Pri-
vatbesitz bleiben, die nicht verwertbar wäre.

Die Disseminationsphase umfaßt zunächst das Schreiben des
Forschungsberichts, wobei neben der schriftstellerischen
Arbeit vor allem die Organisation der Anmerkungen zu
beachten ist. Der Forschungsbericht muß dann in einer
angemessenen Weise veröffentlicht werden. Die Anwendung
der Ergebnisse in der Praxis (vor allem in Lehre und Beratung) gehört durchaus auch in diese Phase. Sie muß aber
hier ausgeblendet werden, da dieser umfangreiche Themenkomplex dies Skriptum sprengen würde.

3.4.1 Das Schreiben der Forschungsberichte

Forschungsberichte und Veröffentlichungen sind ein inte-
graler Bestandteil einer Untersuchung, sie müssen von
Beginn an in den Untersuchungsplan eingeplant werden. Ein
Forscher ist damit in gewissem Sinne - und das wird häufig
übersehen - auch ein Schriftsteller. Er sollte sich dementsprechend bemühen, seine Berichte so anzulegen, daß
sie lesbar sind. Allerdings kann sich der Forscher durchaus an unterschiedliche Zielgruppen (nämlich Fachspezia-
listen, Fachkollegen, Intellektuelle, Politiker, die
Öffentlichkeit) wenden. Diese Zielgruppen verändern sich

übrigens häufig im Laufe eines Projektes. Den ersten schriftlichen Niederschlag findet ein Forschungsprojekt meist im
Forschungsplan. Wenn dieser Plan bei einer Stiftung oder
einer politischen Institution einzureichen ist, so ergibt
sich oft ein gewisser Zwang, allgemeinverständlich zu
schreiben und - was vielleicht größere Konsequenzen für das
geplante Vorhaben hat - die kurzfristigen und praktisch
verwertbaren Aspekte der Untersuchung hervorzuheben.

Aber auch wenn keine Notwendigkeit besteht, einen Projektplan bei einer forschungsfördernden Stelle einzureichen,
erscheint es als sinnvoll, vor Beginn der Feldarbeit einer
Untersuchung einen ersten Bericht abzufassen. Dieser Bericht soll dazu dienen, das Forschungsthema auszuformulie-
ren. Der Zeitpunkt, in dem dieser Bericht zu verfassen
wäre, läge also nach Abschluß der Definitionsphase einer
Untersuchung (oder zumindest nach Abschluß von Teilen dieser Definitionsphase). Der Bericht enthält damit die Ergebnisse dieser Phase und er soll die Planung für die
Durchführungs- und Analysephase der Untersuchung enthalten. Der Bericht soll somit dem Forscher und externen
Stellen eine Information über die weiteren Arbeitsschritte
liefern. Die Vorgehensweise ist hierbei in Analogie zur
fortgeschriebenen mittelfristigen Finanzplanung zu verstehen: es sollen nicht definitiv alle Arbeitsschritte
festgelegt werden, sondern es müssen auch Abweichungen
möglich sein, da man im Verlauf eines Projektes, etwa nach
Zwischenergebnissen, die ursprünglich geplante Forschungs-
strategie ändern können muß. Bei der Planung der Arbeitsschritte kommt es daher vor allem darauf an, daß der Forscher überhaupt Überlegungen zu der weiteren Vorgehensweise anstellt. Es soll nicht der Sinn dieser Vorauspla-
nung sein, daß man sich - etwa mit Rücksicht auf externe
Stellen - nun sklavisch an diesen Plan hält, wenn neue
Ergebnisse eine Änderung des Planes nahelegen.

Der zweite Bericht ist meist nach dem Vorliegen der ersten
Ergebnisse der Hauptuntersuchung fällig. Er enthält die
deskriptiven Grundergebnisse der Haupterhebung, versehen
mit einem mehr oder weniger umfangreichen Kommentar. Aus
diesem Bericht sollte die Untersuchungsanlage deutlich
werden, so daß eine Replikation der Untersuchung möglich
wird, es sollten die Grundergebnisse mitgeteilt und kommentiert werden.

Der Projektentwurf sollte in der Regel nicht veröffentlicht
werden, dies ist bei dem zweiten Forschungsbericht bereits anders. Hier sollte durchaus schon an eine Veröffentlichung gedacht werden, allerdings nur dann, wenn der Forschungsbereich relativ neuartig ist, wenn Entdeckungen
mitzuteilen sind oder wenn bereits - vor allem bei einer
theorietestenden Untersuchung - die Grundhypothesen der
Untersuchung überprüft werden konnten. In allen anderen
Fällen sollte der erste Bericht über die Untersuchung
nicht veröffentlicht werden, sondern er sollte Interessenten (vor allem den Datenarchiven und den Auftraggebern,
bzw. Stiftungen) als vervielfältigter Bericht zur Verfügung gestellt werden.

Aus einem (größeren) Forschungsprojekt gehen also üblicherweise mehrere schriftliche Berichte hervor, die eine ganz
unterschiedliche Verbreitung finden. Der erste Bericht wird
in der Regel bei Abschluß der Definitionsphase fällig,
wenn es häufig auch darum geht, Finanzmittel für ein Projekt einzuwerben. Ein Zwischenbericht kann nach Abschluß
des Vortests erforderlich werden, z.B. dann, wenn ein
Projekt nur abschnittsweise bewilligt wurde. Der zweite
Bericht erfolgt nach der Haupterhebung auf der Basis der
Grundauszählung des Erhebungsmaterials und stellt die
deskriptiven Daten der Untersuchung zusammen. Mit diesen
Berichten sind die Verpflichtungen gegenüber den Auftraggebern meist abgegolten. Allerdings handelt es sich dabei

in der Regel nur um intern zirkulierende (vervielfältigte)
Dokumente, auf deren Basis nun noch als Drittes weitere
wissenschaftliche Veröffentlichungen zu planen sind.

Die beiden wichtigsten Formen der wissenschaftlichen Veröffentlichung sind die <u>Monographie</u> und der <u>Zeitschriften-
aufsatz</u>. Die monographische Form der Darstellung wird vor
allem dann gewählt, wenn die Untersuchungsergebnisse für
eine Dissertation verwendet werden. Monographische Berichte über empirische Forschung entstehen so eher aus
dieser Notwendigkeit als aus sachlichen Gründen.

Bei der <u>Gliederung von Forschungsberichten</u>, die für Zeitschriften vorgesehen sind (und deshalb notwendig sehr kurz
sein müssen) hat sich das folgende Gliederungsschema bewährt:
1. <u>Inhaltsübersicht</u>: Ein kurzes Statement über die Forschungstradition und die wichtigsten Ergebnisse, das
   auch als "abstract" weiterverwendet werden kann.
2. <u>Einführung</u>: In der vor allem die Forschungstradition
   und das Forschungsproblem beschrieben werden.
3. <u>Theoretischer Bezugsrahmen</u>: Hier wird das Forschungsproblem in die Wissenschaftssprache übersetzt und es
   werden die forschungsleitenden Hypothesen entwickelt.
4. <u>Methodische Vorgehensweise</u>: In diesem Abschnitt erfolgt
   die Diskussion der wichtigsten Probleme bei der Umsetzung des Forschungsplans in die Forschungspraxis, wobei
   insbesondere der Auswahlplan, die Definition der
   Analyseeinheit und die wichtigsten Skalen und Index-
   konstruktionen beschrieben werden müssen.
5. <u>Forschungsergebnisse</u>: Hier werden die Ergebnisse der
   Hauptuntersuchung in bezug auf den theoretischen
   Bezugsrahmen dargestellt.
6. <u>Diskussion der Ergebnisse</u>: Die eigenen Ergebnisse werden im Zusammenhang mit dem theoretischen Bezugsrahmen
   bewertet (Ablehnung oder Annahme der Hypothesen, usw.)

und die Ergebnisse anderer Untersuchungen werden zur
Interpretation und Erklärung mit herangezogen.

7. Zusammenfassung und Kritik: In diesem Abschnitt werden
noch einmal Einschränkungen in den Schlußfolgerungen
beschrieben bzw. eine abschließende Bewertung des Vorhabens vorgenommen und es können Hinweise darauf gegeben
werden, in welcher Richtung sich die weitere Forschung
bewegen solle.

Neben einer übersichtlichen Gliederung muß der Forschungsbericht in der Regel einen wissenschaftlichen Apparat
(Anmerkungen, Literaturverweise) enthalten. Dieser Apparat
hat mehrere Funktionen. Er soll zunächst die Nachprüfbarkeit der im Forschungsbericht gemachten Aussagen gewährleisten. Er stellt somit ein wichtiges Mittel für die
Gewährleistung der Intersubjektivität des Forschungsprozesses dar (die Zitierweise und die Anmerkungen sollen
allerdings nicht unbedingt den vollständigen Denkprozeß
im Forschungsprozeß widerspiegeln; da es in der Wissenschaft auf Ergebnisse ankommt, ist dieser Prozeß unbeacht-
lich.)

Durch den Apparat wird das geistige Eigentum anderer anerkannt, bzw. durch Zitierung anderer Autoren soll gei-
stiger Diebstahl verhindert werden. Wie im technischen
Patentwesen ist allerdings dieser Schutz in der Wissenschaft zeitlich beschränkt: In das Gemeingut aufgenommene
Ergebnisse brauchen nicht mehr zitiert zu werden. Dies hat
sich in den Sozialwissenschaften allerdings noch nicht
voll durchgesetzt: während wohl kaum ein Naturwissenschaft-
ler auf die Idee käme, die Relativitätstheorie EINSTEINS
mit genauer Quellenangabe zu zitieren, werden etwa Max
WEBERs Grundbegriffe der Soziologie häufig noch genau
zitiert. Dies zeigt im Grunde nur, daß in der Disziplin
noch kein Einverständnis über die elementare Begrifflichkeit besteht.

Zitate und Anmerkungen sollen bei <u>Prioritätsstreitigkeiten</u>
klärend helfen, d.h. sie sollen das eigene geistige Eigentum sichern helfen.

Schließlich soll durch den wissenschaftlichen Apparat die
<u>Lesbarkeit</u> des Forschungsberichts erhöht werden, indem
nämlich alle Nebengedanken, die den Fluß des Arguments im
Text belasten, in die Anmerkungen verbannt werden. Ob
viele Anmerkungen allerdings die Lesbarkeit erhöhen, ist
sehr fraglich, da der Leser ständig den Lesefluß unterbrechen muß, um sich mit ellenlangen Anmerkungen aus-
einanderzusetzen.

In den Sozialwissenschaften hat sich heute eine sehr aus-
gedehnte Verwendung des wissenschaftlichen Apparats eingebürgert, so daß man häufig den Eindruck hat, daß dies
eher dazu dient, die Fachkollegen mit der eigenen Belesenheit zu beeindrucken als neue Erkenntnisse zu schaffen.
Häufig kommt es allerdings vor, daß nicht aus den vorgenannten Gründen zitiert wird, sondern daß man Lehrer oder
Freunde zitiert, denen man dadurch seine Verbundenheit
zeigen will und die man damit bekanntmachen will. Solche
"Rundlobgemeinschaften" sind allerdings dem wissenschaftlichen Fortschritt wenig förderlich, da sie Sektenbil-
dungen zuläßt.

Man kann vier Formen von Anmerkungen unterscheiden:
1. <u>Literaturverweise</u>, die entweder bei wörtlichen Zitaten
   oder bei allgemeinen Verweisen auf eine Forschungs-
   richtung erforderlich sind. Häufig wird bei Literaturverweisen mit mehrfachen Zitierungen aus einer Arbeit
   mit der Formel a.a.O. ("am angeführten Ort") gearbeitet.
   Dies verhindert jedoch eine schnelle Orientierung durch
   "diagonales" Lesen und ist daher unzweckmäßig. Besser
   ist es, im Text auf einen Autor zu verweisen und am
   Ende des Forschungsberichtes eine Literaturliste auf-

zuführen (wie es heute die meisten Fachzeitschriften
verlangen, die übrigens Vorschriften für die Zitierweise entwickelt haben, an denen man sich <u>vor</u> der Ein-
reichung eines Aufsatzes orientieren sollte).

2. Von Literaturverweisen sind <u>Quellenverweise</u> zu unterscheiden. Beziehen sich Literaturverweise nur auf ver-
öffentlichte Werke, die also prinzipiell durch das
Bibliothekensystem für jedermann erreichbar sind, so
beziehen sich Quellenverweise vor allem auf solche Verweise, die nur dem Autor zugänglich waren (Archivmate-
rialien, private Mitteilungen, vervielfältigte Berichte)
und die für die Schlußfolgerungen des Forschungsberichtes bedeutsam sind.

3. <u>Exkurse</u> sind Anmerkungen, die Nebengedanken enthalten,
die nicht im Text untergebracht werden sollen. Häufig
wird in den Anmerkungen jedoch all das untergebracht,
was einem Autor beim Lesen der Korrekturfahnen noch ein-
fällt, aber nicht mehr im Text eingeschoben werden kann.

4. Von den Exkursen kann man die <u>Glossen</u> unterscheiden, die
sich in vielen Untersuchungen finden, meist persönliche Auseinandersetzungen mit Fachkollegen enthalten
und den Unterhaltungswert einer Untersuchung oft beträchtlich steigern. Das führt allerdings bisweilen
dazu, daß man seine ganze Aufmerksamkeit auf diese
Glossen   verlegt und der Text zur Nebensache wird.

Man kann eine gewisse Überbetonung des wissenschaftlichen
Apparates bei theoretischen Untersuchungen in Deutschland
feststellen, und eine Unterbetonung bei empirischen Forschungsberichten. Gerade bei empirischen Forschungsberichten wäre es jedoch interessant, wenn Verweise auf andere
empirische Ergebnisse gemacht werden könnten, selbst
wenn (oder vielleicht gerade weil) die eigenen Ergebnisse
dadurch relativiert würden.

3.4.2 Publikation und Verbreitung der Ergebnisse

Nach Abschluß der Gesamterhebung können durchaus unterschiedliche Publikationswege beschritten werden. Dies hängt
sowohl von der Position des Forschers,wie von dem Entwick-
lungsstand der Forschungsdisziplin ab. Häufig ist die Art
der Veröffentlichung dadurch bedingt, daß ein Forschungsvorhaben zugleich eine Examensarbeit (z.B. Dissertation)
darstellt - und aus diesem Grunde dann eine monographische Darstellung gewählt wird, die ohne diesen Zwang nur
in einem ganz neuartigen Forschungsgebiet oder aber bei
einer ganz überragenden Untersuchung gerechtfertigt ist.

In der Mehrzahl der Fälle sollte allerdings zunächst ein
Aufsatz (gegebenenfalls auch mehrere) für eine Fachzeit-
schrift angefertigt werden. Dies ist zum einen die
schnellste Publikationsmöglichkeit (wenngleich sich das
deutsche Publikationswesen in den Sozialwissenschaften
bisher durch eine große Unübersichtlichkeit und Schwer-
fälligkeit auszeichnet), zum anderen ist es der Publika-
tionsweg, der die kompetenteste Kritik herausfordert. Bei
einer Untersuchung, die einen Beitrag zur Grundlagenforschung eines Faches zu leisten beabsichtigt, ist also
die Publikation in den wissenschaftlichen Zeitschriften
des Faches unumgänglich. Die drei wichtigsten soziologischen Fachzeitschriften der Bundesrepublik sind: "Kölner
Zeitschrift für Soziologie und Sozialpsychologie", "Soziale
Welt" und "Zeitschrift für Soziologie". Die Anschriften der
Redaktionen erfährt man aus dem Impressum der Zeitschriften. Daneben gibt es noch eine Reihe von spezialisierten
Zeitschriften und Jahrbüchern, in denen der eigene Beitrag
die relevanten Fachleute manchmal besser erreicht als in
den allgemeinen Fachzeitschriften.

In der angewandten Forschung und der Auftragsforschung
steht entweder eine Problemlösung im Vordergrund oder es
soll - speziell in den Sozialwissenschaften - ein Beratungs-

problem gelöst werden oder es sollen drittens Informationen
als Grundlagen für Entscheidungsprozesse bereitgestellt
werden. Hier dominiert die Beziehung zum Auftraggeber. Aus
diesem Grunde ist auch das Publikationsverhalten unterschiedlich. Um aber nicht unkontrolliert Fachwissen und
Exklusiv-Wissen entstehen zu lassen, muß auch hier gefordert werden, daß alle Beiträge zum Grundlagenwissen veröffentlicht werden.

Neben diesen Publikationen besteht ein mehr oder minder
ausgeprägtes mündliches Vortragswesen - auf kleinen wissenschaftlichen Fachtagungen und Symposien, auf nationalen
Tagungen, wissenschaftlichen Gesellschaften und auf großen
internationalen Kongressen. Ein derartiges persönliches Zu-
sammentreffen hat den großen Vorteil, daß die Kritik aus
dem (Fach-)Publikum unmittelbar und zugleich hoch selektiv sein kann. Für den Vortrag erster Ergebnisse aus Untersuchungen sollten diese Gelegenheiten also gesucht werden -
zudem kann dies eine erste Fassung eines späteren Zeit-
schriftenartikels bedeuten.

Die Entscheidung darüber, ob die Ergebnisse der Untersuchung
in monographischer Breite als Buch veröffentlicht werden
sollen, sollte daher erst nach einer positiven Aufnahme der
ersten Aufsätze in Fachzeitschriften getroffen werden. Das
trifft auch für die Einschaltung der Öffentlichkeit zu. In
den Naturwissenschaften herrscht weitgehend die Norm (und sie
wird von den wissenschaftlichen Gesellschaften entsprechend
sanktioniert), daß die Weitergabe von Forschungsergebnissen an die allgemeine Öffentlichkeit erst nach einer
ersten Veröffentlichung in den Fachzeitschriften erfolgen
soll. Dies hat den sehr plausiblen Grund, daß damit Fehl-
informationen der Öffentlichkeit vermieden werden sollen.
Immer wieder kommt es ja vor, daß sensationelle Forschungsergebnisse in die Presse gelangen, die sich später als
falsch erweisen. Das Problem der Sozialwissenschaften be-

steht darin, daß kaum (exakt) feststellbar ist, wann derartige Fehler vorliegen. Gleichwohl können doch Kunstfeh-
ler bei einer Untersuchungsanlage festgestellt werden
(z.B. in Hinblick auf Repräsentativität, Skalenkonstruk-
tion und statistische Datenanalyse) und es können vor allem
unzulässige Schlußweisen entdeckt werden (z.B. daß Signifikanz einer Beziehung ganz etwas anderes bedeutet als
"Stärke" einer Beziehung, z.B. im Sinne einer Korrelation). Der Schritt in die Öffentlichkeit (Pressemittei-
lung, Vorträge, Zeitungsartikel, usw.) sollte also erst
dann vorgenommen werden, wenn das wissenschaftliche Publikum (die "scientific community") die Möglichkeit gehabt
hat, die Forschungsergebnisse zu kritisieren.

3.4.3 Zusammenfassung

Das Schreiben des Forschungsberichts darf nicht erst nach
Abschluß der Datenanalyse beginnen, sondern die Niederschrift der Ergebnisse aus den einzelnen Arbeitsschritten
eines Projekts sollte ein kontinuierlicher Vorgang sein,
der mit der Formulierung der Forschungsfrage beginnt.
Dies ist allerdings schwerer getan als empfohlen. Man sollte sich aber angewöhnen, regelmäßige Arbeitsberichte oder
Protokolle über die einzelnen Untersuchungsphasen anzufertigen, die bei einer Gruppenarbeit regelmäßig diskutiert
werden können. Für den Endbericht können diese Arbeitsberichte dann die Grundlage darstellen.

Schreiben der ───────────► Publikation
Forschungsberichte   der Ergebnisse
───►
Zeit: Minimum 2 Monate; Maximum 2 Jahre

Abb. 5: Arbeitsschritte in der Disseminationsphase

Das Niederschreiben der Ergebnisse, bzw. die Redaktion des
Endberichts für den Auftraggeber kann bei der Vorlage von
mehreren Arbeitsberichten in sehr kurzer Zeit erfolgen.

Die Publikation der Ergebnisse nimmt allerdings häufig
eine. längere Zeit in Anspruch als die Fertigstellung des
Endberichts, da das Publikationswesen in den Sozialwissenschaften recht unübersichtlich ist und nicht auf
Schnelligkeit und Aktualität hin angelegt ist.

3.5 Der Forschungsprozeß im Überblick

Die Unterscheidung in Definitionsphase, Durchführungsphase,
Analysephase und Verbreitungsphase versuchte den Forschungsprozeß einheitlich aufzufassen und in 18 Arbeitsschritte
zu gliedern, die in der Regel nacheinander zu bewältigen
sind und nur in Ausnahmefällen zeitlich parallel durchgeführt werden können. Die Arbeitsschritte waren:

1. Problemwahl
 2. Literaturanalyse
  3. Entwicklung des theoretischen Bezugsrahmens
   4. Operationalisierung der Grundbegriffe
    5. Festlegung von Grundgesamtheit und Analyseeinheit
     6. Entwicklung des Forschungsplans

      7. Erarbeitung der Forschungsinstrumente
       8. Aufstellung des Auswahlplans
        9. Vortest und Exploration
         10. Vorbereitung der Hauptuntersuchung
          11. Durchführung der Hauptuntersuchung
           12. Verkodung der Daten

            13. Dateiaufbau und Datenbereinigung
             14. Auswahl des Analyseprogramms
              15. Deskriptive Analyse
               16. Kausal- und Modellanalyse

                17. Schreiben der Forschungsberichte
                 18. Publikation der Ergebnisse

Faßt man nun auch die vier großen Untersuchungsphasen einer
Untersuchung insgesamt zusammen, so lassen sich auch hier
wieder Überschneidungen feststellen. Die einzelnen Arbeitsschritte lassen sich nicht vollständig voneinander isolieren, sondern sie überlappen sich zum Teil erheblich (wie
zum Beispiel das Schreiben von Untersuchungsberichten, das
ein kontinuierlicher Vorgang ist). Auch die Durchführungs-
und Analysephasen können sich überschneiden - nämlich immer
dann, wenn entweder Pretests zu analysieren sind oder wenn
bereits im Verlauf der Durchführung die Analyse einsetzt
(wie bei Feldbeobachtungen).

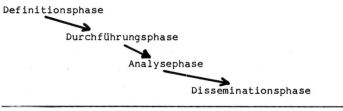

Definitionsphase

      Durchführungsphase

         Analysephase

           Disseminationsphase

Zeit: Minimum 6 Monate; Maximum 6 Jahre

Abb. 6: Phasen eines Forschungsprojekts im Überblick

Die Dauer eines Forschungsprojekts wird 6 Monate kaum un-
terschreiten können und dies auch nur dann, wenn es
sich um Routineprojekte handelt und erfahrene Forscher beteiligt sind. Eine Projektdauer von sechs Jahren dürfte
das andere Extrem darstellen (wobei dann für Durchführung
und Analyse etwa drei Jahre benötigt werden und die übrige
Zeit für die Definition des Forschungsthemas und die Disse-
mination der Ergebnisse zu veranschlagen ist). Forschungs-
förderungsinstanzen bevorzugen Finanzierungszeiträume von
zwei oder drei Jahren. Dies stimmt mit den hier veran-
schlagten Zeiträumen überein, denn für die Definitionsphase lassen sich häufig nur teilweise Finanzmittel ein-
werben und auch die Disseminationsphase muß ohne weitere

Förderung bleiben,mit Ausnahme von Druckkostenzuschüssen,
zumindest was Berichte nach dem ersten Projektbericht für
den Förderer betrifft.

Der Forschungsprozeß - das sollte aus den Darlegungen dieses Kapitels deutlich werden - ist kein automatischer
Problemlösungsprozeß. Forschungsprobleme und Hypothesen
lassen sich nicht einfach und ein für allemal auf ihre
absolute Richtigkeit hin überprüfen. Die Lehre, die uns
POPPER erteilt hat, daß nämlich der Forschungsprozeß - aus
Gründen der Logik der Forschung - nicht endgültig abgeschlossen werden kann, soll daher nicht in Frage gestellt
werden. Daraus, daß Hypothesen generell als falsifizierbar
formuliert werden müssen, folgt allerdings insgesamt recht
wenig für den konkreten Aufbau des Forschungsprozesses,
insbesondere folgt daraus kein methodologischer Rigorismus.
Die gegenwärtige Situation in den Sozialwissenschaften ist
vielmehr durch eine Vielzahl von methodischen Ansätzen
geprägt, was im nächsten Kapitel noch näher zu erläutern
sein wird. In diesem Kapitel sollte gezeigt werden, daß
sich der Forschungsprozeß aus einer Menge von Phasen zu-
sammensetzt, die allerdings bei vielen Untersuchungen nicht
in der hier angeführten Vollständigkeit vorkommen müssen.

Generell soll an dieser Stelle davor gewarnt werden, den
Forschungsprozeß einer Untersuchung mit Fragestellungen
zu überfrachten. Es erscheint sinnvoller, jeweils einge-
schränktere Fragestellungen zu behandeln, um so einzelne
Kausalfaktoren zu isolieren. Das setzt aber voraus, daß
man in einem Forschungsbereich selbst wieder strategisch
verfährt, also etwa mit Fallstudien beginnt, anschließend
zu Erhebungen übergeht und mit wachsender Kenntnis des
Forschungsgebiets allmählich zu experimentellen Verfahren
gelangt, wodurch erst die Isolation von Kausalfaktoren
schlüssig gelingen kann.

Wegen der großen Vielfalt der möglichen Forschungsansätze,
Erhebungsverfahren und Analysemethoden und wegen der
wissenschaftstheoretischen Indeterminiertheit des Forschungsprozesses insgesamt,ist es kaum möglich, ein allgemeines detailliertes Ablaufschema für den Forschungsprozeß
zu entwickeln. SCHRADER hat diesen Versuch gemacht und
ein Ablaufschema entwickelt, das sehr nützlich ist und
auf das hiermit verwiesen wird (vgl. Planungs- und Bewer-
tungsschema für ein problemorientiertes, nicht-experimen-
telles soziologisches Forschungsprojekt, in: SCHRADER, 1973,
S. 12-21). SCHRADER unterscheidet dabei annähernd 40 verschiedene Arbeitsschritte, er hat das Schema darüber hinaus
als Blockdiagramm aufgebaut, so daß Verzweigungen im Ablauf und auch Iterationen im Forschungsprozeß sichtbar
werden.

3.6 Dimensionen des Forschungsprozesses

Die Einheitlichkeit der Darstellung des Forschungsprozesses
soll aber noch einmal aufgebrochen werden. Es sollen nunmehr vier Dimensionen des Forschungsprozesses unterschieden werden: nämlich Problembezug der Forschung (Praxis-
bezug, Relevanz), Logik der Forschung, Methodik der Forschung und Organisation der Forschung (vgl. Abbildung 7
auf S. 148/149).

Die beiden Hauptdimensionen, der "eigentliche" Forschungsprozeß, sind Logik und Methodik der Forschung. Hier erweist
sich die eigentliche Wissenschaftlichkeit. Auf diesen
beiden Dimensionen wird Wissenschaft von anderen sozialen
Erscheinungen abgegrenzt: wobei als Abgrenzungsprinzip
auf der Dimension Logik das bekannte Falsifikationskrite-
rium POPPERs dienen kann (selbst wenn dies in der neueren
wissenschaftstheoretischen Diskussion pragmatisch "aufge-
weicht" worden ist). Auf der methodischen Dimension soll

Abb. 7: Dimensionen des Forschungsprozesses

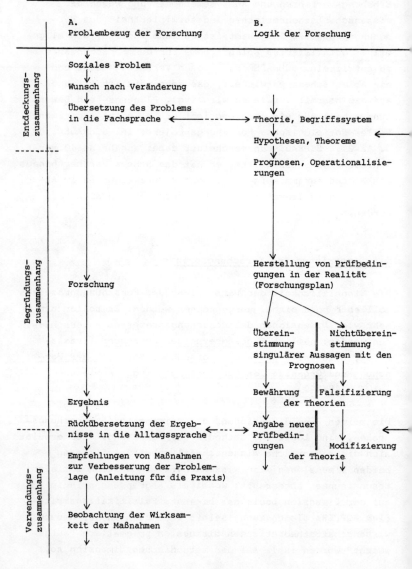

A.
Problembezug der Forschung

B.
Logik der Forschung

Entdeckungszusammenhang

Soziales Problem

Wunsch nach Veränderung

Übersetzung des Problems
in die Fachsprache ←----→ Theorie, Begriffssystem

Hypothesen, Theoreme

Prognosen, Operationalisierungen

Begründungszusammenhang

Forschung

Herstellung von Prüfbedingungen in der Realität
(Forschungsplan)

Übereinstimmung / Nichtübereinstimmung
singulärer Aussagen mit den Prognosen

Bewährung / Falsifizierung
der Theorien

Ergebnis

Rückübersetzung der Ergebnisse in die Alltagssprache ←----→ Angabe neuer Prüfbedingungen / Modifizierung der Theorie

Empfehlungen von Maßnahmen
zur Verbesserung der Problemlage (Anleitung für die Praxis)

Verwendungszusammenhang

Beobachtung der Wirksamkeit der Maßnahmen

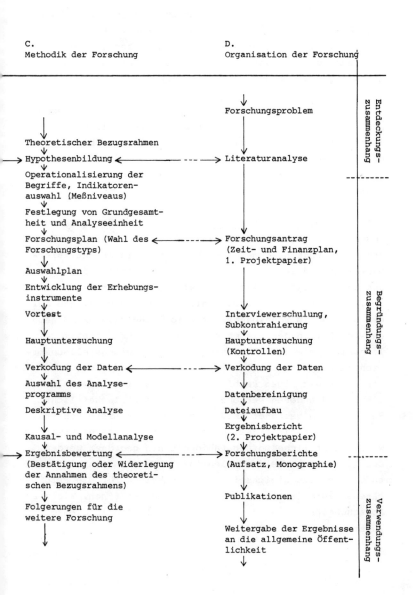

C.
Methodik der Forschung

D.
Organisation der Forschung

Entdeckungszusammenhang

↓
Forschungsproblem

↓
Theoretischer Bezugsrahmen
↓
→ Hypothesenbildung ← - - - - → Literaturanalyse

Operationalisierung der
Begriffe, Indikatorenauswahl (Meßniveaus)

Festlegung von Grundgesamtheit und Analyseeinheit
↓
Forschungsplan (Wahl des ← - - - - → Forschungsantrag
Forschungstyps)   (Zeit- und Finanzplan,
                                     1. Projektpapier)
↓
Auswahlplan

Entwicklung der Erhebungsinstrumente
↓
Vortest   Interviewerschulung,
↓   Subkontrahierung
Hauptuntersuchung   Hauptuntersuchung
                                     (Kontrollen)
Verkodung der Daten ← - - - - → Verkodung der Daten
↓   ↓
Auswahl des Analyse   Datenbereinigung
programms   ↓
Deskriptive Analyse   Dateiaufbau
                                     ↓
                                     Ergebnisbericht
Kausal- und Modellanalyse   (2. Projektpapier)
↓   ↓
→ Ergebnisbewertung ← - - - - → Forschungsberichte
(Bestätigung oder Widerlegung   (Aufsatz, Monographie)
der Annahmen des theoretischen Bezugsrahmens)
↓   ↓
Folgerungen für die   Publikationen
weitere Forschung
↓   ↓
                                     Weitergabe der Ergebnisse
                                     an die allgemeine Öffentlichkeit
                                     ↓

Begründungszusammenhang

Verwendungszusammenhang

Intersubjektivität als Abgrenzungskriterium dienen, d.h.
die Möglichkeit, daß Untersuchungen jederzeit replizier-
bar sind. Diese beiden Dimensionen sind bereits ausführlich behandelt worden, so daß darauf nicht noch einmal
eingegangen zu werden braucht.

Die beiden anderen Dimensionen sind für den Forschungsprozeß zwar wichtig, aber für den Status der "Wissenschaftlichkeit" zunächst einmal sekundär. Welche Probleme aufge-
griffen werden und wie die Untersuchung faktisch ausgeführt wird, ist zunächst in das Belieben des Forschers
gestellt.

Beim Problembezug der Forschung muß man zunächst davon
ausgehen, daß bei einem gegebenen Stand des Wissens und
der Forschungsinstrumente Probleme nach ihrer Realisierbarkeit geordnet werden können. Gleichzeitig erscheinen
aus der gesellschaftlichen Entwicklung heraus bestimmte
soziale Probleme als vordringlich. Nimmt man an, daß beides unabhängig voneinander ist, so ließe sich ein Schema
entwickeln, in dem die methodologischen Erkenntnismöglichkeiten die eine Dimension besetzen, die gesellschaftlichen Erkenntnisinteressen die andere Dimension. Eine
Liste von wichtigen Problemen könnte so z.B. von Politikern und anderen Personen auf ihre gesellschaftliche
Relevanz hin geordnet werden, die gleiche Liste von Problemen könnte gleichzeitig von Wissenschaftlern auf ihre
wissenschaftliche Lösungsfähigkeit hin geordnet werden.
Bringt man dann beide Skalen in ein Koordinatenkreuz ein,
so könnte dies gleichzeitig Möglichkeiten für die Priori-
tätensetzung in einem Forschungsgebiet eröffnen. Wie der
Forschungsprozeß abläuft, interessiert also in diesem
Zusammenhang nicht.

Auch die Trennung von Theorie und Praxis darf man sich
nicht starr vorstellen: Es gibt Forschungsbereiche, in denen
Alltagssprache und Wissenschaftssprache relativ viel gemeinsam haben (wie gegenwärtig in den Sozialwissenschaften) und
andere Bereiche, wo dies nicht mehr der Fall ist, wo es aber
eine große Zahl von wissenschaftlich ausgebildeten Praktikern gibt, die Theorie und Praxis in professionellen Beru-
fen vermitteln (wie in der Medizin). Hier stört man sich
nicht daran (wie heute noch in den Sozialwissenschaften),
daß sich das Fach einer Fachterminologie bedient, die Laien
völlig unverständlich ist. Die Notwendigkeit zur Herausbil-
dung einer eigenen Fachterminologie ergibt sich aber aus
der Notwendigkeit der präzisen und eindeutigen Begriffsbildung, wie dies in der Alltagssprache in der Regel nicht
gegeben ist.

Die Beziehung zwischen Wissenschaft und Praxis ist sicherlich noch wesentlich differenzierter als in Dimension A
dargestellt. Neben der Beratung von Entscheidungsträgern
aus Politik, Wirtschaft und Kultur wirken wissenschaftliche
Ergebnisse auch diffus als aufklärerisches Element, nämlich
im Sinne einer Verbesserung der Information über hochkom-
plexe soziale Wechselbeziehungen und diese Aufklärung kann
damit selbst schon dazu dienen, soziale Ungerechtigkeiten
abzubauen.

Auch die Forschungsorganisation ist eine Dimension des Forschungsprozesses, die für die theoretische Bedeutsamkeit
der Forschungsergebnisse (ihren Wahrheitsgehalt) letztlich
unerheblich ist, die aber eine wichtige Rahmenbedingung
für die Qualität der Forschung haben kann. Der Organisation
der Forschung ist besonders bei größeren Projekten große
Aufmerksamkeit zu schenken. In besonderem Maße setzen
diese Organisationsfragen "know-how" voraus, durch lang-
jährige Forschungspraxis gewonnene Erfahrung, die sich
lehrbuchmäßig kaum vermitteln läßt. Auch hier sind

rschung
eg der Forschung

Erfahrung

weiter-Berg?

Fiebersumpf der Daten

D.D.D. Delta der Dreckigen Daten

Urwald der Datenanalyse

-flung

Mehr-Daten Pfad

Strom der Daten

Trümmerhaufen der verworfenen Hypothesen

Wo-bin-ich Nebel?

Tor der Taktik

strumente

Die große geldlose Wüste

Bucht des Müßiggangs

Zur Verwaltungsinsel

n-Geld-Pfad

Unentdecktes Neuland

Insel Allwissend

MARBURG-BERLIN
STALLMANN
-1965-

H. v. Alemann
Der Forschungsprozeß
1977

die in der Dimension D aufgeführten Arbeitsschritte nicht
als eine erschöpfende Aufzählung zu lesen. Weitere Fragen
der Forschungsorganisation werden in Kapitel 6 behandelt.

Die Unterscheidung in Problembezug, Logik, Methodik und
Organisation der Forschung sollte deutlich machen, daß
der Forschungsprozeß aus heterogenen Bestandteilen zusammengesetzt ist, aus denen in einem Forschungsprojekt jeweils pragmatisch eine Einheit, ein optimaler Forschungsplan gebildet werden muß. (Eine sehr treffende Darstellung
des Forschungsprozesses gibt übrigens die Zeichnung auf
den beiden vorhergehenden Seiten, in der viele der hier
aufgeführten Phasen wiederzufinden sind. Die Zeichnung
erschien zuerst in dem amüsant geschriebenen Methodenbuch von AGNEW und PYKE, "The Science Game" (1969). Den
Zeichnern und Textern des Bildes, vor allem Ernest HAR-
BURG, sei an dieser Stelle herzlich für die Möglichkeit
gedankt, die Zeichnung zu veröffentlichen. Die Texte wurden vom Autor ins Deutsche übersetzt.)

4 Typen sozialwissenschaftlicher Forschung

Aus dem vorigen Kapitel ist bereits hervorgegangen, daß es
fertige Rezepte für die empirische Forschung nicht geben
kann, sondern daß jedes Forschungsproblem im Grunde einen
eigenen Forschungsansatz erfordert. Allerdings stehen nur
eine begrenzte Zahl von Forschungsmethoden und Forschungstechniken zur Verfügung. Diese müssen jeweils so kombiniert
werden, daß daraus für das in Frage stehende Untersuchungsproblem ein optimaler Forschungsplan entsteht. In diesem
Kapitel sollen die wichtigsten Typen von Forschungen beschrieben werden.

Forschung wird mit sehr unterschiedlichen Begriffen bezeichnet. Diese sind fast schon unübersehbar. Eine Auswahl von
solchen deskriptiven wie polemischen Epitheta, mit denen
Forschung belegt wird, folgt in alphabetischer Reihenfolge:

affirmative
aktionistische
analytische
deskriptive
diagnostische
dialektische
dezisionistische
empirische
empiristische
evaluierende
experimentelle
kritische
kritisch-rationale
hermeneutische
positivistische
pragmatische
prognostische
radikale
reflexive
technokratische
theoretische
theorie-testende

} Forschung

Es können im Verlauf der Arbeit selbstverständlich nicht
alle diese Ansätze behandelt werden. Einige von ihnen
entspringen auch nur kurzfristigen Moden bei der Ausein-
andersetzung um die Möglichkeit von sozialwissenschaftlicher Forschung.

Grundvoraussetzung von Forschung, wie sie hier behandelt
wird, ist, daß in ihr eine Kombination von Empirie und
Theorie angestrebt wird. Eine rein empirische Forschung,
die nur mit operationalen Begriffen operiert, würde schnell
in einen Empirismus ausarten.

Im Rahmen einer solchen empirisch-theoretischen Forschung
interessieren uns aus den angeführten Bezeichnungen vor allem analytische, deskriptive, diagnostische, evaluierende,
experimentelle, prognostische und theorie-testende Ansätze.
Polemische Bezeichnungen wie affirmative, dezisionistische,
positivistische oder technokratische Forschung beziehen
sich demgegenüber im wesentlichen auf die Wirkung der Forschung, nicht auf die Forschungspraxis selbst. Bezeichnungen wie dialektische, hermeneutische und reflexive Forschung gehen von einem Wissenschaftsverständnis aus, das
den Forschungsprozeß selbst zugleich mit dem Forschungsproblem zum Untersuchungsgegenstand machen will. Dies
schafft allerdings eine Überkomplexität des Forschungsansatzes, wodurch die Isolation von Einzeleffekten (von
Ursachen und Wirkungen) erschwert wird.

Eine der wichtigsten Regeln des Forschungsprozesses besteht demgegenüber darin, daß der Forschungsplan selbst
dem Forschungsproblem angemessen sein muß und zugleich so
einfach wie möglich sein soll. Bei der Wahl zwischen
Forschungsplänen, die das gleiche Forschungsproblem behandeln, muß die Entscheidung also zugunsten desjenigen Forschungsplans fallen, der auf möglichst einfachem Wege das
Problem zu lösen verspricht.

Drei unterschiedliche Ebenen von Klassifikationen der
Forschung sollen nun behandelt werden. Zunächst geht es
um die Zielsetzung der Forschung, es wird zwischen deskriptiven, theorie-testenden und analytischen Orientierungen unterschieden. Danach steht die Forschungsmethode
im Vordergrund und es wird unterschieden zwischen Fallstudie, Erhebung und Experiment. Schließlich wird nach
der Art der zugrundeliegenden Datenbasis unterschieden
in Primärerhebung, Sekundäranalyse, Dokumentenanalyse
und Replikation (für Hinweise auf methodologische Literatur vgl. Anhang B 3).

4.1 Typen von Forschungen I: Deskriptive, theorie-testende, analytische Untersuchungen

Wenn hier zunächst zwischen deskriptiver, theorie-testender und analytischer Forschung unterschieden werden soll,
so wird damit nicht von vornherein eine Wertung verbunden, etwa die Art, daß nur theorie-testende Forschung im
strikten Sinne als wissenschaftlich zu bezeichnen ist,
da nur sie dem strengen (falsifikationistischen) Modell
der Wissenschaft entspreche. Vielmehr wird davon ausgegangen, das alle drei Typen von Forschungen ihre Legitima-
tion besitzen, daß man sich aber über ihre jeweilige Funktion im Wissenschaftsprozeß klar werden sollte und daß man
es vor allem vermeiden sollte, Etikettenschwindel zu betreiben. Die Verabsolutierung des falsifikationistischen
Modells und das Streben danach, möglichst nur hochab-
strakte theoretische Aussagen zu machen, führt nämlich
dazu, daß häufig eine in Wirklichkeit deskriptive Forschung als theoretische Forschung ausgegeben wird.

4.1.1 Deskriptive Untersuchungen

Deskriptive Forschung besteht in dem Versuch, einen bestimmten Forschungsgegenstand möglichst vollständig zu beschreiben, bzw. einen vollständigen Bericht über die Daten einer Untersuchung zu geben. Dabei wird in der Regel nicht versucht, innerhalb der so erhaltenen Daten Querbezüge herzustellen oder dies geschieht jedenfalls nur ad hoc und ohne Bezug auf eine vorformulierte Theorie.

In der Wissenschaftstheorie ist in den 30er Jahren von mit dem sog."Wiener Kreis" verbundenen Personen der Versuch gemacht worden, eine Protokollsprache zu entwickeln, durch die gewissermaßen voraussetzungslos die "Welt" und damit auch die soziale Realität beschrieben werden kann, im Sinne einer totalen, voraussetzungslosen Deskription (vgl. KRAFT, 1968, S. 105 f.). Nur so versuchte man, von der Wertbeladenheit des Forschers wegzukommen zu einer intersubjektiven und objektiven Erfassung der Wirklichkeit. Inzwischen hat man aber erkannt, daß es eine solche Wirklichkeit ohne ein erkennendes Subjekt nicht geben kann.

Der Irrtum, daß es eine voraussetzungslose Protokollsprache reiner Deskriptoren geben könne, entstand zunächst daraus, daß man recht einfache Tatbestände zu beschreiben versuchte, zum Beispiel einen Tisch. Nun dürfte allerdings schnell klar werden, daß man einen Tisch auf sehr unterschiedliche Weise beschreiben kann: zunächst einmal handwerklich nach der Art und Weise seiner Verfertigung wie auch seinen kulturgeschichtlichen Besonderheiten (Ornamente usw.). Diese Beschreibung dürfte unsere Alltagswahrnehmung wiedergeben. Man kann den Tisch aber auch physikalisch beschreiben und muß dann sehr schnell über das im Alltag sichtbare hinausgehen und den Aufbau der Holzmoleküle, ihrer atomaren Zusammensetzung und schließlich die die Atome bildenden Elementarteilchen für die Beschreibung heranziehen und man kommt dabei zu der Feststellung, daß

der als fester Körper erscheinende Tisch nur zu einem
verschwindenden Teil aus Materie besteht. Eine solche Beschreibung widerspricht der Alltagserfahrung total. Der
Tisch kann u.a. auch in seinen sozialen Funktionen beschrieben werden. Zunächst einmal kulturanthropologisch,
indem gezeigt wird, daß er nur in bestimmten Kulturen
benutzt wird (wo andere Kulturen eine Einheit von Fußboden in der täglichen Behausung besitzen, trennen die
europäischen Kulturen zwischen "schmutzigem" Fußboden
und "sauberem" Tisch) und daß er in diesen europäischen
Kulturen innerhalb der Familie als Versammlungsort der
Hausgemeinschaft fungiert, wobei oft eine sorgfältige
hierarchische Abstufung in der Sitzordnung gewahrt wird
(und außerhalb der Familie etwa in Versammlungen häufig
durch einen runden Tisch eine faktisch nicht vorhandene
Gleichberechtigung symbolisiert werden soll). Auch eine
solche Beschreibung der sozialen Funktionen des Tisches
geht über das Sichtbare weit hinaus.

Das Beispiel zeigt, daß Beschreibungen a) über die sichtbare Alltagserfahrung hinausgehen und es zeigt b), daß
eine jede Beschreibung unter Zuhilfenahme von theoretischen Begriffen erfolgt (in der Physik etwa: Molekül,
Atom, Elementarteilchen; in der Soziologie etwa: Familie,
Versammlung, soziale Distanz, soziale Funktion). Eine
gewissermaßen voraussetzungslose Deskription kann es
dementsprechend nicht geben, jede Beschreibung eines
Phänomens setzt vielmehr eine mehr oder weniger genera-
lisierte Begriffsbildung voraus. Es kommt also auf den
Beobachter an, wieviel er an "Tiefe", d.h. an theoretischem Begriffsarsenal in die Beschreibung mit einbringt
(wobei es sich natürlich um wissenschaftliche Begriffe
handeln muß).

In der Wissenschaft wird eine Deskription immer dann bedeutsam, wenn das Beschriebene einen Neuigkeitswert besitzt, der außerhalb unseres bis dahin gültigen Erfah-
rungshorizontes liegt und der Anlaß dazu sein kann, neue
Konzeptionen in eine Disziplin einzuführen. Eine solche
Deskription hat damit in der Wissenschaft einen strategischen Wert. Sie wird als Entdeckung gewertet: die Entdeckung der Jupitermonde durch Galilei, die Entdeckung
Amerikas durch Kolumbus, die Aufdeckung der Struktur der
Desoxyribonukleinsäure (DNS) durch WATSON und CRICK sind
solche Deskriptionen. Entdeckungen sind damit Verifika-
tionen eines es-gibt Satzes, der eine unmittelbare theoretische Relevanz besitzt, weil dieser es-gibt Satz einem
oder mehreren vorher gültigen Aussagen widerspricht (im
Fall der Jupitermonde und der Entdeckung Amerikas) oder
weil er eine vorher unbekannte Klasse von Ereignissen
erstmals beschreibt.

In der Soziologie sind Entdeckungen nicht so spektakulär
wie in den Naturwissenschaften. Beispiele sind die Entdeckung von Regelmäßigkeiten der Geburten- und Sterbe-
fälle, die bereits im 18. Jahrhundert durch den Pastor
SÜSSMILCH gemacht wurden und die auf der Beobachtung der
kirchlichen Geburts- und Sterberegister beruhten (vgl.
SÜSSMILCH, 1972). Neuere Beispiele für Entdeckungen in
der Kulturanthropologie betreffen die Tatsache, daß
sog. "primitive" Völker, die noch bis vor kurzem in
Europa als "Wilde" bezeichnet wurden, eine sehr differenzierte Kultur besitzen, die den Vergleich mit der
modernen Zivilisation durchaus nicht zu scheuen braucht,
d.h. also die Entdeckung, daß es kulturlose Völker überhaupt nicht gibt. Die Entdeckung des Unbewußten durch
FREUD und die Entdeckung des bedingten Reflexes durch
PAVLOV sind zwei Vorgänge, die über die Psychologie in
die Soziologie ausgestrahlt haben. Auch die Weiterentwicklung der Vorstellung von sozialen Systemen durch

PARSONS und die Beschreibung der grundlegenden Eigenschaften dieser Systeme ("Adaptation", "Goal-attainment",
"Integration" und "Latency", das sog. AGIL-Schema) sowie
die Vorstellung von generalisierten Austauschmedien kann
insgesamt als eine Entdeckung in der Soziologie gekennzeichnet werden, deren Konsequenzen noch nicht voll sichtbar geworden sind. Andere Entdeckungen gehen auf MERTON
zurück, nämlich vor allem die Entdeckung von unvorherge-
sehenen Konsequenzen zielgerichteter sozialer Handlungen,
die Entdeckung des "serendipity-pattern" in der Wissenschaft und die Entdeckung von Prioritätsstreitigkeiten
in der Wissenschaft (MERTON, 1968, 1974). Die Beispiele
sollen zeigen, daß es auch in der Soziologie sinnvoll
ist, von Entdeckungen zu sprechen und daß es bereits eine
beachtliche Zahl von ihnen gibt (die allerdings bislang
noch nicht kodifiziert wurden, wie das in der Technik
oder Naturwissenschaft der Fall ist; Ausnahme ist der
Aufsatz von DEUTSCH, SENGHAAS, PLATT, 1971).

Von einer Entdeckung ist übrigens die Illustration zu
unterscheiden. In der Illustration wird ein Allsatz durch
einen "es-gibt" Satz in einem Einzelfall bestätigt; bei
der Entdeckung wird dagegen der "es-gibt" Satz selbst bestätigt. Entdeckung und Illustration unterscheiden sich
also darin, inwieweit eine theoretische Aussage (ein Allsatz) vorausgesetzt wird. Bei der Illustration wie der
Entdeckung handelt es sich jeweils um die Bestätigung
eines "es-gibt" Satzes; Entdeckungen scheinen gegenüber
Illustrationen häufig "zufällig" gemacht zu werden. Diesen
Prozeß der zufälligen Entdeckung in der Wissenschaft hat
MERTON als Serendipitie bezeichnet. Der Forscher muß
also im Forschungsprozeß Offenheit gegenüber überraschen-
den Ergebnissen bewahren.

Ein konkretes Beispiel für eine deskriptive Untersuchung
aus dem Bereich der Wissenschaftsforschung ist das Buch von
WEINGART (1970) "Die amerikanische Wissenschaftslobby".
Zwar erhebt die Arbeit durchaus den Anspruch, eine theoretische Untersuchung zu sein, die These aber, die in
ihr bestätigt werden soll, ist nichts anderes als eine
"es-gibt" Aussage, nämlich: 'es-gibt in den USA eine
Wissenschaftslobby' (vgl. S. 17 und 22). Der Hauptteil
des Buches besteht nun in einer fundierten Beschreibung
der Formierung dieser Lobby. Die im Hintergrund stehende
Hypothese des Buches, "wenn es eine Wissenschaftslobby
gibt, dann verändert sich das Verhältnis von Wissenschaft
und Gesellschaft (Politik) bzw. dann wird die Wissenschaft selbst politisiert" (vgl. S. 15) wird in dem Buch
dann nicht systematisch untersucht.

Eine theoretische Funktion von beschreibenden Untersuchungen besteht dann, wenn das beschriebene Phänomen entweder
von bisherigen Theorien noch nicht berücksichtigt wurde,
womit sich die Notwendigkeit zu einer Erweiterung der
Theorie ergibt, oder wenn die Existenz bestimmter Phänomene
mit der Theorie unvereinbar ist oder zu ihr in Widerspruch stehen. Angenommen, Vorstellungen von Wissenschaft
gehen von der Annahme aus, daß Wissenschaft eine freie
Assoziation kreativer Forscher darstellt, in der sich eine
von inneren und äußeren Restriktionen ungebremste Selektion der besten Theorien vollzieht, so kann der Nachweis
des Bestehens einer Wissenschaftslobby tatsächlich Anlaß
dazu bieten, daß diese ältere Vorstellung (Theorie) fallen
gelassen werden muß. Auf diese Weise sind deskriptive Untersuchungen zwar nicht selbst theoretisch, aber sie können
theoretisch relevant sein. Diese theoretische Relevanz
hängt weitgehend ab von der Wahl des Forschungsgegenstandes. Je widersprüchlicher eine Beschreibung in bezug auf
die herrschende Theorie ist und je besser zugleich die
Zuverlässigkeit und Gültigkeit der Untersuchung ist, desto

notwendiger müssen sich für die Theorie Folgerungen ergeben. So hatte beispielsweise Thomas KUHNs (1973) Beschreibung der Wissenschaftsgeschichte als eine sprung-
hafte, diskontinuierliche Entwicklung Konsequenzen für die
Wissenschaftstheorie, weil sie bestimmten Postulaten der
herrschenden POPPER'schen Wissenschaftstheorie widersprach,
indem er nämlich zu zeigen versuchte, daß Wissenschaftler
tatsächlich kaum je Hypothesen und Theorien zu falsifizieren versuchen, sondern daß sich die Auswahl von wissenschaftlichen Theorien (KUHN verwendet dafür lieber den
verschwommeneren Begriff des Paradigmas) nach ganz anderen
Kriterien vollzieht.

Als Konsequenz ergibt sich, daß man deskriptive Untersuchungen beim gegenwärtigen Stand der Sozialwissenschaften nicht verachten soll und daß viele Untersuchungen zu
Unrecht als theoretische Forschungen etikettiert sind.
Deskriptive Untersuchungen verlangen die gleiche Sorgfalt
bei der Datenerhebung, der Auswahl der Forschungstechniken, der Datenanalyse, usw. als jeder andere Untersuchungs-
typ. Der Allgemeinheitsgrad der Untersuchung ist nur ein
anderer. Zudem soll es auch hier zu einer Kumulation von
gültigen Ergebnissen kommen.

Von einer exploratorischen Untersuchung spricht man, wenn
die Deskription nur eine Phase einer größeren Untersuchung
darstellt und diese explorative Phase den Forscher entweder überhaupt mit seinem Untersuchungsgegenstand vertraut machen soll oder aber bei der Generierung von Hypothesen behilflich sein soll. Es handelt sich oft um Vor-
formen der Erhebung, in der meist eine Mehrzahl von Forschungstechniken kombiniert werden (Durchsicht der wissenschaftlichen Literatur, Durchsicht anderer schriftlicher
Dokumente, erste informelle Gespräche und auch halbstandardisierte Interviews, Beobachtungen vielfältiger
Art).

Beispiele primär deskriptiver Untersuchungen aus der im
Anhang A veröffentlichten Liste von beispielhaften For-
schungen sind die Arbeiten von WHYTE "Street Corner
Society", LAZARSFELD, JAHODA, ZEISEL "Die Arbeitslosen von
Marienthal", der LYNDs "Middletown" und POPITZ et al.
"Technik und Industriearbeit".

4.1.2 Theorie-testende Untersuchungen

Deskriptive Untersuchungen können, so haben wir gesehen,
nicht auf theoretische Begriffe verzichten (selbst wenn die
theoretischen Bedeutungen häufig implizit bleiben). Die
verwendeten Begriffe haben aber meist einen sehr niedrigen
Allgemeinheitsgrad bzw. sie haben eine relativ diffuse
Alltagsbedeutung. Unterschiedliche Grade der Explizitheit,
mit der theoretische Begriffe verwendet werden, sind daher
einer der wesentlichen Unterschiede zwischen einer deskriptiven und theoretischen Verwendung von Begriffen in Untersuchungen. Die Grenze zwischen beiden Bereichen ist also
fließend. Vieles, was sich als theoretische Untersuchung
ausgibt, besteht bei näherem Zusehen vorwiegend aus Deskription und manche Deskriptionen erweisen sich als hoch
theoretisch, weil sie die Grundlage bilden für neue Entdeckungen in einer Wissenschaft.

Im zweiten Abschnitt wurde bereits kurz eine Charakteri-
sierung von Theorien versucht (vgl. S. 42), ohne daß dort
allerdings eine detaillierte Kennzeichnung vorgenommen
werden konnte. Die Aufdeckung der logischen Struktur von
Theorien ist auch in der Wissenschaftstheorie noch nicht
abgeschlossen. Die durch POPPER eingeleitete "fallibili-
stische Revolution" (SPINNER, 1974, S. 138) geht allerdings
von der Annahme aus, daß Theorien durch die Empirie nie
endgültig bestätigt werden können, sondern daß sie immer
nur mehr oder weniger wahrheitsfähige Entwürfe bleiben.
Auf dieses "mehr oder weniger" kommt es nun aber an und
entsprechend hat sich die wissenschaftstheoretische Dis-

kussion darauf konzentriert, Kriterien zu entwickeln, wie
zwischen (in unterschiedlicher Weise bestätigten) Theorien
ausgewählt werden kann (vgl. MÜNCH, 1972).

Das Hauptproblem besteht dabei darin, daß eine Theorie,
weil sie Universalbegriffe enthält, immer über die beob-
achtbare Erfahrung hinausgeht. Wie kann man nun gleichwohl
im empirischen Forschungsprozeß die Sammlung von Beobachtungen dermaßen gestalten, daß ein Optimum an verallge-
meinerungsfähigen Beobachtungen, solchen nämlich, die über
die unmittelbare und subjektive Beobachtung des Forschers
hinausgehen, zustande kommt? Dazu sind offenbar Anstrengungen von zwei Seiten aus erforderlich: die Wissenschaftstheoretiker müssen die formalen Anforderungen an eine
brauchbare Theorie, die testbar sein muß, präzisieren;
und die Forscher müssen Forschungsanordnungen entwickeln,
mit denen es möglich wird, Prognosen auch über die un-
mittelbaren Beobachtungen hinaus zu machen. Da beide Seiten allerdings in unterschiedlichen Bezugssystemen denken
(formale Logik auf der einen, Probleme der täglichen Forschungspraxis auf der anderen Seite), kommt es zu einer
Vielzahl von Mißverständnissen.

Theorie-testende Untersuchungen setzen zunächst voraus, daß
überhaupt eine Theorie vorhanden ist, die überprüft werden
soll. Wann dabei in den Sozialwissenschaften von einer
Theorie gesprochen werden soll, ist nicht eindeutig, denn
man kann sich dabei mit der Überprüfung einer einzigen
Hypothese begnügen, man kann aber auch das Vorliegen einer
Menge von axiomatisierten Aussagen fordern.

Für die einen bedeutet Theorie (sieht man einmal von einer
Unterscheidung wie der zwischen Theorie der Gesellschaft
und soziologischer Theorie ab, wie sie von R. KÖNIG (1973a,
S. 12 f.) getroffen wurde) ein abstraktes, kohärentes
Aussagensystem über den Totalzusammenhang sozialer Systeme,

zu dessen Erstellung ein umfangreiches begriffliches
Instrumentarium entwickelt werden muß. Für andere ist
der Begriff der Theorie weniger umfassend und bezieht
sich letztlich nur auf einzelne theoretische Sätze (Pro-
positionen, Hypothesen, Gesetze), die erst später zu einem
kohärenten Aussagensystem zusammengefügt werden sollen,
dann nämlich, wenn die einzelnen Sätze jeweils empirisch
überprüft worden sind. Dieser zweite Begriff der Theorie
überwiegt in der empirischen Sozialforschung bei weitem.
Er hat den Vorteil, daß die Verbindung zwischen Theorie
und Empirie direkt ist, wird allerdings mit dem Nachteil
erkauft, daß die theoretischen Sätze häufig nur einen
geringen Allgemeinheitsgrad besitzen, d.h. aus ihnen kann
nur eine relativ geringe Zahl von Folgerungen abgeleitet
werden. Sätze solch einer niedrigen Allgemeinheit haben
auch nur eine niedrige Vorhersagekraft.

Es sind damit sehr unterschiedliche Abstufungen von Theorien vorstellbar, die von R. KÖNIG in vier Gruppen eingeteilt wurden:

> empirische Regelmäßigkeiten
> ad-hoc-Theorien
> Theorien mittlerer Reichweite
> Theorien höherer Komplexität (KÖNIG,1973a,S.4).

Der Wissenschaftstheoretiker wird als im eigentlichen Sinne
"theoretisch" nur die beiden letzten Gruppen ansehen, der
Forscher wird dagegen zu seinem Bedauern immer wieder feststellen müssen, daß er kaum über die zweite Stufe hinaus-
kommt.

Es dürfte weitgehend Einigkeit darüber bestehen, daß Theo-
rieentwicklung und Theorientest ein kontinuierlicher Vorgang ist, wobei eine einzelne Untersuchung in der Regel nur
als ein Teil eines Forschungsprogramms zu denken ist, so
daß in verschiedenen Untersuchungen immer neue Tests der
Hypothesen durchzuführen sind (und auch die Hypothesen

nach voraufgegangenen Ergebnissen zu modifizieren sind,
bzw. zur Erklärung bestimmter Ergebnisse auch Alternativ-
hypothesen zu entwickeln sind). Ein einzelner Theorientest stellt damit einen Sonderfall einer Fallstudie dar,
wie auch immer die Forschungsanordnung im übrigen vom
Normalfall einer Fallstudie abweichen mag. Eine Theorie
kann also erst dann als bewährt gelten, wenn sie in einer
Mehrzahl von Untersuchungen getestet wurde. Es ist festzustellen, daß es derartige Forschungstraditionen in den
Sozialwissenschaften bisher kaum gibt (vgl. auch MÜNCH,
1972, für Anregungen aus der Sicht des Wissenschafts-
theoretikers zur Überwindung der "empiristischen" Forschungspraxis).

Die sogenannte Kontakthypothese, die zuerst von HOMANS in
seinem Buch "The Human Group" aufgestellt wurde, kann als
ein Beispiel dienen für eine solche Theorieüberprüfung.
Sie besagt, daß häufige soziale Interaktion zu positiven
emotionalen Beziehungen zwischen Personen führt. "Wenn
sich die Häufigkeit der Interaktion zwischen zwei und mehr
Personen erhöht, so wird auch das Ausmaß ihrer Zuneigung
füreinander zunehmen, und vice versa" (HOMANS, Theorie
der sozialen Gruppe,1960, S.126). Es gibt verschiedene
Untersuchungen, in denen versucht wurde, diese Hypothese
zu überprüfen. Zwei dieser Untersuchungen wurden im Zusammenhang mit der Erprobung von gemischtrassigen Wohngebieten in amerikanischen Vorstädten durchgeführt (wobei
die Wohneinheiten etwa dem bundesdeutschen sozialen Wohnungsbau entsprachen, vgl. DEUTSCH und COLLINS, 1951
sowie WILNER, WALKLAY, LOOK, 1955, beide aufgeführt in
Anhang A, S. 314). Die erste Untersuchung geht noch nicht
direkt von der Kontakthypothese HOMANS aus, sondern von
einer Menge von fünf Hypothesen, die aber in ihrem Kern
der Kontakthypothese entsprechen. Die zweite Untersuchung
versteht sich als eine Replikation der ersten Untersuchung,
wobei hier aber die theoretischen Ansätze von HOMANS expli-

zit einbezogen werden. In beiden Untersuchungen wird von
der von Sozialpolitikern geschaffenen Situation ausgegangen, in der auf sehr optimistische Art und Weise durch
geplanten sozialen Wandel eine Änderung der Lebensgewohn-
heiten von Menschen (hier also Rassentrennung) vorgenommen
werden sollte. Die erste Untersuchung kam zu weitgehend
positiven Ergebnissen: daß sich nämlich tatsächlich nach
relativ kurzer Zeit ein Kontakt zwischen benachbarten
Mietern herstellte auch bei unterschiedlicher Rassenzu-
gehörigkeit. Die Kontakthypothese wurde in beiden Untersuchungen bestätigt. Interessant war bei beiden Untersuchungen die gewissermaßen strategische Auswahl der Befragten (in beiden Fällen jeweils Hausfrauen). Es wurden
nämlich zunächst einmal ganz gezielt sehr bestimmte Wohngebiete ausgesucht (in der ersten Untersuchung Nachbar-
schaften mit 50-70% farbiger Bevölkerung, in der zweiten
Untersuchung nur ca. 10% farbiger Bevölkerung). Darüber
hinaus wurde aber innerhalb der ausgewählten Nachbarschaft
(Wohngebieten) unterschieden nach Personen, die direkt in
der Nachbarschaft von Farbigen wohnen und solchen, die nur
indirekte Nachbarschaftsbeziehungen mit Andersfarbigen
hatten.

Andere Beispiele von theorie-testenden Studien sind Untersuchungen, die sich mit der Theorie der kognitiven Dissonanz beschäftigten, die von einer Hypothese ausgeht, aus
der singuläres Verhalten abgeleitet werden kann (vgl.
FESTINGER, 1956, Anhang A). Untersuchungen, bei denen wie
hier eine bereits relativ abgesicherte Hypothese verwendet
und getestet wird, sind jedoch relativ selten.

In den bisher genannten Fällen handelt es sich um Hypothesen, die aus der Psychologie stammen. HOMANS beispielsweise ist ein ausgesprochener Reduktionist, er versucht
explizit, Soziologie auf Psychologie zu reduzieren. Wie
steht es nun aber mit theorie-testenden Untersuchungen

in der Soziologie? Die Situation ist hier insofern anders,
als so gut formulierte Theoriestücke wie in der Psychologie kaum zur Verfügung stehen. Aus der allgemeinen Theorie
sozialer Systeme wie bei PARSONS (oder auch LUHMANN) lassen
sich nicht direkt derartige Hypothesen ableiten, es ist
hier jeweils eine mehr oder weniger große interpretato-
rische Anstrengung erforderlich. Es gibt allerdings Einzel-
bereiche, in denen die Situation besser ist, z.B. in der
Kriminologie und der Soziologie abweichenden Verhaltens
(wo neben der Anomietheorie DURKHEIMs die sog. "labeling-
theory" zur Verfügung steht), oder der Organisationssozio-
logie. In derartigen Bereichen gibt es häufig relativ gut
geprüfte Ergebnisse und eine zusammenhängende Forschungstradition, innerhalb derer versucht wird, empirisches
Wissen aber auch theoretische Erklärungsansätze zu akku-
mulieren.

Bei der Anlage von theorie- (bzw. Hypothesen-) testenden
Untersuchungen hat man daher von solchen Traditionen auszugehen. Eine solche Untersuchung ist daher nicht voraussetzungslos, sondern stützt sich auf frühere Arbeiten.
Es wird dann entweder versucht, die vorgefundenen Aussagen
in einer neuen Situation erneut zu überprüfen oder es wird
versucht, Aussagen aus anderen Bereichen zu übertragen.
Ein Beispiel in der ersten Richtung ist das "eherne Gesetz
der Oligarchie" von Robert MICHELS, das von LIPSET u.a.
erneut überprüft wurde - und zwar auf sehr originelle Weise:
indem der Versuch gemacht wurde nachzuweisen, unter welchen Bedingungen dies "Gesetz" nicht zutrifft. Hier lag
also bereits eine ausformulierte Hypothese vor, die für
Parteien und andere politische Institutionen Gültigkeit
haben sollte und die Autoren haben versucht, diese These
einer erneuten Prüfung auszusetzen. Allerdings ist die
Untersuchung in ihrem konkreten Verlauf weitgehend deskriptiv und analytisch.

Ein Beispiel in der anderen Richtung ist dann gegeben,
wenn der Versuch gemacht wird, eine Hypothese etwa aus dem
Bereich der Psychologie auf die Soziologie zu übertragen
oder wenn aus einem Theoriebereich eine These auf einen
anderen Bereich übertragen werden soll. In diesem Fall
handelt es sich also um eine Überprüfung der Theorie unter
veränderten Umständen. Eine Bestätigung führt dann nicht
unbedingt zu einer besseren Absicherung der formulierten
Hypothese, trägt aber zur Vereinheitlichung der Theoriebildung in unterschiedlichen Forschungsschwerpunkten bei.
In beiden Fällen wird aber eine Kumulation von Forschungsergebnissen erreicht.

Die Probleme theorie-testender Untersuchungen werden anschaulich geschildert bei WEEDE, "Weltpolitik und Kriegsursachen im 20. Jahrhundert" (1975), eine empirische Untersuchung zur politischen Soziologie. WEEDE entwickelt darin
eine Theorie zur Erklärung von militärischen Konflikten
zwischen Nationen, wobei er diese Theorie selbst als allenfalls von mittlerer Reichweite bezeichnet und ihren vorläufigen Charakter dadurch betont, daß er für sie den
Ausdruck einer "Prätheorie" verwendet.

"Ziel dieser Arbeit ist die Entwicklung einer Theorie und
deren quantitativ-empirische Überprüfung. Im vorigen Kapitel ist klargestellt worden, wie problematisch Theorien
und Überprüfung in der Kriegsursachenforschung sind. Deshalb
werde ich mich bemühen, die Mängel der vorgeschlagenen Theorie herauszustellen. Der probabilistische Charakter der
Hypothesen und die Datenlage schränken die Falsifizierbarkeit der Hypothesen vielfach ein, so daß hier nicht nur die
Vorläufigkeit der Theorie und der Hypothesen, sondern auch
die Vorläufigkeit der Überprüfung unterstrichen werden
muß." (S. 43)

Diese vielen Einschränkungen sind typisch bei einer empirischen Orientierung.

Begünstigt wird der Theorientest in dem Problembereich von
WEEDE dadurch, daß er die Zahl der verwendeten Variablen
radikal begrenzen kann. Aufgrund früherer Forschungen ent-

schließt er sich nämlich, alle internen Faktoren in den
Nationen für die Kriegsverursachung als irrelevant anzusehen - und kann so hundert von Variablen aus der Untersuchung ausschalten. Begünstigt wird das Vorhaben weiterhin dadurch, daß die abhängige Variable (Krieg) eindeutig
definierbar ist. Dies sind Bedingungen, die in vielen
anderen soziologischen Untersuchungen nicht anzutreffen
sind.

Der theoretische Bezugsrahmen WEEDEs wird auf einem relativ
niedrigen Allgemeinheitsniveau entwickelt, um den Zugang
zu den Daten nicht zu verhindern. Er entwickelt zunächst
sieben Postulate, wie das dritte Postulat:

"Je mächtiger eine Nation ist, desto eher wird sie 'Frieden
durch Stärke' und 'Sicherheit durch Überlegenheit' als
Lösungen des Sicherheitsdilemmas betrachten und damit die
Gegensätze nationaler Sicherheitsinteressen noch ver-
schärfen." (S.56)

Diese Postulate gelten für WEEDE als Theorienzusammenhang,
aus dem dann vier Reihen von Hypothesen abgeleitet werden -
wobei diese Ableitungen nicht formal-logisch geprüft werden.
Die Hypothesen haben natürlich einen niedrigeren Allgemeinheitsgrad als die Postulate und sind deshalb an den verschiedenen Datensätzen direkt prüfbar. Ein Beispiel bietet
die Hypothese KG 2:

"Je mehr Nachbarn eine Nation hat, desto größer ist die
Anzahl ihrer Kriegsgegner" (S. 92).

Diese eine Hypothese kann hier nur als eine Illustration
des Vorhabens von WEEDE stehen. Sein Ansatz wird erst dann
voll verständlich, wenn die Summe der Hypothesen in Betracht gezogen wird.

Es wird bei WEEDE nicht ganz deutlich, inwieweit er seine
Theorie und die abgeleiteten Hypothesen vor der Datenerhebung und Datenerfassung aufgestellt hat - dies ist zwar
für das Ergebnis der Untersuchung und für denjenigen, der
die Untersuchung replizieren möchte, letztlich unerheblich.
Dennoch hilft eine vorherige Erarbeitung des theoretischen

Bezugsrahmens die Vermeidung von ad-hoc Erklärungen. Solche
ad-hoc Erklärungen sind deshalb unerwünscht, weil sie ein
Element der Beliebigkeit in den Prozeß der Theorieprüfung
hineinbringen, so daß nicht mehr unterscheidbar wird, inwieweit die Hypothesen unabhängig von den speziellen Daten
des Forscher gelten können. Solche ad-hoc Erklärungen
können damit nur eine Geltung für diese eine Untersuchung
beanspruchen, haben aber keine Verallgemeinerungsfähigkeit
auf andere Situationen. Diese muß dann erst durch weitere
Untersuchungen (Replikationen) hergestellt werden.

4.1.3 Analytische Untersuchungen

Im Gegensatz zu theorie-testenden Forschungen zeichnen sich
analytische Untersuchungen durch eine quasi-induktive Orientierung aus. Quasi-induktiv soll sie genannt werden, weil
in der Regel nicht beansprucht wird, daß aufgrund der
Forschungsergebnisse allgemeine Gesetzmäßigkeiten induktiv
erschlossen werden sollen, sondern daß nur beansprucht
wird, daß die durch die Forschung gewonnenen Aussagen unter
bestimmten Bedingungen auch auf andere Situationen übertragen werden können. So kann bei der Verwendung einer
nach wahrscheinlichkeitstheoretischen Grundsätzen ausgewählten Stichprobe in bestimmten Grenzen von Merkmalswerten
der Stichprobe auf Merkmalswerte der Grundgesamtheit geschlossen werden,oder es kann etwa durch einen Signifikanz-
test berechnet werden, mit welcher Wahrscheinlichkeit eine
Beziehung zwischen zwei Variablen (wie sie etwa in einer
Tabelle dargestellt sein kann) rein zufällig zustande gekommen ist, also keine echte Beziehung darstellt.

Analytische Untersuchungen setzen damit zunächst einmal
eine deskriptive Orientierung voraus, gehen aber darüber
hinaus, indem entweder beansprucht wird, daß den Aussagen
eine mittels statistischer Schlußverfahren gesicherte Geltung zukommt und/oder daß die Ergebnisse der Untersuchung
in ein Kausalmodell einmünden, daß also die Datenanalyse

zur Theoriefindung eingesetzt werden soll, ohne explizit
den Test von Theorien anzustreben. Beides wird bei analytischen Untersuchungen in der Regel kombiniert. Sie sind
mithin dadurch gekennzeichnet, daß sie zunächst Repräsentativität anstreben, darüber hinaus aber in der Regel auch
beanspruchen, daß die aufgefundenen Beziehungen zwischen
den verwendeten Variablen verallgemeinerungsfähig sind.
Beides ist jedoch nicht deckungsgleich. Vom methodologischen Rigorismus wird dieser Typ von Forschung in der Regel
vernachlässigt. Die Forschungspraxis zeigt jedoch, daß
die überwiegende Zahl soziologischer Erhebungen zu dieser
Gruppe zu rechnen ist.

Ein Kennzeichen von analytischen Untersuchungen ist also,
daß sie in der Regel repräsentativ angelegt sind, daß die
Ergebnisse der Untersuchung Gültigkeit anstreben für eine
Klasse von Personen (oder anderen ausgewählten Einheiten),
die umfangreicher ist als die untersuchte Auswahl. Die
auf dem Prinzip der Wahrscheinlichkeitsauswahl beruhenden
Stichprobenverfahren und ihre weniger statistisch rückver-
bundenen Ableger haben es damit möglich gemacht - das
wurde bereits in dem Abschnitt über Auswahlverfahren betont -, daß das ältere Verfahren der Enquête auf eine
gesichertere Basis gestellt wurde, so daß der methodische
Fehler, mit dem Aussagen gemacht werden, überhaupt erst
berechenbar gemacht werden konnte - und damit kontrollierbar wurde.

Analytische Untersuchungen sind weiterhin dadurch gekenn-
zeichnet, daß Grundgesamtheit, Auswahleinheit und Analyse-
einheit sorgfältig definiert sind, wobei Auswahl- und
Analyseeinheit in der Regel zusammenfallen. In älteren
Untersuchungen war es zum Zwecke der methodologischen
Sauberkeit erforderlich, daß nur eine Analyseebene in eine
Untersuchung aufgenommen wurde. Dies hat allerdings dazu
geführt, daß sich das Forschungsinteresse weitgehend auf

die Untersuchung der Einstellung von Individuen konzentrierte, die soziologische Forschung somit eine weitgehende sozialpsychologische Orientierung erhielt. Erst mit der Einführung großer Datenanalysekapazitäten ist es möglich geworden,mehrere Analyseebenen zusammenzubringen und in einer Mehrebenenanalyse jeweils eine Datenebene in einen oder mehrere unterschiedliche soziale Kontexte zu stellen. Eine Kontextanalyse ist somit die einfachste Form der Mehrebenenanalyse, nämlich eine Zweiebenenanalyse, wobei die eine Ebene in der Regel aus Individuen besteht, die andere Ebene aber aus Merkmalen von Institutionen, Organisationen oder Gruppen besteht, denen diese Individuen angehören. Ein Beispiel wäre eine Untersuchung von Schülern, wenn die Merkmale der einzelnen Schüler in Verbindung gesetzt werden zu Merkmalen der Schulklassen, denen die Schüler angehören, wie etwa Größe der Klasse, Notendurchschnitt, Gruppenklima, usw.

Die meisten der von LAZARSFELD in den USA geleiteten Erhebungen können als Modelle für analytische Untersuchungen angesehen werden, vor allem "The Peoples Choice", "Personal Influence" und "The Academic Mind" (deren Kurzbeschreibungen in Anhang A zu finden sind). Die Untersuchungen sind zunächst dadurch gekennzeichnet, daß sehr sorgfältige Stichproben aus den Untersuchungsgesamtheiten gezogen wurden und diese Populationen eindeutig abgegrenzt wurden. Obwohl es sich bei allen drei Studien in der Datenerhebung um persönliche Interviews handelt, ist die Themenvariation sehr groß: Wahlverhalten und seine Veränderung, bzw. Stabilität im Verlaufe eines Wahlkampfs war das Thema der ersten Untersuchung, Konsumverhalten von Personen im alltäglichen Verhalten und seine Beeinflussung durch die Umwelt, vor allem durch Massenmedien und den persönlichen Verkehrskreis der Personen war das Thema der zweiten Untersuchung und Thema der dritten Studie waren die politischen Einstellungen von Hochschullehrern und deren "Besorgtheit"

in einer besonderen politischen Krise. Gemeinsam ist den
beiden ersten Untersuchungen, daß jeweils das Entscheidungs-
verhalten von Personen und deren Beeinflussung durch das
unmittelbare Netz der sozialen Beziehung im Mittelpunkt
standen. Keine der Untersuchungen arbeitet mit einer expliziten Theorie, deren Hypothesen vor Beginn der Untersuchung
vorformuliert waren, dennoch gehen alle diese Untersuchungen weit über die reine Deskription hinaus, weil in der
Analyse der Daten eine Vielzahl von Zusammenhängen nachgewiesen werden, die zur Formulierung von empirischen
Regelmäßigkeiten geführt hat. Durch die Kombination von
wissenschaftlich "interessanter" Problemstellung, einer
exemplarischen Forschungsanordnung und durch virtuose Hand-
habung der damals verfügbaren analytischen Methoden der
Datenverarbeitung wurden diese Untersuchungen daher beispielhaft. Dies bleiben sie selbst dann, wenn durch die
Weiterentwicklung der Forschungstechniken eine direkte
Replikation dieser Untersuchungen heute wenig sinnvoll
wäre.

Besonders wichtig in diesem Zusammenhang ist die Weiterentwicklung der Datenanalyse. Die Zweivariablenanalyse mit
Kontrolle einer Vielzahl von Drittfaktoren stand dabei
zunächst im Mittelpunkt des Interesses und ist eine
Neuerung, die zuerst von LAZARSFELD und seinen Mitarbeitern gemeistert wurde. Dies bedeutet zusammen mit der
Einführung von Skalen zur Messung komplexer und latenter
Eigenschaften einen erheblichen Fortschritt gegenüber
früherer Forschung.

Die Weiterführung und Erweiterung der analytischen Verfahren ist vor allem mit den Namen James S. COLEMAN und Hubert
M. BLALOCK verbunden, die wie LAZARSFELD eine mathematische Ausbildung haben und so in der Lage sind, die mathe-
matischen Probleme beim Umgang mit den verfügbaren Datenmassen der empirischen Forschung in den Griff zu bekommen.

Dazu gehören die Analysen von Netzwerken von Personen
(wie sie durch soziometrische Fragen erhoben werden können), Probleme der Mehrebenenanalyse, empirische Verfahren
der Klassifikation, die sich daraus ergeben, daß Klassifikationen heute nicht mehr vor der Verkodung vorgenommen
werden müssen, und vor allem die Weiterentwicklung der
bivariaten Analyse zur multivariaten Analyse, die zur Konstruktion von Kausalmodellen auf korrelations-statistischer
Grundlage dienen kann. Dem Begriff der Theorie wird dabei
eine neue Bedeutung gegeben, vor allem von BLALOCK, er
bezieht sich nicht mehr im Sinne der Wissenschaftstheorie
POPPERs auf die Setzung von Behauptungen, die anschließend
zu prüfen sind, sondern der Begriff der Theorie bezieht
sich auf ein umfassendes möglichst formalisiertes Variab-
lenmodell (so etwa bei BLALOCK, Theory Construction: From
Verbal to Mathematical Formulations, 1969).

In COLEMANs Untersuchung "The Adolescent Society" (vgl.
Anhang A) wurden an zehn ausgewählten Schulen, die sich in
zehn verschiedenen amerikanischen Städten befanden, die
Schüler einzelner Klassen und Cliquen von Schülern untersucht, so daß in dieser Untersuchung Daten analysiert wurden, die vier unterschiedlichen Ebenen angehören. In WHYTEs
Untersuchung "Street Corner Society" in der ein teilnehmender Beobachter ein komplexes soziales System möglichst
ganzheitlich erfassen wollte, kam es noch nicht zu einer
analytischen Unterscheidung von sozialen Ebenen. In der
quantitativ verfahrenden Forschung ist es jedoch ein erheblicher Fortschritt, wenn von dem überwiegenden Ein-
ebenenmodell abgegangen werden kann. Es liegt auf der Hand,
daß die analytischen Probleme derartiger Untersuchungen sehr
kompliziert und noch keineswegs geklärt sind.

Es fällt schwer, analytische Untersuchungen zusammenfassend
zu kennzeichnen, da sehr Unterschiedliches damit gemeint
sein kann (im wesentlichen: Einebenenuntersuchungen mit

komplexer Datenanalyse, Kontextanalysen und vor allem
Mehrebenenanalysen). Sie sind teils deskriptiv, teils
theoretisch orientiert, wobei Theorie eher im Sinne der
Modellkonstruktion zu verstehen ist. In der Deskription
gehen sie über die normale Alltagsbeobachtung hinaus und
verwenden entweder Skalen oder Tests, um latente Einstellungen oder Eigenschaften von Personen bloßzulegen
oder verwenden Verfahren wie die Soziometrie und daraus
abgeleitete Netzwerkanalysen, um Eigenschaften sozialer
Gruppierungen zu erfassen. Die theoretische Orientierung
analytischer Untersuchungen ergibt sich daraus, daß die
Vielzahl der erhobenen Daten eine multivariate Zusammen-
hangsanalyse erfordert, die zumindest die empirischen
Regelmäßigkeiten der Untersuchungsdaten herausarbeitet.
Auf dieser Basis kann es dabei durchaus auch nachträglich zu einem expliziten Theorieentwurf kommen.

Die Unterscheidung in deskriptive, theorie-testende und
analytische Untersuchungen haben wir nach dem Grad der
Theorie-Gelenktheit einer Untersuchung vorgenommen und
nach dem Grad der Adäquanz an den Forschungsgegenstand.
Deskriptive Untersuchungen wollen dem Forschungsgegenstand
möglichst nahe kommen, sie wollen um allen Preis ein
Höchstmaß an Übereinstimmung mit der Wirklichkeit. Dies
geht aber in der Regel auf Kosten der Allgemeinheit und
der Verallgemeinerungsfähigkeit der Untersuchungsergebnisse. Theorie-testende Untersuchungen setzen diese prognostische Fähigkeit, die Fähigkeit der Erklärung von Sachverhalten als Ziel voraus, müssen aber zu diesem Zweck die
Zahl der Variablen und die Variabilität der Variablen
einschränken, was ein Element der Spekulation in den
Forschungsprozeß hineinbringt. Analytische Untersuchungen
versuchen einen Mittelweg zwischen diesen beiden Extrem-
punkten, wobei aber noch nicht geklärt ist, ob sie damit
im Endeffekt erfolgreicher sein werden als die beiden
anderen Modelle. In den Sozialwissenschaften wird dieser

Ansatz durch die Vielzahl der relevanten Variablen und
durch ihre Interdependenz begünstigt.

4.2 Typen von Untersuchungen II:
Fallstudie, Experiment, Erhebung

Im folgenden soll der Forschungsprozeß von einem anderen
Blickwinkel betrachtet werden. Bei der Unterscheidung in
Fallstudie (früher meist als Einzelfallstudie bezeichnet),
Erhebung und Experiment steht mehr als bisher die Methodik
der Vorgehensweise bei der Datenerhebung im Vordergrund.
Ähnlich wie im vorhergehenden Abschnitt läßt sich in der
Fallstudie diejenige Methode sehen, die sich möglichst
eng an den Gegenstand anschmiegt. Das Experiment versucht
demgegenüber viel rigoroser, theoretische Postulate einzu-
lösen und setzt Genauigkeit und Exaktheit von Messungen
voraus. Das in der Sozialforschung häufigste Verfahren,
die Erhebung, und ihre zahlreichen Varianten steht wieder
zwischen diesen beiden Polen.

4.2.1 Die Fallstudie

Die Fallstuide (case study, früher in Deutschland häufig
als Einzelfallstudie übersetzt; es erscheint aber adäqua-
ter, von Fallstudie zu sprechen), geht in der Regel von
einzelnen als (theoretisch) interessant erachteten Fällen
aus und versucht diese möglichst vollständig zu beschreiben. Fallstudien sind daher meist deskriptiv angelegt. Es
gibt jedoch Ausnahmen: wenn nämlich versucht werden soll,
durch die Analyse eines Falles, der zu einer bestimmten
Theorie in Widerspruch steht, diese ganze Theorie zu falsifizieren. In dieser Situation lassen sich mit einer Fallstudie auch Theorien testen. Derartige Fallstudien sind
allerdings recht selten (ein prominentes Beispiel ist die
bereits erwähnte Untersuchung von LIPSET u.a. über eine
Gewerkschaft, die das eherne Gesetz der Oligarchie von

MICHELS nicht zu erfüllen schien).

Der Ausdruck Fallstudie wird hier deswegen gegenüber dem
Ausdruck Einzelfallstudie bevorzugt, weil die ausgewählten Fälle auf unterschiedlichen Ebenen der Analyse angesiedelt sein können. Eine der folgenschwersten Entscheidungen bei sozialwissenschaftlichen Untersuchungen bildet ja
immer die Auswahl der Einheit der Analyse für eine Untersuchung. Solche Einheiten können sein: Personen oder gewissermaßen subpersonale Einheiten wie etwa soziale Rollen.
Einheit der Analyse sind aber in der Soziologie vorzugs-
weise überpersonale Einheiten, nämlich Institutionen,
Gruppen, Organisationen, Gesellschaften, also soziale
Systeme im weitesten Sinne. Fallstudien von derartigen
überpersonalen Einheiten schließen natürlich Auswahlpro-
bleme der in diesen Systemen untersuchten Personen ein.

Ein Dilemma der Soziologie besteht darin, daß ihre Einheiten zwar überpersonale Einheiten sind, daß diese sich
aber immer aus Personen zusammensetzen und Auskünfte über
diese Einheiten letztlich immer nur über Personen eingeholt
werden können. Aus diesem Grunde erscheint manchen Beobachtern die Gesellschaft ausschließlich aus mehr oder
weniger atomisierten Individuen zusammengesetzt, nicht
aber aus sozio-kulturell gebundenen Personen. Fallstudien
können daher auf ganz unterschiedlichen Ebenen angesiedelt
sein, in der Soziologie behandeln sie nur selten einzelne
Personen.

Worin bestehen nun überhaupt die Vorteile von Fallstudien,
in welchen Situationen sind sie anzuwenden und wie sind sie
durchzuführen? Oder: negativ ausgedrückt: wieso werden Fallstudien in der letzten Zeit wieder häufiger gefordert (etwa
in der Wissenschaftsforschung), warum sind sie nicht längst
aus der Wissenschaft verbannt worden?

Hauptvorteil von Fallstudien ist ihre große Flexibilität.
Sie erscheinen immer dann erwünscht, wenn über einen Gegenstandsbereich nur relativ geringe Kenntnisse bestehen, wenn
es also im Grunde erst um die Suche nach einem theoretischen
Ansatz geht (wie etwa bei WHYTE "Street Corner Society").
Oder aber, wenn der Untersuchungsbereich so komplex und
heterogen ist, daß man lieber eine detaillierte Untersuchung anstellt, deren Generalisierbarkeit fraglich ist,
als eine exakte Erhebung, die zwar repräsentativ und quantitativ angelegt ist, aber nur über Trivialitäten berichtet. Einzelfallstudien sind in der Regel daher keine quanti-
fizierenden Untersuchungen.

Für die Durchführung von Fallstudien gibt es (auch in Lehrbüchern) nur relativ wenige Kunstregeln. Eines der Hauptprobleme dürfte allerdings darin bestehen, wenn es sich um
eine Befragung oder eine Beobachtung handelt, die vom
Untersucher ausgehenden (sog. reaktiven) Effekte möglichst
niedrig zu halten. Um sich Zugang zu der Zielgruppe oder
Zielorganisation zu verschaffen, sind daher mehr oder weniger verdeckte Kontakte mit den Zielpersonen erforderlich
(wie in der Untersuchung von FESTINGER et al. "When Prophecy Fails"). Befragungen bzw. teilnehmende Beobachtungen
reichen jedoch für eine Fallstudie häufig nicht aus, sondern es muß nach anderen Arten von historischen Dokumenten und Aufzeichnungen gesucht werden (wie vor allem bei
"Union Democracy" von LIPSET et al.). Dazu ist häufig ein
geradezu detektivischer Spürsinn erforderlich.

Die Soziologie ist neuerdings wieder in Gegenstandsbereiche aufgebrochen, die mit dem klassischen methodischen
Arsenal (vor allem Experiment und Erhebung) nur schwer zu
behandeln sind, nämlich entweder Institutionen und Organisationen oder aber historisch weit zurückreichende Prozesse. So werden beispielsweise in der Wissenschaftsforschung Fallstudien zur Wissenschaftsentwicklung durchge-

führt, weil Wissenschaft ein so hochkomplexes Gebilde ist,
daß man mit Erhebungen bestimmte Erscheinungen nicht erfassen kann. Ähnlich steht es mit Organisationen oder mit
institutionalisiertem Verhalten, z.B. im politischen Prozeß. Die Untersuchungen von Entscheidungsverläufen (wie
z.B. der "decision-making approach" in der Untersuchung
von gemeindlichen Machtstrukturen) verlangt damit nach
solchen Fallstudien, wobei Einheit der Analyse hier weder
eine Gruppe, Person oder Institution ist, sondern ein bestimmter Entscheidungsprozeß. In der Wissenschaftsforschung wird zunehmend ein Projekt oder ein Forschungsprogramm als Einheit der Analyse ausgewählt und es sollen beispielsweise die sozialen Bedingungen der unterschiedlichen
Wirksamkeit von Forschungsprozessen untersucht werden.

4.2.2 Das Experiment

Unter allen Untersuchungstypen ist das Experiment derjenige
Typ, der für die Überprüfung von Kausalhypothesen am besten
geeignet ist. Dennoch wird das Experiment in der Soziologie nur sehr selten durchgeführt. Wie erklärt sich diese
Diskrepanz? Sie erklärt sich nahezu aus den gleichen Gründen, aus denen Fallstudien noch immer befürwortet werden,
nämlich aus der großen Komplexität des sozialwissenschaftlichen Gegenstandsbereichs, der es nur selten erlaubt,
isolierte Variablenpaare in einer deterministischen Kausal-
beziehung zu verbinden. Dies soll bei Experimenten jedoch
angestrebt werden.

Wesentliches Element der experimentellen Methode ist, daß
zwei Faktoren möglichst vollständig isoliert werden, um
so die Wirkung des einen Faktors auf den anderen zu untersuchen. Die Eliminierung aller Störfaktoren erfolgt in
der Regel durch künstliche Manipulation des Forschers. Nur
sehr selten lassen sich allerdings in der Natur oder im
sozialen Leben Faktoren derart isolieren, daß von einem
gewissermaßen natürlichen Experiment gesprochen werden

kann. Soziale Reformen oder die Einführung von Neuerungen beispielsweise in Organisationen können als experimentelle Stimuli betrachtet werden (vgl. CAMPBELL, 1969), die im Prinzip so untersucht werden können, wie ein experimenteller Stimulus in einer Laborsituation, wenn es gelingt, Störgrößen so zu isolieren, daß die Wirkungen der Einführung der Veränderung unverzerrt zu beobachten sind. In einer "natürlichen" Umgebung ist eine solche Isolierung von Faktoren jedoch nur selten möglich, so daß Untersuchungen in einer solchen natürlichen Umgebung derartige Einflußmöglichkeiten nicht vollständig ausschließen können.

Wegen dieser Probleme sind viele Naturwissenschaften in der Regel dazu übergegangen, Experimente überwiegend im Laboratorium durchzuführen, da dann Störgrößen besser zu kontrollieren und zu eliminieren sind. Laborexperimente setzen allerdings wegen der Künstlichkeit ihres Ablaufs voraus, daß es sich bei den Faktoren, die für die Untersuchung ausgewählt werden, um relevante Faktoren handelt, deren Auswahl nur aufgrund von theoretischen Vorüberlegungen geschehen kann. Da sich aber in der Soziologie nach unserem bisherigen Wissen eine Vielzahl von Faktoren jeweils gegenseitig bedingen, erscheint häufig eine Eliminierung dieser Faktoren als willkürlich. Künstliche Experimente sind daher bislang in der Soziologie extrem selten, sondern werden vor allem in der Sozialpsychologie und der Kleingruppenforschung angewendet. Prinzipiell müßten sich jedoch auch in der Soziologie künstliche Experimente durchführen lassen. Dazu ist allerdings Voraussetzung, daß die Entwicklung des theoretischen Bezugsrahmens soweit gediehen ist, daß daraus sowohl Kausalhypothesen ableitbar sind über die Wirkungen des experimentellen Faktors als auch darüber, inwieweit durch die Künstlichkeit der Versuchsanordnungen Verzerrungen der Ergebnisse erfolgen.

Die Eliminierung von Störgrößen ist damit das entschei-
dende Moment bei Experimenten.Zu dieser Eliminierung sind
eine große Vielzahl von unterschiedlichen Forschungsanordnungen entwickelt worden (vgl. ZIMMERMANN, "Das Experiment
in den Sozialwissenschaften", Teubner Studienskriptum zur
Soziologie, Bd. 37, 1972, Kap. 8. Das Buch enthält ein
ausführliches Literaturverzeichnis.). Die wichtigsten
Möglichkeiten zur Eliminierung solcher Störgrößen sind:
1. Die Einführung eines Zeitvergleichs (die Messung der
abhängigen Variablen wird vor und nach der Einführung des
experimentellen Faktors (d.h. der unabhängigen Variablen)
durchgeführt.
2. Die Einführung einer experimentellen und einer Kontrollgruppe (es wird zur Kontrolle externer Faktoren eine Gruppe
eingeführt, die dem experimentellen Stimulus nicht ausgesetzt wird. Damit bei der Auswahl dieser Gruppe keine
unkontrollierten selektiven Faktoren eingeführt werden,
kann eine Randomisierung erfolgen, d.h. die Verteilung auf
die beiden Gruppen erfolgt zufällig).
3. Schließlich ist das dritte große Problem des Experimentierens die Kontrolle von Effekten, die vom Forscher selbst
ausgehen. Um diese zu vermeiden, werden häufig sog. Doppelblindtests durchgeführt (vor allem in der Medizin), d.h.
der Forscher delegiert die Datenerhebung an eine Person,
die die konkreten Hypothesen der Untersuchung nicht kennt.
Dies ist deshalb notwendig geworden, weil vom Forscher in
der Regel sehr subtile Einflüsse auf die Versuchspersonen
in Richtung auf das gewünschte Ergebnis ausgehen, die die
Ausgangshypothese verfälschen.

Je nach dem Ausmaß der Kontrolle über diese drei Kontroll-
dimensionen können nun ganz unterschiedliche experimentelle
Versuchsanordnungen entwickelt werden. Diese Anordnungen
sind in dem Studienskriptum von ZIMMERMANN detailliert
beschrieben worden. Die "klassische" Versuchsanordnung
ist dabei diejenige, in der Messungen sowohl vor - als

auch nach Einführung des Stimulus durchgeführt werden
und in der neben der Experimentalgruppe auch eine Kontrollgruppe untersucht wird, wobei allerdings beide Gruppen der-
selben Grundgesamtheit entstammen müssen. Eine soziologische
Untersuchung, in der diese Versuchsanordnung verwirklicht
wurde, ist die Studie von HYMAN, WRIGHT und HOPKINS (vgl.
Anhang A), die von den Autoren als eine Evaluierungs-
Untersuchung bezeichnet wird.

Evaluierungs-Untersuchungen sind dem Modell nach der experimentellen Methode nachgebildet, denn es geht hier in der
Regel darum, daß soziale Reformen und Programme auf ihre
Auswirkungen hin untersucht werden sollen. Die methodologischen Ausführungen zur Evaluierungsforschung betonen in
der Regel diese Verwandtschaft zum Experiment (SUCHMAN,
1967, WEISS, 1972, von ALEMANN, 1976).

Experimente setzen somit eine genau formulierte Hypothese
voraus und zu ihrer Durchführung ist eine "Manipulation"
des Forschungsgegenstandes erforderlich (selbst wenn diese
Manipulation wie beim "natürlichen Experiment" im wesentlichen passiv ist). Aus beiden Gründen wird das Experiment
noch immer nur sehr selten in den Sozialwissenschaften
verwendet. Neben rein technischen Schwierigkeiten und
ethischen Problemen ist es vor allem die Kontingenz sozialer Tatbestände, die den Einsatz von Experimenten beschränkt,
nämlich die Eigenschaft vieler sozialer Erscheinungen weder
deterministisch noch zufällig zu verlaufen, sondern sich
in vielfacher Weise zu bedingen, so daß Kausalhypothesen
als einfache "wenn-dann" Aussagen nur unter Verlust einer
Vielzahl von Randbedingungen formuliert werden können und
deshalb meist nur recht triviale Prozesse erfassen.

4.2.3 Die Erhebung

Erhebungen sind der in den Sozialwissenschaften am häufigsten verwendete Forschungstyp. Ihr methodologischer Status
ist allerdings noch immer recht unklar geblieben. So haben
sich eher Kunstlehren entwickelt als eine gültige Methodologie (wie das beim Experiment der Fall ist). Neuerdings
erfolgen die wichtigsten Entwicklungen in der Erhebungs-
methodik auf dem Gebiet der Datenanalyse (weitgehend mittels
großer elektronischer Datenverarbeitungsanlagen, vgl.
SCHEUCH, 1973a).

Der Begriff der Erhebung ist in sich sehr vielfältig:
Enquête, Umfrageforschung, Survey, usw. sind Bezeichnungen die etwas durchaus ähnliches bezeichnen. Es sind also
eine Vielfalt von Erscheinungsformen, die in diesem Kapitel
behandelt werden müssen.

Erhebungen zielen ab auf die Erfassung und Beschreibung
von wohldefinierten aber relativ umfangreichen Tatbeständen
im sozialen Bereich, die verallgemeinerungsfähig sind. Sie
sind daher zunächst auf Deskription und Informationsvermittlung hin ausgerichtet. Ihr analytisches Potential ent-
falten sie in der strategischen Auswahl des Forschungsgegenstandes (ähnlich wie die Fallstudie) und bei der Analyse
der Daten.

Die normale soziologische Erhebung befaßt sich nur mit
Ausschnitten aus der sozialen Wirklichkeit, die dann allerdings mit einer gewissen Breite behandelt werden. Die
ersten Erhebungen wurden unter der Bezeichnung Enquête
gegen Ende des 19. Jahrhunderts durchgeführt. Zu nennen
sind Charles BOOTH und die monumentalen Untersuchungen
über Arme in London, deutsche Untersuchungen über die Lage
polnischer Fremdarbeiter in den Ostgebieten des Deutschen
Reiches, die Anpassung und Auslese von Industriearbeitern,
und andere, die in Deutschland in der Mehrzahl vom Verein

für Socialpolitik entwickelt wurden. An beiden genannten
deutschen Enquêten hat übrigens Max WEBER mitgewirkt. Bei
Enquêten überwiegt das deskriptive Element. Von späteren
Surveys unterscheiden sie sich hauptsächlich dadurch, daß
die Auswahlverfahren noch nicht entwickelt waren. Die Verallgemeinerungsfähigkeit (Repräsentativität) von Enquêten
ist daher grundsätzlich ungeklärt. (Zur Geschichte der
frühen Enquêten in Deutschland vgl. vor allem A. OBER-
SCHALL, 1965).

Es gibt mehrere unterschiedliche Arten der Durchführung
von Enquêten. Die eine besteht in einer Befragung - wobei
man sich im Grunde meist an das schon früh entwickelte
Modell der Volkszählungen hält und in einer bestimmten
Zielpopulation mit einem mehr oder weniger geschulten Inter-
viewerstab Befragungen durchführt oder auch Fragebögen
verteilt. Dabei wird vorausgesetzt, was heute selbstverständlich erscheint, früher aber problematisch war: daß
die überwiegende Mehrzahl der Bevölkerung lesen und
schreiben kann. Eine Kontrolle des Fragebogenrücklaufs,
d.h. der Repräsentativität und der Befragungssituation fand
dabei in der Regel nicht auf einem sehr hohen Niveau statt.
Die Beeinflussung der Befragten durch die Befrager dürfte
daher in aller Regel sehr groß gewesen sein.

Die zweite Art der Durchführung von Enquêten besteht darin,
die Erhebungsarbeiten auf eine größere Zahl von Enquêteuren
zu verteilen. Früher waren das meist Verwaltungsbeamte,
Personen also, die selbst "vor Ort" mit sozialen Problemen
zu tun hatten und die darüber hinaus von Amts wegen gehalten waren, Protokolle ihrer Tätigkeit und ihrer Besuche
anzufertigen. Fragebögen lassen sich dann als die Standardisierung dieser Tätigkeiten auffassen und waren mit den
sonstigen Tätigkeiten dieser Personen leicht verträglich.

Neuerdings hat die Deutsche Gesellschaft für Soziologie
wieder auf diese Form von Enquêten zurückgegriffen, nämlich
in den beiden Enquêten zur Lage der Forschung und zur Lage
der Lehre in der Soziologie. In beiden Fällen wurden die
Erhebungen von Enquêteuren, die mit der Lage ihres Faches
vertraut waren, durchgeführt - mit einem teilweise standardisierten Erhebungsleitfaden (LUTZ, 1975, NEIDHARDT, 1976).
Bei der neuerlichen Anwendung von Enquêten handelt es sich
nicht um eine methodologische Nostalgie, sondern diese
Form der Datensammlung wurde deshalb genutzt, weil bei
jeder einzelnen Untersuchungseinheit (Forschungsinstituten
und Seminaren) strittig sein konnte, ob sie in die Grundgesamtheit aufgenommen werden sollte oder nicht. Eine
Befragungsaktion mit nur oberflächlich geschulten Interviewern schied daher von vornherein aus. Andererseits
wollte man nicht eine schriftliche Befragung durchführen,
weil man nicht nur reine Sachfragen klären wollte, sondern
auch spezifische Probleme zur Lage der Forschung erfassen
wollte, was nur von fachlich versierten Enquêteuren geleistet werden konnte. Zur gleichen Zeit wurde übrigens
auch eine schriftliche Befragung bei Forschungsinstituten
durchgeführt, die mehr dem Modell einer Erhebung entsprach
(vgl. v.ALEMANN, 1975).

Es scheint, daß dieses zweite Modell der Enquête auch heute
noch eine gewisse Nützlichkeit besitzen kann. Die erste
Form der Enquête dürfte allerdings in der Erhebung aufge-
gangen sein, die ein wesentlich präziseres Instrument darstellt. Die zweite Art der Durchführung von Enquêten läßt
sich auch als systematische Koordination von Fallstudien
kennzeichnen.

In der ersten Hälfte dieses Jahrhunderts wurde die Enquête
durch die Anwendung statistischer Methoden zur Erhebung
(survey) ausgebaut. Die statistische Methode war die von
Zufallsauswahlen, durch die es erstmals ermöglicht wurde,

zuverlässig von einer bestimmten Stichprobe auf eine
Grundgesamtheit zu schließen. In der früheren Sozialforschung war man entweder genötigt, eine Totalerhebung durchzuführen, wenn man präzise Aussagen über eine Gesamtheit
(z.B. Bevölkerung des Deutschen Reiches)machen wollte -
oder man mußte auf diese Repräsentativität ganz verzichten. Mit der Verfügbarkeit von Zufallsstichproben, die
hinreichend präzise Aussagen über die Grundgesamtheit erlauben (hinreichend im Sinne von: mit einem berechenbaren
Fehler behaftet), lassen sich nun deskriptive Aussagen
machen ohne Rückgriff auf Totalerhebungen. Volkszählungen
verlieren so an Bedeutung. Gleichzeitig wird die Erhebung
auf beliebige Bereiche ausgedehnt, in denen es relevant
erscheint, Einstellungen der Bevölkerung zu erfassen. Es
kann hier nicht im Einzelnen die Entwicklung der Repräsen-
tativerhebung nachgezeichnet werden, auch die Theorie der
Stichprobe kann nicht dargestellt werden (zu letztem vgl.
F. BÖLTKEN "Auswahlverfahren", Teubner Studienskripten zur
Soziologie, Bd. 38, 1976). Es soll jedoch nachdrücklich
betont werden, daß die Entwicklung der repräsentativen Erhebung (Theorie der Stichprobe und des Auswahlfehlers) einen
ganz bedeutenden Meilenstein in der Geschichte der Sozialforschung darstellt, der nicht etwa zugunsten einer rein
theoretischen Relevanz vernachlässigt werden kann, und daß
es entsprechend zum Handwerkszeug eines jeden Sozialwissenschaftlers gehören muß, die Voraussetzungen der
Auswahltheorie zu beherrschen und selbst Auswahlpläne zu
entwerfen.

Die Bedeutsamkeit der Stichprobentheorie wird möglicherweise dadurch trivialisiert, daß Stichprobenerhebungen in
der Markt- und Meinungsforschung in einer relativ gleich-
förmigen Weise praktiziert werden. Die Trivialität beruht
darauf, daß in diesen Fällen die Grundgesamtheit (die Bevölkerung eines Landes) und die Auswahleinheit (Individuen
als Einwohner des Landes) leicht zu ermitteln sind - zu-

mindest in einem Land mit einem perfekt ausgebauten Meldesystem wie der Bundesrepublik.

Grundgesamtheit und Auswahleinheit einer Untersuchung
können aber weitaus schwieriger abzugrenzen sein: wenn es
sich um Personen handelt, von denen ein Teil in der Illega-
lität lebt (z.B. Gastarbeiter, Kriminelle, usw.) oder die
so marginal eingestuft werden, daß sie kaum als Mitglieder der Gesellschaft gelten (früher vor allem Bettler
und Sieche, heute Nichtseßhafte, Süchtige) oder wenn ein
Sozialsystem noch nicht über ein ausgebautes Meldesystem
verfügt, bzw. dies Meldesystem nur Teile der Bevölkerung
erfaßt (wie in den Entwicklungsländern, auch in diesen
Fällen sind es meist Randgruppen, die kaum zu erfassen
sind, z.B. die Bevölkerung der Streusiedlungen am Rande
der großen Städte oder bestimmte Rückzugsgesellschaften
auf dem Lande).

In den Sozialwissenschaften werden neben Personen zunehmend
auch andere soziale Einheiten untersucht, nämlich Organisationen (z.B. Wirtschaftsbetriebe, Verwaltungen), Gruppen
(kriminelle Banden, Sportmannschaften), Institutionen
(Vereine und andere Vereinigungen, wissenschaftlich Gemein-
schaften, usw.), aber auch soziale Einheiten, die nichts
mehr mit Personen zu tun haben wie Gerüchte, Naturkatastro-
phen und soziale Bewegungen, also Situationen aller Art.
Bei diesen Auswahleinheiten (und den zugehörigen Grundgesamtheiten) ist in der Regel eine gehörige Portion von
soziologischem Sachverstand notwendig, um überhaupt Auswahlpläne aufstellen zu können. Die Auswahleinheiten präsen-
tieren sich hier also nicht als eine natürliche Einheit
(ein Mensch), sondern als soziale und soziologische Kategorien (eine soziale Rolle, eine Gruppe, eine Organisation). Die Abgrenzung der Einheiten voneinander, die Definition und Erfassung der Grundgesamtheit sind für den
weiteren Gang der Untersuchung inhaltlich bedeutsame Ent-

scheidungen, die durchaus nicht trivial sind. Es soll allerdings gleich hinzugefügt werden, daß die Probleme des Sampling in diesem Bereich noch recht ungewöhnlich sind, so daß man dem Auswahlproblem oft ausweicht. Die sich anbietenden Ausweichstrategien sind dabei die Reduktion der Auswahl auf N = 1, also die Durchführung einer (Einzel-)Fallstudie, die Durchführung einer Totalerhebung oder die Durchführung einer Auswahl nach Gutdünken.

Die moderne Erhebung ist also durch ein Streben nach Repräsentativität gekennzeichnet. Erhebungen werden heute meist mit Befragungstechniken gekoppelt. Es handelt sich aber nicht um eine notwendige Verbindung, da eine Erhebung durchaus auch auf Beobachtungen oder auf einer Mischung von unterschiedlichen Datenerhebungstechniken beruhen könnte.

Zwei Grundformen der Befragung sind zu unterscheiden: schriftliche und mündliche Befragungen. In der Zeit nach dem zweiten Weltkrieg hat sich in der Umfrageforschung das persönliche Interview als die universellste Erhebungstechnik durchgesetzt. Schriftliche Befragungen werden daneben immer dann eingesetzt, wenn dies durch den Zuschnitt der Grundgesamtheit als möglich erscheint. Voraussetzungen der schriftlichen Befragung sind nämlich ein relativ hoher Bildungsgrad, d.h. die Fähigkeit, sich schriftlich verständlich machen zu können und eine relativ hohe Motivation, den Fragebogen zu beantworten - um eine angemessene Rücklaufrate des Fragebogens zu erreichen. Wenn beide Faktoren erreicht sind, dann empfiehlt sich eine schriftliche Befragung sehr, da sie wesentlich kostengünstiger ist als eine mündliche Befragung.

Das mündliche Interview kann in der Einzelsituation und in der Gruppensituation durchgeführt werden. Gruppeninterviews wiederum können in zwei verschiedenen Situationen

stattfinden: in der einen Situation besteht die Möglichkeit der Kommunikation und Interaktion zwischen den Inter-
viewpartnern, in der anderen Situation besteht sie nicht.
1) Die Bezeichnung Gruppeninterview (bzw. Gruppendiskussion) bezieht sich vor allem auf die erste dieser beiden
Situationen. Dies Verfahren hat sich allerdings nicht
durchsetzen können, da meist weder den Einzelmitgliedern
der (meist ad hoc ausgewählten) Gruppe die Ergebnisse der
Diskussion als Einzelmeinung zugeschrieben werden können,
noch endgültig von einer sich in der Diskussion manife-
stierenden Gruppennorm ausgegangen werden kann.
2) Befragungen in Gruppensituationen werden vor allem in
Schulklassen verwendet (z.B. COLEMAN, 1961), aber sie
wurden auch in naturwissenschaftlichen Forschungslabors
erfolgreich angewendet (PELZ und ANDREWS, 1966).
Diese Befragungssituation ist eine Mischform zwischen der
schriftlichen Befragung und dem mündlichen Interview. Sie
ist also an die Voraussetzungen der schriftlichen Befragung geknüpft, macht sich aber die Vorteile der mündlichen
Interviewsituation zu Nutze, nämlich die direkte Kommuni-
kationsbeziehung, durch die sofortige Rückfragen ermöglicht werden, und die direkte Erreichbarkeit des Befragten.
Dies Verfahren ist zudem sehr kostengünstig. Trotz dieser
Vorteile wird es noch zu selten angewendet. Voraussetzung
zu seiner Durchführung sind allerdings Überredungskünste
seitens des Forschers, dem es entweder gelingen muß, Schul-
rektoren und Lehrer für sein Vorhaben zu gewinnen oder
Personen im gehobenen Management von Organisationen - was
noch schwieriger sein dürfte.

Wie René KÖNIG bereits 1952 festgestellt hat, ist das mündliche Interview noch immer der "Königsweg" der empirischen Sozialforschung (KÖNIG, 1962, S. 27). Es ist noch
immer die universelle Erhebungsmethode der Sozialforschung.
Dies ergibt sich daraus, daß die interviewten Personen
sehr flexibel für die unterschiedlichsten Auskünfte "aus-

gebeutet" werden können: neben sehr vielseitigen Auskünf-
ten über sich selbst (die in der Vergangenheit vor allem
durch "indirekte" Befragungstechniken und die Skalierungs-
methoden erweitert worden sind) können die Befragten auch
jeweils als "Experten" angesehen werden, die Auskünfte über
Dritte oder eine Vielzahl von Tatbeständen geben können
(entweder in einer rein informativen Weise oder aber in
Form ihrer persönlichen Ansicht über diese Vorgänge). Es
ist zu kritisieren, daß diese beiden Möglichkeiten des
Ansprechens der Befragten häufig vermischt werden, sie
teils als persönlich Beteiligte, teils als Experten verwendet werden. Im Verlauf des Interviews sollten diese beiden
Verwendungsweisen nach Möglichkeit getrennt werden.

Wie SCHEUCH (1973) in seinem einflußreichen (und bis heute
in der Bundesrepublik Standard gebliebenen) Überblick über
das Interview betont, ist das Interview keine Wissenschaft,
sondern eine Kunstlehre. Mehr noch als bei der Theorie
der Stichprobe (wo die Regeln mathematisch begründet sind)
sollte man sich bei den Kunstregeln zum Interview aber davor
hüten, diese Erfahrungsregeln auf die leichte Schulter zu
nehmen. Der Preis ist dann häufig Dilettantismus, der nach
Abschluß der Feldarbeit meist nicht mehr rückgängig gemacht werden kann. Man sollte sich daher durchaus der
Hilfe von "gewieften" Praktikern bedienen, um diese Daten-
erhebungsprobleme zu lösen, entweder durch Subkontraktion
der Interviewtätigkeit an ein Markt- und Meinungsfor-
schungsinstitut (von dem in der Regel auch die Vercodung
des Materials übernommen wird) oder durch eine Beratung
etwa von ZUMA (Zentrum für Umfragen, Methoden und Analysen),
dem von der DFG eingerichteten Beratungsinstitut für empirische Sozialforschung in Mannheim. In beiden Fällen ist
aber wichtig, daß man seine Untersuchung nicht aus der
Hand gibt, sondern sehr engen Kontakt zu der Erhebungs-
und Beratungsstelle hält.

Ein Überblick über die Möglichkeiten der Erhebung wäre
aber unvollständig, wenn man die neueren Möglichkeiten der
Datenanalyse nicht berücksichtigen würde. Diese Möglichkeiten sind noch sehr jung, da sie gekoppelt sind an die
Entwicklung von Datenverarbeitungsanlagen. Durch die Anwendung dieser neueren Analysemethoden sind die Erhebungen
jedoch erst zur wirklichen Reife gekommen, nur dadurch wird
ihr Potential erst richtig erschlossen. Die Diffusion dieser neuen Methoden und Techniken und auch ihre Entwicklung
ist dabei bei weitem noch nicht abgeschlossen (vgl. E.K.
SCHEUCH, 1973, Entwicklungsrichtungen bei der Analyse sozialwissenschaftlicher Daten). Es sind diese Methoden der
erweiterten und verfeinerten multivariaten Analyse, die
aus der zunächst primär deskriptiven Erhebung eine analytische Forschungsmethode machen. Die heute zur Verfügung
stehenden Datenanalyse-Programme (SPSS, Data-Text, OSIRIS)
ermöglichen auch dem Nichtprogrammierer und Nichtmathema-
tiker nach relativ kurzer Schulung eine umfassende Auswertung seiner Erhebung (eine Einführung gibt ALLERBECK, 1972).

4.3 Typen von Untersuchungen III: Primärerhebung Sekundäranalyse, Replikation, Dokumentenanalyse

Im ersten Abschnitt dieses Kapitels stand die theoretische
Relevanz als grundlegende Dimension für die Unterscheidung
in deskriptive, theorie-testende und analytische Studien
im Mittelpunkt; im zweiten Abschnitt waren es die Möglichkeiten der Datenerhebung, die im Vordergrund standen; in
diesem dritten Abschnitt sollen die Möglichkeiten der Datenauswertung noch etwas näher behandelt werden. Dabei soll
nicht so sehr auf die Analysemethoden im engeren Sinne,
sondern auf die Stellung des Forschers zu seinem Daten-
material eingegangen werden.

Der Forscher kann zunächst eine <u>Primärerhebung</u> durchführen, d.h. er führt eine eigene Datenerhebung durch, so
wie es heute in der Umfrageforschung und bei Beobachtungen
weitgehend üblich geworden ist. Er kann aber auch auf bereits durch andere Sozialforscher erhobenes Material zurückgreifen und mit diesem eine <u>Sekundäranalyse</u> durchführen. Er kann auf von Dritten hinterlassene Daten zurückgreifen, die nicht speziell für Untersuchungen selbst
erhoben worden sind, und dies Ausgangsmaterial für eine
<u>Dokumentenanalyse</u> verwenden. Schließlich kann er eine
bereits abgeschlossene Untersuchung eines Kollegen wiederholen, also eine <u>Replikation</u> durchführen.

4.3.1 Primärerhebung

Primärerhebungen sind solche Untersuchungen, bei denen der
Forscher seine Daten bewußt für die Zwecke der beabsichtigten Analyse erhebt, bzw. von anderen erheben läßt.
Solche Primäruntersuchungen können entweder vom Forscher
selbst unternommen werden, wie z.B. in der kulturanthro-
pologischen Feldforschung oder in der teilnehmenden Beobachtung. Der Forscher begibt sich hiermit "ins Feld" -
wie es häufig so schön heißt - und sammelt die ihm relevant
erscheinenden Informationen. Dies hat den Vorteil, daß der
Forscher selbst die Kontrolle über den Datenerhebungsprozeß besitzt, daß er nicht von der sozialen Realität,
die er zu erforschen beabsichtigt, "entfremdet" wird und
daß er von daher die Möglichkeiten und die Grenzen der
Aussagefähigkeit seiner Daten selbst beurteilen kann. Zugleich ergeben sich aber auch Nachteile: Eine Gefahr besteht darin, daß der Forscher sich von den beobachteten
Personen zu starke Eindrücke aufzwingen läßt, so daß er
nicht mehr in der Lage ist, seine ursprüngliche Fragestellung weiterzuverfolgen. Dies ist nur dann zu begrüßen,
wenn die Ausgangsfragestellung des Forschers sehr unreali-
stisch war, so daß die falsche Fragestellung korrigiert
würde.

Eine zweite Gefahr besteht darin, daß der Forscher zu selektiv an seinen Forschungsgegenstand herangeht und nur noch
versucht, seine Hypothese zu verifizieren. In diesem Falle
werden sich schwerwiegende und unkontrollierbare Beein-
flussungen zu Gunsten der Hypothese ergeben. Beide Probleme
können auch gemeinsam auftreten.

Ein weiteres Problem von Primäruntersuchungen dieser Art
besteht darin, daß bei der Erhebung der Daten keine Arbeitsteilung vorgenommen werden kann. Da der Forscher ganz auf
sich allein angewiesen ist, besteht leicht die Gefahr, sich
zu verzetteln, ein Prozeß, der dann meist nicht mehr rückgängig gemacht werden kann.

In der neueren Sozialforschung kann die Forschungsarbeit
oft   nicht mehr von einem Einzelnen allein geleistet
werden, sondern Forschung wird zum arbeitsteiligen Prozeß,
in dem zumindest Hilfskräfte, hauptsächlich in der Datenerhebung, erforderlich werden (z.B. als Interviewer, Kodierer, Locher). Bei größeren Forschungsprojekten ist
darüber hinaus meist ein Team von Sozialwissenschaftlern
an der Untersuchung beteiligt, wobei sich auch hierbei
bald eine funktionale Aufgabenteilung ergibt. Die bei
arbeitsteiliger Forschung anfallenden Probleme der Koordination und der Organisation werden später behandelt.

Arbeitsteilig erhobene Primärdaten werden in den Sozialwissenschaften entweder durch Beobachtung oder durch Befragung gewonnen. Die beiden Hauptprobleme, die dabei auf-
tauchen, sind, wie bereits oben erwähnt, die Kontrolle
von Einflüssen durch die Lieferanten der Daten (also die
Interviewten, Beobachteten, Versuchspersonen) und die
Fehlerkontrolle bei der Weiterverarbeitung der einmal gewonnenen Daten. Diese beiden Probleme werden meist unter
den Oberbegriffen der Gültigkeit (wird wirklich das gemessen, was eigentlich gemessen werden soll) und der

Zuverlässigkeit (läßt sich das, was gemessen worden ist, auch hinreichend präzise wiederholen?) angesprochen.

Es kann nicht Aufgabe dieses Skriptums sein, diese beiden Probleme weiter zu behandeln (sie werden in den Skripten zu den einzelnen Erhebungstechniken ausführlich behandelt - vgl. GRÜMER, 1974, ERBSLÖH, 1972). Es ist eine recht neuartige Erscheinung, daß Sozialwissenschaftler zu einem so großen Ausmaß ihre Daten selbst sammeln, wie das heute der Fall ist. Es gibt Entwicklungen, die darauf hindeuten, daß diese Bewegung zurückgeht, daß der Datensammlungsprozeß mehr und mehr spezialisierten Institutionen überlassen wird.

4.3.2 Sekundäranalyse

In der Sekundäranalyse werden bereits durch Dritte erhobene Daten meist unter einem neuen Gesichtswinkel, d.h. einer neuen Fragestellung, erneut analysiert (vgl. SCHEUCH, 1973a). Sekundäranalysen beziehen sich damit vorwiegend auf in Form von Lochkarten oder anderen Datenträgern vorliegenden Primärerhebungen aus dem Bereich der Sozialwissenschaften. Diese Primärerhebungen umfassen meist so viele Variable, daß sie in der Regel in der Erstauswertung nicht vollständig erschlossen werden. Es entstehen so mehr oder weniger große "Datenfriedhöfe". Zur Nutzung dieser Datenfriedhöfe wurde dann auch die Sekundäranalyse zunächst entwickelt. Ihr volles Potential entsteht jedoch da, wo man nicht nur auf eine Untersuchung zurückgreifen kann, sondern mehrere vergleichbare Untersuchungen in eine solche Sekundäranalyse einbeziehen kann. Zu diesem Zweck wurden Umfragearchive institutionalisiert (in Deutschland das Zentralarchiv für empirische Sozialforschung - ZA - in Köln).

Eine Sekundäranalyse setzt voraus, daß der Datenerhebungsprozeß standardisiert und sorgfältig in einem vollständigen
Codebuch dokumentiert wird. Geschieht dies nicht, dann
steht der Forscher vor nahezu unüberwindlichen Problemen
bei der Sekundäranalyse. Auch die Übertragung der Daten auf
Datenträger (also Lochkarten und Magnetband) muß standardisiert werden, wobei bestimmte Konventionen beachtet werden müssen (z.B. Verbot von Doppellochungen, Umwandlung
aller Ergebnisse in numerische Codes, Zuweisung von
Standardcodes für Nicht-Antworten, usw.). Werden diese
Regeln nicht befolgt, dann ergeben sich bei einem späteren
Zugriff schwerwiegende technische Probleme, die eine weitere Analyse mit einem großen Zeitaufwand belasten.

Sekundäranalysen können auf unterschiedliche Art und Weise
erfolgen. Die einfachste besteht darin, nur eine Untersuchung
zu benutzen, im wesentlichen die gleichen Analysetechniken
zu verwenden wie in der Erstauswertung und entweder die
Untersuchung selbst zu überprüfen oder zusätzliche Fragestellungen zu beantworten.

Dies kann auch zu didaktischen Zwecken erfolgen, wodurch
sich eine sehr empfehlenswerte Möglichkeit der praktischen
Sozialforschung im Hauptstudium ergibt. So wurden im soziologischen Oberseminar in Köln von 1966-1968 "klassische"
empirische Untersuchungen einer Sekundäranalyse unterzogen
(vgl.   TREINEN, 1970, aber auch HUMMELL und OPP, 1969).

Dabei zeigte sich, daß die Verbindung der theoretischen
Aussagen mit den Daten häufig recht "locker" war, daß die
Untersuchungshypothesen also durchaus nicht präzise entweder bestätigt oder widerlegt wurden, sondern daß sich ein
recht großer Interpretationsspielraum ergab. Dies ist ein
Problem, das sich aber in der empirischen Sozialforschung
immer stellt. Die Ergebnisse sind häufig nicht zwingend,
sondern bedürfen noch der Qualifikation - u.a. durch

Sekundäranalyse oder Replikation.

Neuerdings wird versucht, die Sekundäranalyse mit gesondert dafür angefertigten Werkbüchern auf didaktische
Zwecke abzustimmen, so daß Soziologie im Nachvollzug praktischer Sozialforschung vermittelt werden kann. Nach dem
Vorbild amerikanischer "SETUPS" haben HERZ und WIEKEN-
MAYSER ein erstes Werkbuch "Berufliche Mobilität in der
Bundesrepublik" herausgebracht, das mit einem speziell für
diese Zwecke eingerichteten Datensatz für die Sekundäranalyse erworben werden kann (vgl. HERZ und WIEKEN-MAYSER,
1976).

Eine zweite Form der Sekundäranalyse besteht darin, daß
man frühere Untersuchungen dazu benutzt, eine eigene Primärerhebung zu ergänzen. Dies stellt eine Möglichkeit dar,
die Zuverlässigkeit und Gültigkeit der eigenen Daten an
externen Quellen zu testen. Diese Möglichkeit wird, da sie
in der Regel recht zeitaufwendig ist, noch zu wenig genutzt. Zusätzlich erhöht sich dadurch die Kumulativität
empirischer Untersuchungen.

Die anspruchsvollste Art der Sekundäranalyse besteht darin,
daß man frühere Untersuchungen unter einer neuen Fragestellung analysiert. Dabei kann man entweder mehrere ältere
Untersuchungen relativ unverbunden nebeneinander stehen
lassen; man kann aber auch mehrere Untersuchungen "kumu-
lieren" und somit zu einer neuen einheitlichen Erhebung
zusammenfassen. Dies setzt freilich voraus, daß sich alle
kumulierten Untersuchungen auf die gleiche Grundgesamtheit
beziehen, die gleiche Analyseeinheit verwenden, von einem
ähnlichen Erhebungsinstrument (Fragebogen) ausgehen und
vergleichbare Konventionen in der Datenverarbeitung erfüllen. Die Kumulierung kommt de facto also hauptsächlich für
repräsentative Bevölkerungsumfragen in Betracht (beispielsweise in der Wahlforschung, als Beispiele für derartige

Sekundäranalysen vgl. ALLERBECK, 1973 und SAHNER, 1975).

4.3.3 Dokumentenanalyse

Von der Sekundäranalyse ist die Replikation zu unterscheiden. Replikationen stellen gewissermaßen Verdoppelungen des Datenerhebungsprozesses dar, so wie Sekundäranalysen eine Verdoppelung des Datenanalyseprozesses sind. Replikationen sind daher Primärerhebungen. Grundsätzlich ist die Wiederholung von Forschungsvorgängen eines der wichtigsten Mittel, um Intersubjektivität in der Forschung und mit dieser Objektivität zu erreichen.

Wiederholungen des Datenerhebungsprozesses sind allerdings in den Sozialwissenschaften bislang selten. Replikationen werden als redundant betrachtet und erscheinen damit als entbehrlich. Dem liegt die Vorstellung zugrunde, daß Aussagen auch aufgrund einzelner Untersuchungen als bestätigt angesehen werden können. Es wird dabei übersehen, daß Redundanz nicht in allen Situationen mit Verschwendung von Mitteln (intellektuellen, finanziellen, usw.) gleichgesetzt werden kann, sondern daß es Situationen gibt, in denen Redundanz sogar erwünscht ist. Zwei solcher Situationen entstehen, wenn auf Genauigkeit (Präzision) und/oder auf Sicherheit von Aussagen Wert gelegt wird. Unter Genauigkeit (Präzision) wird hier das Ausmaß verstanden, zu dem eine Aussage intern abgesichert ist und auch bei Wiederholungen gleiche Meßwerte ergibt; unter Sicherheit wird die Zuverlässigkeit verstanden, unter der ein gewünschtes Ergebnis auch tatsächlich eintritt ohne schädliche Nebenwirkungen herbeizuführen. Genauigkeit in der Wahlforschung bestünde also in der korrekten Vorhersage des Wahlergebnisses, Sicherheit bezieht sich darauf, inwieweit etwa durch die Veröffentlichung der Wahlvorhersage das Wahlergebnis beeinflußt wird. Weder Genauigkeit noch Sicherheit sind in der sozialwissenschaftlichen Forschung bisher hohe Werte. Vielmehr begnügt man sich vorwiegend

mit Plausibilitäten (statt mit Präzision) und das Problem
der Sicherheit (in einem technischen Sinne, d.h. die Wahrscheinlichkeit, daß von einer Maßnahme keine schädlichen
Wirkungen ausgehen) spielt kaum eine Rolle.

Was hier für Replikationen gesagt wurde, trifft übrigens
gleichermaßen für Doppelarbeiten zu. Doppelarbeiten können
als zeitlich parallel verlaufende (und meist ungeplante)
Replikationen bezeichnet werden. Auch sie sind deshalb
nicht grundsätzlich abzulehnen, da Forschungsergebnisse,
die in mehreren Untersuchungen bestätigt wurden, als gül-
tiger angesehen werden müssen als nur einmalig erzielte
Ergebnisse.

Ohne Replikationen und Doppelarbeiten kann ein Gefühl für
Genauigkeit überhaupt nicht entstehen. Wenn in beiden
deutschen Fernsehanstalten an Wahltagen Hochrechnungen
auf das Wahlergebnis durchgeführt werden, ist es sehr
unwahrscheinlich, daß beide Anstalten (und die hinter
ihnen stehenden Forschungsinstitute) Vorausberechnungen
liefern, die den gleichen Fehler aufweisen. Umgekehrt
signalisiert eine Übereinstimmung beider Anstalten, daß
das tatsächliche Endergebnis approximativ erreicht wurde.
Die damit augenfällig vorgeführte Doppelarbeit führt dazu,
daß sich die beiden Anstalten bzw. deren Forschungsinstitute ständig gegenseitig kontrollieren, daß sie ständig
ihre Methoden verbessern müssen, um nicht gegenüber der
anderen Anstalt ins Hintertreffen zu geraten. Im Ergebnis
wächst die Genauigkeit der Vorhersagen. Die Wahlforschung
ist denn auch eines der wenigen Gebiete, in denen Doppelarbeiten in der Sozialforschung von den Politikern aktiv
gefördert werden.

Replikationen (und auch Doppelarbeiten) in den Sozialwissenschaften sind also notwendig, um die Zuverlässigkeit
und Gültigkeit (sowie die Genauigkeit und Sicherheit) von

sozialwissenschaftlichen Aussagen zu erhöhen. Allerdings
ist die Grenze zwischen einer Replikation und einer Forschung, die im gleichen Problemgebiet vorgeht wie eine
frühere Untersuchung, sehr fließend. So gibt es eine Vielzahl von Untersuchungen zum Thema Selbstmord, in denen
DURKHEIMs Hypothesen getestet werden, ohne daß seine Untersuchung jemals exakt repliziert worden ist. Theorie-
testende Untersuchungen sind daher in der Regel keine
Replikationen. Eine Replikation kann ja auch mit der Ori-
ginaluntersuchung nie völlig identisch sein, da zumindest
die Zeit, meist auch der Ort und die Personen unterschiedlich sind. Dennoch folgt aus dieser Auffassung von Replikation, daß vor allem für Anfänger in der Forschung (und
auch für Forschungsseminare) Replikationen sehr lohnend
sein können, da hiermit zweierlei erreicht werden kann:
1) Es wird der Forschungsplan einer prominenten Untersuchung nachgestellt, wobei in der Regel die Primärerhebung aus einem anderen Land stammen dürfte, so daß zumindest getestet wird, ob eine internationale oder inter-
kulturelle Übertragbarkeit der Ergebnisse möglich ist.
2) Es können bei komplexen Ansätzen immer noch speziellere
Fragestellungen (Eigenentwicklungen also) eingeplant
werden.

Problematisch ist dabei vor allem, daß sozialwissenschaftliche Untersuchungen in der Regel recht teuer sind, so daß
die potentiellen Geldgeber diese angebliche Doppelarbeit
meist scheuen. Ihnen sollte aber klargemacht werden, daß
die Replikation   einer hervorragenden Untersuchung (zudem
noch unter einer international vergleichenden Perspektive)
mehr Erfolg versprechen kann, als eine mittelmäßige Primärerhebung (BLALOCK, 1973, hat verstärkt Replikationsstudien
gefordert; zwei Beispiele für Replikationen sind in Anhang
A angeführt, und zwar zur Untersuchung von FESTINGER et al.
"When Prophecy Fails" und zur Untersuchung von DEUTSCH und
COLLINS "Interracial Housing").

4.3.4 Replikation

In diesem Kapitel wurden bisher zwei Möglichkeiten der
Datensammlung erörtert, nun soll eine zweite Möglichkeit
der Datenanalyse erörtert werden. Neben einer Verwendung
von selbst erhobenen Daten kann der Forscher nämlich auch
bereits durch Dritte gesammelte Materialien verwenden.
Diese Möglichkeit wird meist unter dem Oberbegriff der
Dokumentenanalyse behandelt (eine frühe Zusammenfassung
solcher Forschungsmöglichkeiten gibt ALLPORT, 1942).

Diese Dokumente können aus einer Vielzahl von Quellen stammen: nämlich aus privater Hand (Korrespondenzen, Tagebücher und sonstige private Aufzeichnungen), sie können
aus geschäftlichen und behördlichen Aktivitäten stammen
(Akten aller Art, Geschäftsbücher, usw.), es kann sich
aber auch um betriebs- oder behördeneigene Erhebungen handeln, die für die interne Entscheidungsfindung durchgeführt wurden. Diese letztere Kategorie der "prozeßprodu-
zierten" Daten gewinnt heute mehr und mehr an Aktualität
und es formieren sich auf diesem Gebiet bereits Daten-
archive zur Aufnahme von diesen Daten.

Wird durch Primärerhebungen die Gegenwart erschlossen, so
wird durch Dokumentenanalyse die Vergangenheit für die
Sozialforschung erschlossen. Lange Zeit hindurch war die
Durchstöberung von Archiven (und damit das Auffinden von
Dokumenten) allein Aufgabe von Historikern. Sie konzentrier-
ten sich jedoch mehr und mehr auf die Rekonstruktion der
Geschichte (meist politischer Geschichte) und kümmerten
sich oft weniger um Massenakten. In der sich neuerdings
formierenden historischen Soziologie wird nun ein neuer
Zugang zu diesen Dokumenten gesucht, der sich inhalts-
analytischer Verfahren bedient und moderne Methoden der
Datenauswahl und der Datenverarbeitung verwendet.

Hauptprobleme bei der Dokumentenanalyse sind die Selektivität der überkommenen Daten und die Tatsache, daß Dokumente eine Realität oft nur unter einem ganz bestimmten
Aspekt wiedergeben. Dieses zweite Problem sorgt für eine
inhaltliche Verzerrung der Daten. Es ist nur zu überwinden,
wenn der Forscher möglichst umfassende Kenntnisse darüber
gewinnt, unter welchen Umständen die Dokumente zustande
gekommen sind. Es werden in diesen Dokumenten nämlich
häufig nicht Alltagsprobleme angesprochen, sondern sie
werden immer nur angefertigt, wenn etwas geschieht, was
außerhalb der Normalität liegt. Die Situation ist vergleichbar dem Pressewesen (das ja auch für die Dokumenten-
und Inhaltsanalyse herangezogen wird), wo häufig auch der
Alltagsbereich unberücksichtigt bleibt, vielmehr nur das
Außergewöhnliche, normverletzende Verhalten berichtet wird.

Selektivität geht noch über diese inhaltlichen Verzerrungen hinaus. Sie kommt zustande, wenn nur ganz bestimmte
Bevölkerungsteile überhaupt als Dokumentelieferanten in
Frage kommen (wobei sich meist Verzerrungen zugunsten
relativ gehobener Schichten einstellen). Eine zweite Ursache für Selektivität besteht darin, daß Dokumente nicht
systematisch archiviert werden. Sie entsteht dann bei der
Auswahl der Daten, ist also teilweise durch Anwendung
geeigneter Auswahltechniken vom Forscher zu kontrollieren.

Abb. 8: Synopsis von Untersuchungsformen

	deskriptiv		analytisch		theorie-testend		
	Fallstudie	Erhebung	Fallstudie	Erhebung	Fallstudie	Erhebung	Experiment
Primär-erhebung	VIDICH,BENSMAN, Small Town in Mass Society WHYTE,Street Corner Society arbeit	LYND u.LYND, Middletown POPITZ et al. Technik und Industrie-	LAZARSFELD et al, Die Arbeitslosen v.Marienthal	LAZARSFELDet al.,The Peoples Choice BLAU, DUNCAN The American Occupational Structure COLEMAN, The Adolescent Society / ALLERBECK, Soziale Bedingungen für stud. Radikalismus	LIPSET et al., Union Democracy	DEUTSCH, COLLINS, Interracial Housing	FESTINGER et al., When Prophecy Fails
Sekundär-analyse					HUMMELL, OPP, "Union Democracy"		
Replikation						WILNER et al., Human Problems ...	HARDYK,BRADEN, Prophecy Fails Again
Dokumenten-analyse				DURKHEIM, Selbstmord		MERTON, Science in 17th Century England	

Typen von Forschung in den Sozialwissenschaften

4.4 Zusammenfassung

In diesem Kapitel sind 10 Typen von Forschungen behandelt
worden, die in drei Gruppen eingeteilt worden sind:

   1. deskriptive   ⎫
   2. theorie-testende   ⎬   Untersuchung
   3. analytische   ⎭

   4. Fallstudie
   5. Erhebung
   6. Experiment

   7. Primärerhebung
   8. Sekundäranalyse
   9. Replikation
  10. Dokumentenanalyse

In der ersten Gruppe wurde nach dem Grad der Theorie-
Gelenktheit unterschieden, in der zweiten Gruppe nach der
Art der Methodologie und in der dritten Gruppe nach der
Art der Verwendung des Beobachtungsmaterials, also der Daten.
Diese Untersuchungstypen kommen in "reiner" Form in der
Praxis jedoch kaum vor, vielmehr kommen die Forschungstypen
in der Regel in unterschiedlichen Kombinationen vor, wenn
beispielsweise eine Fallstudie als eine deskriptive Primärerhebung angelegt ist. In der Praxis überwiegen also komplexe Untersuchungsformen. Aus den 10 Untersuchungstypen
lassen sich so 36 (= 3 x 3 x 4) konkrete Untersuchungsformen ableiten. Da experimentelle Verfahren einen Theorie-
test bereits voraussetzen oder als Replikation durchgeführt werden, vermindert sich die Zahl der Untersuchungsformen, die hier aufgeführt werden, auf 26. Auch von diesen
dürften einige nur theoretisch denkbare Sonderformen sein
(wie etwa eine beschreibende sekundäranalytische Fallstudie).

In der Tabelle auf der gegenüberliegenden Seite werden
diese Untersuchungsformen synoptisch dargestellt und für
eine Reihe von Untersuchungsformen werden Beispiele von

durchgeführten Untersuchungen aufgeführt (die in der Mehrzahl aus der Liste beispielhafter Untersuchungen in Anhang A stammen). Es wird dabei sichtbar, daß einige Felder leer bleiben und daß bestimmte Spalten besonders häufig besetzt sind. Primärerhebungen scheinen so die am häufigsten verwendete Untersuchungsform zu sein. Sekundäranalysen und Replikationen sind dagegen weit seltener. Dies mag zum Teil ein Artefakt unserer Auswahl sein, da in die Tabelle nur Forschungen aufgenommen wurden, die in Buchform veröffentlicht wurden und vor allem Replikationen zu einer Untersuchung wohl überwiegend als Zeitschriftenaufsatz veröffentlicht werden. Dennoch dürfte dies darauf hinweisen, daß Sekundäranalysen und vor allem Replikationen in der Soziologie noch zu selten durchgeführt werden. Der Leser wird aufgefordert, auch für bislang leere Felder in der Tabelle Beispiele zu finden.

5 Techniken der Datenerhebung *

In diesem Kapitel soll eine kurze Übersicht über die wichtigsten Erhebungstechniken der Sozialforschung gegeben werden, nämlich das Interview, die Beobachtung und die Inhaltsanalyse. Dies soll allerdings nur kursorisch geschehen, da diese Methoden und Techniken ausführlicher in den einzelnen Skripten der Reihe beschrieben werden. Allerdings erscheint es doch als notwendig, hier wenigstens kurz darauf einzugehen, da sie notwendig zum Forschungsprozeß hinzugehören.

5.1 Das Interview (die Befragung)

Es besteht eine ziemlich allgemeine Übereinstimmung darüber, daß das Interview - oder weiter: die Befragung - das wichtigste Datenerhebungsinstrument in der Sozialforschung darstellt. Es muß gleich hinzugesagt werden, daß dies ein Zustand ist, der die Soziologen unter den Sozialforschern nicht befriedigt, denn durch Befragungen lassen sich nur Ausschnitte aus der sozialen Realität abbilden. Demnach sind Befragungen noch immer das am weitesten entwickelte Instrument der Sozialforschung, dasjenige, das am systematichsten entwickelt ist, und auch dasjenige Verfahren, das am vielfältigsten einsetzbar ist. Die Beschränkung der Befragung liegt darin, daß alle mit dieser Methode erfaßbaren Daten sprachlich vermittelt sein müssen, wobei hier eine ganze Reihe von Verzerrungsmöglichkeiten eingebaut sind, da Sprache oft häufig geradezu zur Verdeckung von Tatbeständen benutzt werden kann. Dies ist ein Tatbestand,

---

der natürlich auch den Konstrukteuren von Fragebögen nicht
verborgen geblieben ist und es sind eine ganze Reihe von
Techniken entwickelt worden, mit denen man diese Tendenz
begegnen kann (indirekte Fragen, projektive Techniken).

Zunächst mag es so erscheinen, als ob die Situation der
Befragung alltäglich ist. Und weil die Situation meist
als sehr alltäglich empfunden wird, scheint eine Befragung
auch wenige Probleme zu stellen. Alltäglich scheint die
Befragung deshalb zu sein, weil sie weitgehend einem Gespräch angepaßt ist, bei dem es um Informationen und
Meinungen geht. Aberein Interview ist nicht einfach nur
ein Gespräch zwischen zwei Personen, von einem solchen
Gespräch unterscheidet es sich vielmehr durch mindestens
drei Dinge.

Erstens sind die beiden interagierenden Personen Fremde,
die sich noch nie gesehen haben. Derartige Beziehungen
zwischen Fremden sind zwar heute nicht mehr so außerge-
wöhnlich wie früher, aber sie sind auch nicht gerade
häufig. Zweitens handelt es sich bei einem Interview um
eine asymetrische soziale Beziehung, bei der die eine
Person, der Interviewer, ständig Fragen stellt und von
der fast alle Aktivitäten ausgehen, während die andere
Person, der Befragte, über sich selbst Auskunft gibt und
sich weitgehend passiv verhält. Drittens unterscheidet
sich die Interviewsituation von anderen sozialen Situationen dadurch, daß sie sozial folgenlos ist, daß der
Interviewer im Normalfall ausdrücklich auf diese Folgen-
losigkeit hinweist. Das macht paradoxerweise im übrigen
(besonders bei Personen der Unterschicht, wenn sie von
Interviewern der Mittelschicht befragt werden) die Befragten manchmal sehr mißtrauisch (vgl. SCHEUCH, 1973,
auf den sich die Darstellung dieses Abschnitts vor allem
stützt, und ERBSLÖH, 1972, Bd. 31 dieser Reihe).

Diese Bemerkungen machen schon deutlich, daß das Interview nie nur ein neutrales Ermittlungsinstrument ist, das
ohne Einfluß von außen die verbalen Stimuli des Fragebogens an den Befragten weitergibt und dessen Antworten
möglichst exakt aufzeichnet. Eine vollständig "keimfreie"
Situation kann es also im Interview nicht geben. Trotzdem
muß natürlich sichergestellt werden, daß die Stimuli, die
der Interviewer "aussendet", vergleichbar sind und daß die
Antworten des Befragten so festgehalten werden, daß auch
sie vergleichbar gemacht werden können. Wir können also
danach unterscheiden, inwieweit die Befragungssituation
<u>standardisiert</u> wird. Das Mittel, durch das die Standardi-
sierung der sozialen Situation hergestellt werden soll,
ist der <u>Fragebogen,</u> der mehr oder weniger detailliert regelt, wie die recht einseitige Unterhaltung zwischen dem
Interviewer und dem Befragten ablaufen soll.

5.1.1 Die Lehre von der Frage und vom Fragebogen

Wenn mit einem Fragebogen Informationen von Befragten in
der gesamten Bundesrepublik erhoben werden sollen, so wird
dabei zunächst vorausgesetzt, daß eine "einheitliche
Sprache mit gleichartigem Stimuluscharakter" (SCHEUCH, 1973,
S. 141) existiert. Diese Annahme ist durchaus nicht unproblematisch, z.B. wenn Befragungen in wenig entwickelten
Ländern oder im internationalen Vergleich gemacht werden
sollen.

Grundsätze der Fragenformulierung, um eine solche Standardisierung zu erreichen, sind:
1. Die Frage soll so <u>einfach</u> formuliert sein wie es mit dem
   sachlichen Zweck der Fragestellung vereinbart werden
   kann.
2. Fragen sollen so <u>eindeutig</u> sein, daß man mit der
   Frage einen für alle Befragten eindeutigen Bezugsrahmen
   schafft und nur eine Frage zur gleichen Zeit stellt.
   Diese Forderung nach Eindeutigkeit wird häufiger verletzt

als man glaubt, da nur die wenigsten Begriffe absolut
eindeutig aufgefaßt werden (dies trifft auch bei Faktfragen über Einkommen, Familienstand, Beruf zu).

3. Der Befragte darf nicht <u>überfordert</u> werden. Weder soll
   sein Wissensstand überstrapaziert werden, noch dürfen
   zu viele Unterscheidungen verlangt werden oder sein
   Erinnerungsvermögen überbeansprucht werden.

4. Fragen sollen <u>nicht suggestiv</u> gestellt werden, sie
   sollen also so neutral wie eben möglich gestellt werden.
   Dies soll verhindern, daß statt einer persönlichen Meinung ein öffentliches Vorurteil in die Antwort einfließt.

Nach diesen allgemeinen Regeln für die Formulierung von
Fragen soll auf verschiedene <u>Frageformen</u> und ihre Eigenschaften eingegangen werden.

1) Nach dem Grad der Freiheit, der dem Befragten bei der
   Beantwortung gelassen wird, unterscheidet man zunächst
   zwischen <u>offenen</u> und <u>geschlossenen</u> Fragen. Offene Fragen
   enthalten keine Antwortvorgaben (wie die meisten einfachen Warum-Fragen). Sie setzen beim Befragten jedoch
   recht viel voraus (Motivation, Artikulationsfähigkeit,
   Information, usw.). Bei geschlossenen Fragen sind zwei
   oder mehrere Antwortvorgaben vorgesehen. Wenn nur zwei
   Vorgaben vorhanden sind, spricht man von <u>Alternativ-
   fragen</u>.

2) Eine zweite Unterscheidung von Frageformen ist die in
   <u>direkte</u> und <u>indirekte</u> Fragen. Indirekte Fragen bestehen
   darin, daß man nicht den Befragten persönlich anspricht,
   sondern die Frage einkleidet, z.B. eine kleine Geschichte erzählt, so daß der Befragte die Frage eher
   beantwortet als wenn sie direkt gestellt würde. Vorausgesetzt wird bei solchen Fragen, daß der Befragte entweder nicht antworten will oder daß er zu bestimmten
   Problemen keine Antwort geben kann, weil es sich z.B.
   nur um eine unbewußte Tendenz handelt.

Einzelne Fragen müssen zu einem Fragebogen zusammengestellt
werden. Man wird außerdem im Normalfall mehrere Einzelfra-
gen zu einem bestimmten Thema im Fragebogen zu einem Fragen-
komplex (einer Fragenbatterie) zusammenfassen. Häufig muß
der Befragte auch erst an einen bestimmten Sachverhalt heran-
geführt werden. Filterfragen sollen dabei insbesondere dazu
dienen, bestimmte Untergruppen auszuscheiden. Folgefragen
dienen dazu, einzelne Aspekte aus vorherigen Antworten genauer zu erfassen. Einleitungs- und Übergangsfragen haben
im Fragebogen den Zweck, eine gute Beziehung zum Befragten
herzustellen oder zu einem neuen Thema überzuleiten und
sind für die Auswertung häufig weniger interessant. Sondierungsfragen haben den Zweck, nach unklaren Antworten eine
genauere Bedeutung der Antwort zu ermitteln vor allem bei
offenen Fragen.

Wichtig bei der Fragebogenkonstruktion ist vor allem die
Vermeidung von Ausstrahlungseffekten (halo effect), d.h.
daß durch eine vorangehende Frage nachfolgende Fragen beeinflußt werden. Ein solcher Effekt ist darauf zurückzuführen, daß jede Frage einen Bezugsrahmen für die folgende
Frage stellt. Fragen, die sich gegenseitig beeinflussen,
sollten deshalb im Fragebogen möglichst weit voneinander
getrennt werden. Diese Trennung kann man auch dadurch erreichen, daß man Ablenkungs- oder Pufferfragen einschiebt,
durch die das Interview aufgelockert werden kann.

Neben dem Ausstrahlungseffekt kann man Plazierungseffekte
unterscheiden, die sich auf die Stellung ganzer Fragen-
komplexe in Fragebogen beziehen, da auch diese Fragegrup-
pen einen Bezugsrahmen für andere Themen schaffen und wohl
kaum ein Fragebogen sich nur mit einem Themenkomplex beschäftigt.

5.1.2 Der Interviewer

Man kann drei Modelle des Interviewer-Verhaltens unterscheiden:

1. das weiche Interview,
2. das neutrale Interview und
3. das harte Interview.

Die Konzeption des weichen Interviews geht davon aus, daß zwischen Interviewer und Befragten eine möglichst angenehme und entspannte Beziehung herrschen soll. Es wird bei dieser Konzeption unterstellt, daß die Antwortbereitschaft und Willigkeit beim Befragten tendenziell gering ist. Außerdem wird Wert darauf gelegt, daß der Interviewer die Möglichkeit besitzt, Nachfragen bei unklaren Antworten zu stellen, daß er sich passiv verhalten soll, so daß der Befragte sich lockert, aus sich herausgeht. In einer solchen entspannten, nicht bedrohlichen Atmosphäre seien noch am ehesten gültige Antworten zu erreichen.

Beim neutralen Interview steht nicht so sehr die Beziehung des Befragten zum Interviewer im Vordergrund, als vielmehr die korrekte Übermittlung der Stimuli, wie sie im Fragebogen vermittelt werden. Der Interviewer soll sich hier nicht quasi zum Kumpel des Befragten machen, sondern soll freundlich, aber durchaus distanziert seine Fragen stellen, soll generell einen guten "rapport" zum Befragten herstellen, aber eben nicht einen zu guten, er soll aber weiter in der Rolle des Fremden bleiben. Diese Konzeption wird vor allem bei vollstandardisierten Fragebögen verwendet (und ist heute in der Umfrageforschung dominierend).

Beim harten Interview übernimmt der Interviewer eine autoritäre Rolle, der kurz, knapp und präzise seine Fragen stellt, keine Zwischenfragen duldet, bzw. solche direkt abblockt und sich insgesamt sehr "unkooperativ" dem Befragten gegenüber verhält. Diese Form der Vorgehensweise

wurde z.B. von KINSEY gewählt. Die Konzeption unterstellt,
daß der Befragte dazu tendiert, unkooperativ zu sein und
dazu neigt, unrichtige Antworten zu geben.Dies soll über-
spielt werden. Es ist erstaunlich, daß beim harten Interview die Abbruchquote oft nicht sonderlich hoch ist, wenn
die Befragten erst einmal grundsätzlich in die Befragung
eingewilligt haben.

Bei einer "normalen" standardisierten Befragung wird man
sich eines neutralen Interviewens bedienen. "Weiches"
Interviewen ist angebracht, wenn man in die Tiefe gehen
will, wenn z.B. das Erinnerungsvermögen des Befragten eine
Rolle spielt (Modellfall Psychoanalyse). Ein "hartes"
Interview wird man verwenden, wenn das Thema unangenehm
ist und wenn es sich außerdem weitgehend um Faktfragen
handelt (z.B. Sexualität, Hygiene, evtl. auch politische
Einstellung).

5.1.3 Der Befragte

Die drei Modelle des Interviewerverhaltens, die unterschieden wurden, basieren weitgehend auf Annahmen über die
Kooperations- und Antwortbereitschaft des Befragten. Sicherlich ist dabei wichtig, inwieweit der Befragte schon Erfahrungen mit Interviews gemacht hat, inwieweit er diese
Situation aber auch aus Film und Fernsehen kennt. Wenn er
noch über keine derartigen Erfahrungen verfügt, wird er
analoge Situationen zur Bewertung heranziehen, etwa Vertre-
terbesuche (von daher ergeben sich übrigens schwierige
Probleme bei der Einführung des Befragten, weil das Miß-
trauen an der Haustür groß ist). Es gibt übrigens durchaus auch sowohl gruppenspezifische als auch nationale
Unterschiede in der Antwortbereitschaft. So sind etwa
Amerikaner mitteilungsfreudiger als Deutsche und diese
mehr als etwa Franzosen. Auch sind Personen der Mittelschicht mitteilungsfreudiger als Arbeiter und Angehörige
der Oberschicht.

Vorausgesetzt wird bei einer Befragung ein gewisser Individualismus, nämlich daß der Befragte seine eigenen Ansichten überhaupt als mitteilenswert ansieht,bzw. daß er nicht vollständig in Gruppenbezügen denkt (vgl. ESSER, 1975, der das Interview grundsätzlich nicht nur als Kunstlehre versteht, sondern eine Theorie der Befragung entwickeln möchte, die den Befragten als Interaktionspartner (und nicht nur als Informationsmedium) berücksichtigt).

Wenn man den Befragten als eine Fehlerquelle ansieht, so kann man unterscheiden, ob der Befragte mehr oder weniger bewußt die Befragung verfälscht oder ob der Befragte überfordert wird.

Es gibt wenig zuverlässige Informationen darüber, inwieweit Befragte bei Interviews <u>Täuschungen</u> vornehmen, etwa bewußt lügen oder eine Antwort bewußt fälschen. Überprüfen kann man dies bei Tatsachenfragen durch externe Kontrollen und speziell bei Einstellungsfragen auch durch Kontrollfragen im Interview, indem zwei sehr ähnliche Fragen zu einem Thema gestellt werden. Ungewiß ist aber die Interpretation von auftretenden Inkonsistenzen. Für Westeuropa kann aber im Normalfall eine relativ große Wahrhaftigkeit angenommen werden. Umstritten ist, ob dies für andere Kulturkreise in gleichem Maße gilt, wenn z.B. - wie manchmal bei Arabern vermutet wird - der Wirkung einer Antwort auf andere (ihre soziale Erwünschtheit) mehr Wert zugemessen wird als ihrer faktischen Korrektheit.

<u>Überforderungen</u> des Befragten treten häufig bei Fragen auf, in denen sich der Befragte an etwas erinnern soll. Auch kann man häufig bereits recht allgemeine Kenntnisse nicht voraussetzen. In bezug auf Einstellungen wird angenommen, daß alle Leute zu fast allen Themen bereits eine abrufbare Einstellung besitzen. Manchmal werden jedoch

gerade bei "forced choice" Fragen Einstellungen durch Umfragen erst erfunden.

Zwei besondere Probleme in bezug auf den Befragten sind
sogenannte "schwierige" Fragen und die Meinungslosigkeit.
In jedem Fragebogen gibt es Fragen, die "schwieriger" sind
als andere, d.h. Fragen, die nur ungern beantwortet werden
und bei denen die Antwortverweigerung hoch ist. Die Frage
nach dem Einkommen ist "schwieriger" als die nach dem Alter.
Schwierige Themen sind beispielsweise sexuelles Verhalten,
persönliches Einkommen, Körperhygiene, Wahlverhalten, z.T.
auch Kirchenbesuch. Es ist allerdings fraglich, ob die
Schwierigkeit immer am Themenbereich liegt, häufig liegt
der Fehler nur bei der Fragenformulierung oder beim Interviewer. Maßnahmen wie man solche hohen Verweigerungsquoten
vermeiden kann sind etwa:
a) die Vorgabe von vorverschlüsselten Antworten (beim
   Einkommen) statt einer offenen Frage;
b) die Entschärfung oder Verharmlosung der Frage durch
   eine geeignete Formulierung;
c) ein Appell an den Mitläufereffekt;
d) das "schwierige" Thema wird als etwas Selbstverständ-
   liches dargestellt;
e) Überrumpelung des Befragten durch ganz direkte Fragen.

Ein anderes Problem ist das der Meinungslosigkeit oder
Antwortverweigerung, vor allem bei Wahlfragen wenn eine
Wahlprognose gestellt werden soll. Man sollte hier generell vier Fälle unterscheiden:
a) Nicht-Informiertheit,
b) Unentschiedenheit,
c) Meinungslosigkeit (spielt bei Faktfragen keine Rolle),
d) Verweigerung im echten Sinne.
Fraglich ist, ob man in jedem Falle alle diese vier Möglichkeiten auch bei der Verkodung verschlüsseln kann. Man
sollte aber in der Analyse die echte Verweigerung von den

anderen Fällen unterscheiden.

5.1.4 Formen der Befragung

Bisher wurde nur eine Form der Befragung vorausgesetzt,
nämlich das durch einen weitgehend durchformulierten,
standardisierten Fragebogen geleitete persönliche Interview, wie es in der Meinungsforschung ständig angewendet
wird. Es ist schon mehrfach darauf hingewiesen worden,
daß es auch noch andere Befragungstechniken gibt.

Man kann vier Dimensionen der Befragung unterscheiden:
1. Grad der Standardisierung der Befragung: es wird unterschieden in standardisierte, halbstandardisierte und
   nichtstandardisierte Befragung.
2. Art der Befragungssituation: es wird unterschieden in
   mündliche und schriftliche Befragung.
3. Zahl der befragten Personen zur gleichen Zeit: es wird
   unterschieden zwischen Einzelbefragung und Gruppeninterview (Gruppendiskussion).
4. Häufigkeit der Befragung von Einzelpersonen: es wird
   in einmalige Befragung und Panel (Befragung in mehreren Wellen) unterschieden.
Dies ergibt insgesamt 24 Kombinationsmöglichkeiten, von
denen hier nur einige Befragungsarten besprochen werden
und deren Hauptanwendungsgebiete kurz gekennzeichnet werden können.

1. Das standardisierte Interview ist wohl das vielseitigste
   Erhebungsinstrument in den Sozialwissenschaften. Durch
   die Entdeckung, daß man die Antworten auf Fragen nicht
   immer sozusagen "wörtlich" nehmen muß, sondern als Indikator für einen theoretischen Begriff auffassen kann,
   wird das Interview zunehmend auch für theoretische
   Zwecke brauchbar. Gefördert wurde dies weiter durch die
   Erfindung von Skalen und Indizes.

2. Das halbstandardisierte Interview, das im wesentlichen mit offenen Fragen arbeitet und auch Sondierungsfragen zuläßt, hat sich dagegen nicht so weitgehend durchgesetzt. Nicht zuletzt deshalb, weil die Durchführung und die Analyse des Materials wesentlich teurer sind. Das halbstandardisierte Interview wird heute vielfach als Intensivinterview bezeichnet (früher häufig auch als Tiefeninterview). Meist wird hier ein hohes Qualifikationsniveau des Interviewers vorausgesetzt. Der Fragebogen ist bei einem Intensivinterview also nicht so weit ausgearbeitet wie bei einem standardisierten Interview, sondern es wird nur ein sog. Interviewerleitfaden entwickelt, bei dem manchmal der Interviewer auch die Reihenfolge der Fragen variieren kann. Dadurch ist es möglich, viel genauere Nachfragen zu bestimmten Themen zu stellen.Sachverhalte also "intensiver" oder auch mehr in die "Tiefe" gehend zu erfassen.

3. Das nichtstandardisierte Interview verzichtet vollständig auf einen Fragebogen und wird deshalb auch häufig als ungelenktes Interview bezeichnet. Es hat noch eindeutiger als das Intensivinterview eine rein explorative Funktion, indem es vom Forscher im wesentlichen dazu benutzt wird, den Gegenstandsbereich zu sondieren und ausgewählten Befragten (oft Experten) die Möglichkeit zu einer freien Stellungnahme geboten wird. Die Befragten erhalten vom Interviewer meist ein Rahmenthema und sie werden dann aufgefordert, zu diesem Thema Stellung zu nehmen. Meist wird zur Aufzeichnung ein Tonbandgerät verwendet.

4. Eine Sonderform des standardisierten Interviews ist das Telefoninterview. Allerdings ist hier die Einschränkung des Personenkreises (Telefonbesitzer) problematisch. Telefoninterviews setzen voraus, daß die Motivation des Befragten nicht zu sehr beansprucht wird, daß die Fragebogen kurz und unkompliziert sind und daß

möglichst der Haushalt, nicht aber Personen, Einheit
der Analyse ist.

5. Neben diesen bisher behandelten verschiedenen Verfahren mündlicher Befragungen soll nun kurz auf schriftliche Befragungen eingegangen werden. Meist werden hier
zwei Hauptformen unterschieden:
a) postalische Befragung und
b) Befragung in einer Gruppensituation (paper and pencil
test) - häufig in einer Schulklasse, wo Schüler unter
Aufsicht einen Fragebogen auzufüllen haben.
Der Hauptvorteil der schriftlichen Befragung ist der
Kostenvorteil. Für ein mündliches Interview muß man
heute pro Interview, je nach Befragungsdauer, 30,- bis
80,- DM rechnen. Bei einer schriftlichen Befragung
fallen hauptsächlich Druck- und Portokosten an (Hin-
sendung, Freiumschlag für Rücksendung, Mahnung, etc.)
also ca. 5,- bis 10,- DM pro Befragung. Hauptnachteile
der schriftlichen Befragung sind aber die Unkontrol-
lierbarkeit der Antwortsituation und die sog. Rücklaufquote, d.h. der Prozentsatz derjenigen, die einen vollständig ausgefüllten Fragebogen zurücksenden. Diese
Rücklaufquote liegt gelegentlich nur bei 10%, manchmal
allerdings liegt sie auch bei 90% - besonders dann,
wenn bei einer ausgewählten Befragtengruppe ein stark
interessierendes Thema behandelt wird.

6. Gruppeninterviews stellen eine bedeutsame Ergänzung zur
Einzelsituation im Interview dar, sie werden aber dennoch
bislang nur sehr selten verwendet. Vermutlich vor allem
aus zwei Gründen:
1. Soziologen befassen sich nach wie vor überwiegend
mit Personen und nicht mit Gruppen;
2. die methodische Vorgehensweise, also die Fragebogengestaltung und auch die Analyse einer Gruppendiskussion sind noch nicht geklärt. Deshalb handelt

es sich bei Gruppeninterviews auch in den meisten
Fällen um halb- oder nichtstandardisierte Befragungen.
Gruppeninterviews oder Gruppendiskussionen sind darüber
hinaus bisher auf relativ eng umgrenzte Bereiche beschränkt. Meist gibt der Interviewer bzw. der Diskus-
sionsleiter einen sog. Grundreiz vor, d.h. einen Stimulus, der anschließend von der Gruppe diskutiert werden
soll. Die Diskussionen werden dann in der Regel auf
Tonband aufgenommen. Ziel der Untersuchung ist die Er-
forschung des Prozesses der Meinungsbildung in der
Gruppe.

7. Als letztes Befragungsverfahren soll das _Panel_, die
mehrfache Befragung erwähnt werden. Dies ist ein Verfahren, das leider bisher noch zu selten verwendet
wird, weil es sehr kostspielig ist, denn man muß mit
einer relativ großen Stichprobe arbeiten, da bei jeder
neuen Welle von Befragungen eine gewisse Zahl von Aus-
fällen einkalkuliert werden muß. Nur mit einem direkten
Panel, durch das die gleichen Personen mehrfach interviewt werden, lassen sich Veränderungen von Meinungen
und Einstellungen wie auch von Verhaltensweisen messen.
Will man also den Erfolg oder die Wirksamkeit bestimmter Programme messen, so muß man auf eine solche Mehr-
fachbefragung zurückgreifen.

5.1.5 Gültigkeit und Zuverlässigkeit von Befragungsdaten
Es geht hier im wesentlichen um die Anwendung der Kriterien, die früher schon behandelt wurden (vgl. S.85f.).
Soweit Erfahrungen mit Gültigkeit und Zuverlässigkeit vorhanden sind, beziehen sie sich im wesentlichen auf persönliche Interviews und postalische Erhebungen, die beiden am
häufigsten verwendeten Befragungsmethoden.

Probleme der Zuverlässigkeit ergeben sich sowohl bei der
Datenerhebung als auch bei der Datenverarbeitung. Gemessen
werden soll die Zuverlässigkeit des Fragebogens selbst,
des Interviewers, sowie des Verkoders der Daten. Zum Test
des Fragebogens mit der Wiederholungsmethode (test-retest)
würde man etwa den gleichen Interviewer einsetzen (wobei
dann gleichzeitig der Befragte mitgetestet würde); wenn
die Zuverlässigkeit des Interviewers erfaßt werden soll,
werden zwei verschiedene Interviewer eingesetzt, um deren
Übereinstimmung zu überprüfen. Ganz ähnlich geht man bei
der Verkodung des Materials vor: auch hier kann eine Frage
zweimal vom gleichen Verkoder verschlüsselt werden. Oder
eine Frage wird von zwei verschiedenen Verkodern verschlüsselt um deren Übereinstimmung zu testen, der Prozentsatz der Übereinstimmungen läßt sich dann gut als ein quan-
titatives Maß verwenden.

Auch die **Halbierungsmethode** läßt sich in allen drei Fällen
anwenden: Um die Zuverlässigkeit des Fragebogens zu überprüfen, können bestimmte Fragenprogramme halbiert werden
und so zwei Versionen eines Fragebogens erstellt werden.
Im Ergebnis sollen dann die beiden Versionen überein-
stimmende Punktwerte aufweisen. Dies ist allerdings nur
bei Meinungsfragen, nicht so sehr bei Faktfragen möglich.
Um die Interviewerzuverlässigkeit überprüfen zu können,
werden zwei Interviewergruppen gebildet, deren Interview-Er-
gebnisse später miteinander verglichen werden. Ergeben
sich beachtliche Unterschiede, so ist das ein Hinweis auf
Verzerrungen, die durch die Interviewer hervorgerufen sind.
Ähnlich beim Verkoden: zwei verschiedene Coder bearbeiten
jeweils die Hälfte des Fragebogensatzes und deren Ergebnisse werden verglichen.

Probleme der Gültigkeit von Befragungsergebnissen können
auf vielfältige Weise behandelt werden, und entsprechen
weitgehend den vier Methoden, die wir unterschieden haben.

Am wichtigsten ist die Validierung an bekannten Gruppen,
etwa indem die Repräsentativität einer Umfrage mit amtlichen Daten verglichen wird (Alter, Geschlecht, Beruf,
Einkommen). Dies liefert aber gewissermaßen nur eine Brutto-
gültigkeit, die auf die Stichprobe als Ganzes bezogen ist.
Wichtiger ist jedoch die Nettogültigkeit, die mehr auf
die untersuchten Personen selbst abstellt. Hier kommt es
im wesentlichen auf den Erfindungsreichtum des Forschers
an, externe Validierungsmöglichkeiten ausfindig zu machen.

Allgemein kann die Zuverlässigkeit aber auch die Gültigkeit von Befragungsdaten, wenn die bisher erarbeiteten
Kunstregeln angewendet werden, als recht hoch betrachtet
werden. Die Einhaltung der Kunstregeln ist jedoch sehr
wichtig, da ohne sie leicht Artefakte ermittelt werden
können. Methodenkritik und ständige Versuche der externen
Gültigkeitsprüfung (wie etwa in der Wahlforschung, wo die
Wahlergebnisse externe Validierungen liefern) sind daher
notwendig.

5.2 Die Beobachtung

Beobachtungsverfahren sind in letzter Zeit aus einer gewissen Unzufriedenheit vor allem mit Befragungsmethoden
gefördert und verstärkt angewendet worden. Diese Unzufriedenheit mit Befragungen beruht im wesentlichen auf zwei
Gründen: 1) Befragungen erfassen nur verbales Verhalten.
Viele Untersuchungen haben aber gezeigt, daß verbal ge-
äußerte Einstellungen und tatsächliches Verhalten ausein-
anderfallen können (vgl. die intensive Debatte um "attitudes versus overt behavior" in den USA, vgl. zusammenfassend THOMAS, 1971 und neuerdings JACKMAN, 1976, sowie
BENNINGHAUS, 1976). 2) Befragungsmethoden sind reaktive
Erhebungsverfahren, denn Interviewer, bzw. der Fragebogen
beeinflussen in häufig unkontrollierter Weise die Antwort-

neigung des Befragten und können daher Forschungsergebnisse verzerren. Beobachtungsverfahren können nun so angelegt werden, daß sie nicht-verbales Verhalten erfassen und
daß sie dies auf nicht-reaktive Weise tun - sie können mithin methodologische Vorzüge gegenüber Befragungsergebnissen
aufweisen. Allerdings wird dieser Nachteil häufig mit
einer inhaltlichen Beschränkung erkauft, die die Verwendung von Beobachtungsverfahren einschränkt - inhaltliche
Universalität (nämlich daß man nahezu alles erfragen kann)
ist zugleich der große Vorteil von Befragungsverfahren.

Die folgende Darstellung von Beobachtungsverfahren kann
wieder nur eine sehr kursorische Einführung liefern. Zur
Vertiefung wird auf das Teubner Skriptum Nr. 32 "Beobachtung" von Karl-Wilhelm GRÜMER (1974) verwiesen.

Sozialwissenschaftliche Beobachtungsverfahren unterscheiden sich von der naiven Alltagsbeobachtung. Sie reißt die
beobachteten Tatbestände aus ihrer durch das Alltagsver-
ständnis gegebenen Bedeutung heraus, weil sie häufig das
Ungewohnte an solchen Verhaltensweisen feststellen will.
Wissenschaftliche Beobachtung kann zusätzlich dadurch gekennzeichnet werden, daß sie eine Beobachtung im Lichte
von Theorien bzw. Hypothesen sein muß, daß uns eine durch
Theorie geleitete Fragestellung Anleitungen dafür gibt,
nach welchen Phänomenen und Tatbeständen wir Ausschau zu
halten haben.

Eine solche Vorstellung von der wissenschaftlichen Beobachtung sollte auch die Ergebnisse der Wahrnehmungsfor-
schung berücksichtigen. Jede Theorie der Wahrnehmung muß
davon ausgehen, daß die Wahrnehmung selektiv arbeitet,
d.h. daß es unmöglich ist, alle Informationen, die auf
einen Menschen einströmen, in einem beliebigen Moment voll
aufzuarbeiten. Die Aufmerksamkeit kann sich also immer nur
auf bestimmte, ausgesonderte Reize aus der Umwelt konzen-

trieren. Nach welchen Prinzipien die Selektion, die Auslese von Umweltreizen erfolgt, darüber sagt z.B. die
Theorie der kognitiven Dissonanz etwas aus: nämlich nur
solche Informationen werden in der naiven Beobachtung
zugelassen, die eine Verstärkung der Dissonanz vermeiden
helfen, die also eine kognitive Konsonanz fördern. Gerade
so darf aber die wissenschaftliche Beobachtung <u>nicht</u> verfahren. Hier müssen also möglichst Techniken entwickelt
werden, die eine solche Verzerrung der Wahrnehmung ausschließen, die zwar das Faktum der Selektivität der Wahr-
nehmungsfähigkeit berücksichtigen, aber doch sicherstellen,
daß der Bereich, der beobachtet werden soll, möglichst
vollständig erfaßt wird.

5.2.1 Formen der Beobachtung

Um die bestehende Vielfalt von Beobachtungsmethoden zu
systematisieren, werden vier Dimensionen der Beobachtung
unterschieden:

1) Zunächst soll die <u>teilnehmende Beobachtung</u> von der
   <u>nicht-teilnehmenden Beobachtung</u> unterschieden werden.
   Bei dieser Unterscheidung geht es also um die Stellung
   des Forschers zu dem Untersuchungsgegenstand, also zu
   den Versuchspersonen. Bei der teilnehmenden Beobachtung
   nimmt der Beobachter direkt an den Interaktionen der
   untersuchten Gruppe teil, er versucht sich also häufig
   möglichst vollständig in die Gruppe integrieren zu
   lassen, um so zu einem möglichst tiefen Verständnis des
   Gruppenlebens zu kommen. Bei der nicht-teilnehmenden
   Beobachtung versucht der Forscher dagegen außerhalb
   der Gruppe zu bleiben, um seine Objektivität zu wahren,
   um nicht vollständig in die Sichtweise der Gruppe hin-
   eingezogen zu werden, er versucht also zumindest eine
   neutrale Position einzunehmen.

2) Die konkrete Beobachtung kann <u>systematisch</u> (struktu-
   riert) oder <u>unsystematisch</u> (unstrukturiert) durchge-

führt werden. Bei dieser Unterscheidung geht es also
darum, wie die Aufnahme der Daten vor sich geht, es
geht darum, wie der Selektivitätsprozeß gesteuert wird,
ob also etwa ein Kategorienschema für die Daten verfügbar ist oder ob in der Beobachtung auf sehr lockere,
impressionistische Art und Weise alle Informationen,
die wichtig erscheinen, aufgezeichnet werden.

3) Sowohl in der teilnehmenden wie in der nicht-teilnehmenden Beobachtung kann sich der Forscher als Beobachter
zu erkennen geben, er kann es aber auch vorziehen, un-
erkannt zu bleiben, die Beobachtung kann also _verdeckt_
oder _offen_ durchgeführt werden. Herr Wallraff im Ger-
ling Konzern ist ein verdeckter Beobachter, eine Gruppe
von Psychologen zur Beobachtung einer religiösen kleinen
Sekte ebenfalls (vgl. FESTINGER, 1967). Grundsätzlich
ist die offene Beobachtung, die unversteckte Präsenta-
tion des Forschers vorzuziehen. Eine verdeckte Beobachtung darf nur eine Notlösung sein, die dann anzuwenden ist, wenn angenommen werden muß, daß die Anwe-
senheit des Untersuchungsleiters bei den Versuchspersonen einen die Forschungsfrage verzerrenden Effekt
auslöst.

4) Nach der Art der Situation, die durch die Beobachtung
erfaßt werden soll, soll schließlich unterschieden
werden, ob es sich um eine _natürliche Situation_ handelt, die durch keine direkten Eingriffe des Forschers
gekennzeichnet ist, oder ob es sich um eine _künstliche_
Situation handelt, wie sie etwa in einem Laboratorium
hergestellt werden kann.

Durch diese Unterscheidung von vier Dimensionen der Beobachtung (mit jeweils zwei Merkmalsausprägungen) können
nun insgesamt 16 konkrete Formen der Beobachtung unterschieden werden. Allerdings spielen in der Forschungspraxis nur wenige Verfahren eine Rolle: Die in der Praxis

wichtigeren Dimensionen sind die Strukturiertheit und die
Teilnahme des Forschers. Für den wissenschaftlichen Status
der Beobachtung dürfte die Strukturiertheit der Beobachtung wohl das wichtigste Einzelmerkmal sein (vgl. GRÜMER,
S. 35).

5.2.2 Analyseeinheit und Auswahlprobleme

Mit Beobachtungstechniken können sehr unterschiedliche Vorgänge behandelt werden, nämlich eine ganze Kultur, eine
religiöse Sekte, die Interaktion von Personen während der
Arbeit, Verhalten in der Schule, Gespräche in einer Dis-
kussionsgruppe, usw. In den meisten Fällen sind die konkreten Einheiten der Untersuchung sinnhafte Worteinheiten,
die vom Beobachter systematisch erfaßt werden.

Zunächst kann ein <u>sprachliches Verhalten</u> Einheit der Analyse sein, wie das ja bei den meisten beschriebenen Untersuchungen der Fall war. Es kommt nun darauf an, wie systematisch dieses sprachliche Verhalten erfaßt wird. Bei den
Untersuchungen die <u>teilnehmend und unsystematisch</u> vorgehen,
wird diesem Problem der Analyseeinheit meist wenig Beach-
tung geschenkt, es geht dabei vielmehr nur darum, daß
das Verhalten der Akteure richtig verstanden und inter-
pretiert wird. Dieser Vorgang des Verstehens und der Interpretation der Sprache derjenigen, die man beobachtet, wird
aber häufig nicht sehr explizit gemacht, so daß bei solchen teilnehmenden Beobachtungen nicht immer überprüft
werden kann, inwieweit eine zutreffende Interpretation
des gemeinten Sachverhalts durch den Beobachter gelungen
ist.

Zwei gegensätzliche Fehlerarten lassen sich in der unsystematischen Feldbeobachtung unterscheiden: 1) Die eine
besteht darin, daß man die beobachteten Personen nicht
richtig versteht oder daß man falsch übersetzt. Dies läßt
sich gegebenenfalls durch eine bessere Schulung oder einen

längeren Aufenthalt beheben. 2) Die andere Fehlermöglichkeit beruht jedoch gerade auf einem solchen ausgedehnten
Aufenthalt in der Gruppe. Der Beobachter kann dadurch
leicht die Perspektive der Beobachteten völlig übernehmen,
er identifiziert sich mit ihren Problemen und verliert
damit häufig seine Fragestellung aus den Augen. Diese
Fehlermöglichkeit wird in der Literatur als "going native"
beschrieben, also die zu weitgehende Identifizierung mit
denen, die beobachtet werden, so daß jederzeit die Gefahr
besteht, daß er nur das registriert, was die Beobachteten
selbst für wichtig halten, so daß er wichtige Details aus
den Augen verliert.

Ein sprachliches Verhalten kann aber auch <u>systematisch</u>
erfaßt werden, wie in der "Interaction Process Analysis"
(IPA) von BALES (BALES, 1962). BALES versucht, das verbale
Verhalten in einer Laborsituation, nämlich einer Gruppensituation, möglichst genau zu erfassen. Dies ist bei
BALES durch ein Kategorienschema geschehen, das 12 Kategorien besitzt. Das Schema wurde durch eine Inhaltsanalyse aus einer wesentlich größeren Anzahl von Kategorien
gewonnen und ist selbst theoretisch rückverbunden. Das
Schema schafft damit eine theoretische Präformierung des
Gegenstandes. Es ist somit ein Beispiel dafür, wie für
eine Beobachtungsnotierung eine theoretische Konzeption
erforderlich ist.

Die Einheit der Analyse bei BALES ist nun jeweils "die
kleinste erkennbare Einheit des Verhaltens, die der Definition von irgendeiner der Kategorien genügt ... die ...
vom Beobachter gedeutet werden kann oder im Gesprächspart-
ner eine Reaktion hervorruft" (BALES, 1962, S. 158). Die
Einheit der Analyse ist hier also ziemlich genau umschrie-
ben, nämlich als ein Satz, ein Satzteil, manchmal auch ein
Lachen oder dergleichen. Dies wird auf einem Beobachtungs-
bogen notiert, wobei auch notiert wird, von wem die

Interaktion ausgeht und an wen sie gerichtet ist.

Es sind eine ganze Reihe von Auswertungsmöglichkeiten denkbar:

a) Personen-orientiert (wie agiert A im Verhältnis zu B),
b) Situationsbezogen (wie verändert sich das Verhalten im
   Verlauf der Diskussion),
c) Gruppenorientiert (gibt es einen Führer?).

Neben der Interaction Process Analysis gibt es eine Reihe
von anderen Kategoriensystemen, durch die verbales Verhalten erfaßt werden kann, z.B. ein Verfahren mit 18 Kategorien, das von BORGHATTA entwickelt wurde und Interaction
Process Score genannt wurde. Durch dieses Verfahren soll
vor allem eine differenziertere Registrierung des Verhaltens als bei BALES möglich sein. Dieses Verfahren ist mehr
empirisch orientiert als das von BALES. Es gibt noch eine
Reihe von anderen Verfahren, aber sie können hier nicht
erwähnt werden (vgl. GRÜMER, 1974, S. 200).

Bisher wurde nur verbales Verhalten behandelt, das entweder
systematisch durch ein Kategorienschema oder unsystematisch
durch Gedächtnisprotokoll erfaßt wurde. Nun erschöpft sich
soziales Verhalten nicht in sprachlichem Verhalten. Es
sollen daher zusätzlich drei andere Beobachtungseinheiten
unterschieden werden: Außersprachliches Verhalten, räum-
liches Verhalten und nichtverbales Verhalten.

1. Außersprachliches Verhalten soll jenes Verhalten bezeichnen, das sich zwar während des Sprechens abspielt,
   aber doch nicht selbst zur Sprache gehört: Aussprache,
   Lautstärke, Pausen, Rhythmus, usw., also Phänomene,
   deren Bedeutung sehr unterschiedlich und manchmal im
   völligen Gegensatz zu dem manifesten Gehalt des Aus-
   gesprochenen stehen kann. Es ist angeregt worden, hier
   vier Dimensionen zu unterscheiden (WEICK, 1970, S.991):

a) eine vokale Dimension (auch Lautstärke, Tonfarbe,
   usw.),

b) eine zeitliche (nach Rhythmus, Unterbrechungen,
   Dauer von Sätzen, etc.),

c) eine Interaktions-Dimension (Tendenz, andere zu
   unterbrechen, zu dominieren, usw.),

d) eine stilistische Dimension (Vokabular, Aussprache,
   bestimmte Ausdrücke).

2. Die Anregung zum Studium des räumlichen Verhaltens von
   Personen und Gruppen kam vor allem aus der Verhaltens-
   forschung, wo das Revierverhalten von Tieren Rück-
   schlüsse auf die soziale Stellung des Tieres zuläßt.
   Die Analyse räumlichen Verhaltens ist vor allem bei
   der Beobachtung von Gruppen in natürlichen Situationen
   (z.B. Spielplatz, Kindergarten, Großraumbüro) von
   Interesse und kann oft bessere Aufschlüsse über die
   Struktur einer Gruppe geben als eine mündliche Befragung.

3. Schließlich werden unter nichtverbalem Verhalten solche
   Phänomene wie Gesichtsausdruck, Körperbewegung oder
   Augenspiel von Personen verstanden, durch die ebenfalls
   eine Kommunikation stattfindet, nur daß das Sprachsystem
   auf dieser Ebene nicht sehr gut bekannt ist. Es ist
   auch noch nicht erforscht, ob es hier gewissermaßen
   eine verbindliche "Grammatik" oder ob es nur eine Vielzahl von unverbundenen "Dialekten" gibt. Auch hier kann
   davon ausgegangen werden, daß durch Gesichtsausdruck
   eine sprachliche Aussage verfälscht und verändert werden kann, so wie durch ein kurzes Augenzwinkern eine
   verbale Aussage quasi negiert werden kann.

Aus der Gesamtzahl der möglichen Beobachtungseinheiten muß
in der Regel eine Auswahl getroffen werden. Man denke an
die Beobachtung einer Gruppe von Kindern auf einem Spielplatz. Einheit der Analyse soll hier eine bestimmte Ver-

haltenssequenz sein. Es muß nun ausgewählt werden, wie
lange und wann überhaupt beobachtet werden soll: Eine
Woche, zwei Wochen? Zu welcher Tageszeit? Wie lange jeweils pro Tag? Außerdem: Manchmal ist das Verhalten so
komplex, daß man sich entschließt, jeweils nur 5 Minuten
zu beobachten und dann Aufzeichnungen zu machen.

Es läßt sich der folgende Katalog von Auswahleinheiten
für die zu wählende Stichprobe aufstellen (FRIEDRICHS,
1973, S. 284):

1. Das oder die Beobachtungsobjekte (aus der Klasse gleicher Objekte),
2. Zeitpunkt der Beobachtung,
3. Dauer der Beobachtung,
4. Zahl der Beobachtungsintervalle,
5. Dauer der Beobachtungsintervalle (möglichst konstant
   halten),
6. Beobachtungseinheiten (Kategorien),
7. Art des Verhaltens (Teile des Verhaltens),
8. Auswahl der Personen.

Es ergibt sich also in jedem dieser 8 Fälle ein Auswahlproblem. Charakteristisch für Beobachtungsverfahren ist
allerdings, daß über die zugehörigen Grundgesamtheiten zu
den aktualisierten Auswahlen meist keine zuverlässigen
Informationen vorliegen.

5.2.3 Aufzeichnungssysteme für Beobachtungen

Wie werden die Beobachtungen denn nun vom Beobachter aufgezeichnet? Generell kann gesagt werden, daß ein Beobachter eine Situation niemals vollständig in allen ihren
Einzelheiten erfassen kann, daß Beobachtung immer ein
selektiver Prozeß ist. Das Bestreben des Beobachters muß
es vielmehr sein, die wesentlichen Dinge festzuhalten.
Der Beobachter ist also immer ein Auswählender. In bestimmten natürlichen Situationen, wenn ein ganz bestimmtes Verhalten beobachtet werden soll, sollten daher mehr-

fache Messungen vorgenommen werden, indem etwa zwei
Beobachter den gleichen Sachverhalt registrieren.

Die am häufigsten verwendeten Aufzeichnungssysteme für
Beobachtungen sind inhaltlich definierte Kategorienschemata, die vom Forscher vor einer Untersuchung angelegt worden sind. Durch ein solches Kategorienschema werden die Beobachtungen, die aufgezeichnet werden sollen,
sehr stark selektiert. Ein solches Kategorienschema entspricht einem Codeplan für eine Befragung.

Eine erste Regel zur Aufstellung von Kategorienschemata
ist, daß sie explizit formuliert werden sollen, d.h. vor
allem, der Beobachter, der die Einstufung des Verhaltens
in eine der Kategorien vornehmen soll, muß dies rasch
tun können, er darf nicht erst eine Interpretation vornehmen. Das Zeitintervall, innerhalb dessen die Beobachtung gemacht werden muß, sollte ebenfalls definiert sein.
Die Zahl der Kategorien sollte nicht zu groß sein, damit
der Beobachter sie in der Schnelligkeit, in der er sie
verschlüsseln muß, nicht verwechselt. Außerdem müssen die
Kategorien vollständig sein, was meist dadurch erreicht
wird, daß man eine Restkategorie einführt, in die alle
dubiosen Fälle eingeordnet werden können.

Außer durch inhaltlich definierte Kategorienschemata
können Beobachtungen auch auf andere Art und Weise aufgezeichnet werden. Eine Möglichkeit besteht darin, Film-
oder Fernsehaufnahmegeräte zu benutzen. Auch hier kommt
keine objektive Beobachtung zustande, auch Filme "lügen",
sozusagen, schon allein wegen des sehr begrenzten Auf-
nahmewinkels und der mangelnden räumlichen Tiefenwirkung
des Films. Das schwierigste Problem besteht hier später
in der Analyse des Filmmaterials - dann muß doch häufig
wieder auf ein Kategorienschema zurückgegriffen werden
und man hat nur den einen Vorteil, daß man sich be-

stimmte Situationen in Zweifelsfällen mehrfach vorspielen lassen kann.

Eine weitere Möglichkeit der Aufzeichnung besteht darin, systematische Beobachtungsprotokolle anzufertigen, die möglichst viele Informationen enthalten sollen. Allerding ist hier wohl das Hauptproblem, die Beobachter so zu schulen, daß auch wirklich die wichtigen Dinge aufgezeichnet werden. Auf Tonband oder Kassette gesprochene Protokolle können für spätere Kontrollen gespeichert werden.

Zwei weitere Möglichkeiten bestehen darin, ein Zeichensystem zu entwickeln, durch das etwa die räumliche Stellung von Personen zueinander oder auch der Gesichtsausdruck von Personen erfaßt werden kann, oder impressionistische Aufzeichnungen zu machen, wie vor allem bei der teilnehmenden Beobachtung in Form eines Tagebuches. Diese Form der Aufzeichnung von Beobachtung eignet sich jedoch nur für explorative Zwecke, sie ist durch systematischere Beobachtungen zu ergänzen.

5.2.4 Probleme der Zuverlässigkeit und Gültigkeit von Beobachtungen

Von vielen Autoren, die über Beobachtungstechniken geschrieben haben, ist betont worden, daß es eigentlich noch keine genaue Fehlertheorie der Beobachtung gibt (KÖNIG, 1962a,S. 21). Das bezieht sich nun gleichermaßen auf die Zuverlässigkeit wie die Gültigkeit von Beobachtungen. Sicher hängt das mit der Vielzahl der entwickelten Methoden zusammen, so daß jede einzelne Methode noch nicht sehr oft angewendet worden ist. Das Problem der Zuverlässigkeit kann übrigens erst dann geklärt werden, wenn ein Mindestmaß von Systematisierung einer Technik besteht; von Gültigkeiten zu sprechen ist nur dann angemessen, wenn ein Mindestmaß an theoretischem Bezug vorhanden ist.

Es gibt eine Vielzahl von Listen, die sich mit der Zuverlässigkeit des Beobachters befassen. Vier Verfahren der
Überprüfung der Zuverlässigkeit des Beobachters sollen
hier gesondert erwähnt werden:

1. Übereinstimmung der Ergebnisse zweier Beobachter, die
   gleiche Ereignisse beobachtet haben. Dieses kontrolliert
   Fehler, die auf Situationsveränderungen und Verzerrungen des Beobachters beruhen.

2. Übereinstimmung der Ergebnisse eines Beobachters, der
   ein ähnliches Ereignis zu verschiedenen Zeiten registriert. Dies schließt den Fehler der inadäquaten In-
   haltsstichprobe aus.

3. Übereinstimmung zweier Beobachter, die ein Ereignis
   zu verschiedenen Zeiten registrieren. Dies Verfahren
   schließt keine der oben genannten Fehlerquellen aus.

4. Ein Vergleich der Ergebnisse eines Beobachters, der
   ein Ereignis registriert, ähnlich wie bei einer internen
   Konsistenzprüfung.

Mit den angeführten Methoden ist es also vor allem möglich,
die Zuverlässigkeit des Beobachters bzw. des Kodierers bei
der systematischen Beobachtung zu überprüfen. Die Überprüfung der Zuverlässigkeit bei einer unsystematischen und
teilnehmenden Beobachtung ist dagegen viel schwerer, hier
bleibt eigentlich nur die Möglichkeit der internen Konsistenzprüfung, d.h. der internen Stimmigkeit der Berichte
des Beobachters, bzw. vor allem eine Replikation der Untersuchung.

Von den vier Möglichkeiten der Gültigkeitsüberprüfung
scheint nur die erste, unsicherste, d.h. die der Überprüfung der "face validity", anwendbar zu sein. Gegebenenfalls kann man natürlich versuchen, bekannte Gruppen zum
Vergleich heranzuziehen, aber das ist in den meisten Fällen
nicht möglich. Auch eine "predictive validity" wird sich
in den meisten Fällen nicht so leicht herstellen lassen,

von einer Validierung an einem theoretischen Konstrukt
ganz zu schweigen. Es ergibt sich also, daß die Gültigkeit
häufig nur "at face value" genommen werden kann.

Andere Fehler, die bei der Beobachtung häufig auftreten
können, sind (WEICK, 1974, S. 498 f.):
a) die unzulässige Abkürzung eines Vorgangs;
b) die Tendenz, bei einer Beobachtung mittlere (durchschnittliche) Erscheinungen zu vergessen;
c) die Herstellung einer künstlichen Vereinfachung oder
   Symmetrie bei einem Ereignis;
d) die Herstellung übergroßer Kontraste zwischen Ereignissen;
e) die Hervorhebung einer zentralen Tendenz der Beobachtung, d.h. also ihre Nivellierung.
Insgesamt sind jedoch die Auswirkungen dieser Fehlermög-
lichkeiten auf das Ergebnis umstritten.

Lösungsmöglichkeiten für diese genannten Fehlerarten
bestehen hauptsächlich darin, die Beobachter zu schulen
und darin, sich nicht auf eine einzelne Beobachtung zu
verlassen, sondern nach Möglichkeit jeweils multiple
Beobachtungen zu verwenden. Wichtig und nicht zu unter-
schätzen ist das Training der Beobachter. Dies ist vor
allem dann wichtig, wenn ein Kategorienschema von großer
Komplexität verwendet wird.

5.3 Inhalts- und Dokumentenanalyse

Beobachtung und Interview sind planmäßige Veranstaltungen
von Sozialwissenschaftlern, bei denen die Sammlung der
Daten aktiv betrieben wird: der Forscher konstruiert in
beiden Fällen die Erhebungsinstrumente selbst und trifft
eine aktive Auswahl von Personen und Befragungssituationen.
Die Inhaltsanalyse (oder auch im weiteren Sinne die Doku-

mentenanalyse) ist dagegen ein Verfahren, bei dem das
Forschungsmaterial nicht erst hergestellt werden muß,
denn es geht um die Zusammenstellung und Analyse von bereits existierenden Materialien: Akten, Zeitungsartikeln,
Büchern, persönlichen Aufzeichnungen, usw.

Es können sich dabei im Prozeß der Datensammlung keine
Verzerrungen aufgrund persönlicher Beeinflussung ein-
schleichen. Bei Beobachtung und Befragung kann das Problem
der Kontrolle des Beobachters, die Ausschaltung von Einflüssen auf die Beobachteten und der Einfluß des Interviewers auf die Befragten nicht vollständig gelöst werden. Nennt man Beobachtung und Interview aus diesem
Grunde reaktive Erhebungsverfahren, so stellt die Inhaltsanalyse daher ein nicht-reaktives Verfahren dar.

Unterscheidet sich die Inhaltsanalyse auf diese Art sowohl
von der Beobachtung wie vom Interview, so ist sie doch in
einer anderen Beziehung der Beobachtung verwandter als dem
Interview. Bei der Beobachtung wie bei der Inhaltsanalyse
sieht sich der Forscher komplexen sozialen Erscheinungsformen gegenüber und seine Aufgabe besteht darin, diese
Erscheinungsformen systematisch und analytisch zu erfassen
und diese Erfassung geschieht weitgehend durch Kategorienschemata. So kann man durchaus die BALE'sche Interaction Process Analysis als eine Inhaltsanalyse des Gehalts
der verbalen Information im Verlauf von Gruppendiskussionen auffassen. Umgekehrt kann man die Inhaltsanalyse
von Film- oder Fernsehsendungen als eine Form der nicht-
teilnehmenden Beobachtung auffassen - wie das im deutschen Sprachgebrauch häufig auch geschieht.

Inhaltsanalyse kann folgendermaßen _definiert_ werden: Inhaltsanalyse ist eine Methode, um Aussagen zu gewinnen über systematisch und objektiv identifizierte Merkmale von Inhalten
(Nachrichten und Informationen) - HOLSTI, 1968, S. 601.

5.3.1 Möglichkeiten und Arten der Dokumentenanalyse

In der Definition war angesprochen worden, daß es die Inhalts- und Dokumentenanalyse mit Merkmalen von Inhalten (messages) zu tun hat. Diese Inhalte können nun in den unterschiedlichsten Dokumenten enthalten sein. Grundsätzlich kann alles schriftlich gespeicherte Material für eine Inhaltsanalyse verwendet werden:

1. Persönliche Dokumente (z.B. Briefe und Tagebücher);
2. Aufzeichnungen und Berichte (wie sie etwa im Nachlaß von Personen oder auch in Büros aufgefunden werden können);
3. Akten aller Art, vor allem wenn sie über Personen geführt werden (Personalakten von Behörden, Parteien, Wirtschaftsunternehmen, Prozeßakten, usw.);
4. Dokumente und halböffentliche Berichte von Behörden und sonstigen Organisationen;
5. Statistiken und Kompilationen (Mitgliederlisten, "Who is Who", Gelehrtenkalender);
6. Publikationen (Zeitschriften, Bücher, usw.);
7. Massenkommunikationsmittel (Zeitung/Zeitschrift, Radio, Fernsehen).

Wie man sieht, gibt es eine Vielzahl von Möglichkeiten, Inhaltsanalysen durchzuführen. Da hierbei die Materialien in Bibliotheken und Archiven häufig leicht zugänglich sind, sind Inhaltsanalysen auch beliebt für empirische Examensarbeiten. Ein Vorteil von Dokumenten ist auch, daß sie erlauben, vergangene Geschehnisse zu rekonstruieren. Aus diesem Grunde haben Historiker schon immer mit diesen Materialien gearbeitet, allerdings auf eine weitgehend qualitative Art und Weise. Bei einer solchen Vorgehensweise besteht aber häufig die Gefahr, daß man nur Teile des relevanten Materials auswertet, daß man zu selektiv vorgeht und möglicherweise vorschnell Schlüsse zieht. Dies mag bei einer historischen Rekonstruktion des Geschichtsablaufs vertretbar sein, wo es sich ja meist um

die Rekonstruktion singulärer Ereignisse handelt. Bei dem
Nachweis von Entwicklungstendenzen ist aber eine quantifizierende Vorgehensweise angebracht. Der Streit, ob eine
quantifizierende oder eine qualitative Vorgehensweise angemessen sei, ist einst mit Vehemenz geführt worden, hat
aber inzwischen an Schärfe verloren, da beide Vorgehens-
weisen toleriert werden.

Die konkrete Vorgehensweise bei der Auswertung des Doku-
mentenmaterials entspricht häufig der Auswertung nur
wenig strukturierter Fragebögen. Für das Dokumentenmaterial wird ein Codeplan aufgestellt, der wie ein Fragebogen aufgebaut sein kann, so daß der Kodierer genau
nach den in diesem Plan gegebenen Anweisungen für die
ausgewählten Variablen die gewünschten Merkmale aus dem
Text verschlüsseln kann. Relativ unproblematisch ist
dies bei der Analyse von Personalakten, da hier die Analogie zur Befragung offensichtlich ist. Bei anderem doku-
mentarischen Material ist die Ähnlichkeit naturgemäß
geringer, dennoch sollte man auch dabei versuchen, den
Kodierungsplan für die Inhaltsanalyse so zu gestalten,
daß seine Analyse ähnlich erfolgen kann wie die Analyse
von Befragungen.

5.3.2 Paradigma der Inhaltsanalyse, kommunikations-
theoretische Ansätze

Inhaltsanalyse hat es grundsätzlich mit Kommunikation zu
tun, dabei wird vorausgesetzt, daß allgemeine Annahmen
über die Verknüpfung von sprachlichen Zeichen gemacht
werden können. Diese Annahmen werden in der Inhaltsanalyse
aber häufig nicht explizit gemacht, sondern bleiben
implizit (Übergang zur Linguistik).

LASSWELL hat eine sehr prägnante Formulierung gebracht,
durch die, besonders in bezug auf die Massenkommunikations-
forschung, sechs Elemente des Kommunikationsverhaltens

in Beziehung gesetzt werden. Inhaltsanalyse hat es danach damit zu tun, zu ermitteln: <u>Wer sagt was zu wem, wie, warum und mit welchem Effekt?</u> (LASSWELL et al., 1952, S.12).

<u>Wer</u> – bezieht sich auf den "Sender" einer Nachricht, einer Kommunikation

<u>sagt Was</u> – bezieht sich auf die Nachricht selbst, die vom Sender vermittelt wird

<u>Wie</u> – bezieht sich auf die Art und Weise, wie die Nachricht in dem spezifischen "Sendekanal" übermittelt wird (Kanal = mündlich, schriftlich, telefonisch, Zeitung, Rundfunk, Fernsehen)

<u>zu Wem</u> – bezieht sich auf den Empfänger der Nachricht (diese vier Stationen sind die notwendigen Glieder einer jeden Informationsvermittlung)

<u>Warum</u> – dies bezieht sich über den manifesten Inhalt einer Nachricht hinaus auf den Kontext der Mitteilung (z.B. auf die gesellschaftliche Situation)

<u>und mit Welchem Effekt?</u> – bezieht sich auf die Wirkung der Nachricht auf den Empfänger, auf Fortwirkungen vom Empfänger zu Anderen und möglicherweise auch auf Rückwirkungen vom Empfänger auf den Sender der Nachricht.

Nun werden in einer Untersuchung normalerweise nicht alle diese Aspekte zugleich untersucht. Meist werden vielmehr nur sehr wenige, häufig nur ein Aspekt aus diesem Paradigma ausgewählt. Untersuchungen zu dem "Was", also dem manifesten Inhalt, und zu dem "Wie" sind dabei am häufigsten, etwa bei der Analyse von Zeitungsmaterial und anderen Massenkommunikationsmitteln. Umstritten ist, inwieweit durch Inhaltsanalyse Effekte auf die Empfänger untersucht werden können. Häufig wird man über die Inhaltsanalyse hinaus Beobachtungen oder Befragungen bei den Empfängern durchführen müssen, etwa beim Studium der Frage von Auswirkungen des Fernsehens, bzw. von speziellen Fernsehsendungen, auf das Verhalten von Kindern, um zu Aussagen über die Wirkungen der Kommunikation zu gelangen.

Viele Inhaltsanalysen erfolgen auf eine recht einfache Art und Weise: sehr häufig (vor allem bei Examensarbeiten)

wird noch eine manuelle Datenverarbeitung vorgenommen, so
daß bei ausgewählten Texten nur Strichlisten von bestimmten Suchbegriffen geführt werden. Mit diesem Verfahren
lassen sich allerdings nur sehr wenige Aussagen machen.
Besser ist es, wenn mit Hilfe eines inhaltsanalytischen
Codebuchs maschinelle oder elektronische Datenverarbeitung
angestrebt wird, so daß die Datenverarbeitung und die
Datenanalyse wie bei einer Erhebung erfolgen kann. In diesen Fällen ist man genötigt, kleine Stichproben aus der
Masse des Gedruckten auszuwählen. Außerdem werden quali-
fizierte Kodierer benötigt, die die Vorverschlüsselungen
anhand des Kodierungsschemas vornehmen.

5.3.3 Inhaltsanalyse mit dem Computer

Angesichts immer größer werdender Informationsmengen gibt
es ein wachsendes Bedürfnis nach einer Inhaltsanalyse mit
Hilfe von Computern. Grundsätzlich wird man Computer dann
einsetzen, wenn sehr große Datenmassen verarbeitet werden
sollen. Einsatz von Computern bei der Inhaltsanalyse bedeutet, daß die Texte selbst, oder Teile von Texten, auf
Magnetband, Platte oder Lochkarte gespeichert sind. Man
kann den Computer dann bisher im wesentlichen auf zwei
Arten einsetzen:
a) zum Worte-Zählen,
b) im Sinne eines Wörterbuch-Systems.

Wort-Zählprogramme sind relativ einfach, denn es geht im
wesentlichen nur darum, die Häufigkeit bestimmter Worte
oder etwa aller Worte eines Textes auszuzählen. Immer-
hin kann man mit diesen recht primitiven Zählverfahren
interessante Maßzahlen entwickeln, etwa die "Type Token
Relation" (TTR), wobei das Verhältnis verschiedener Wörter
eines Textes zur Gesamtzahl der Worte eines Textes in Beziehung gesetzt wird (wobei sich beispielsweise eine
positive Korrelation zwischen TTR und Intelligenz ergibt).
Außerdem lassen sich etwa Häufigkeitsangaben bestimmter

Substantiva machen (wodurch etwa Autoren von Texten identifiziert werden können).

Wichtiger sind jedoch Inhaltsanalysen mittels eines
Wörterbuch-Systems, die unter der Bezeichnung "general
inquirer" bekannt geworden sind, d.h. "einem Satz von
Computer-Anweisungen, um natürliche Texte zu bearbeiten,
wodurch Textcharakteristika lokalisiert, gezählt und
tabelliert werden können" (vgl. HOLSTI, 1968, S. 665).
Ein solcher Ansatz eignet sich immer dann, wenn eine
große Textmasse unter einem vorprogrammierten Bezugs-
system betrachtet werden soll und eignet sich damit sowohl
für wissenschaftliche Fragestellungen, wie auch für
Dokumentationssysteme im allgemeinen, wie etwa auch für
die Arbeit von Redaktionen, Nachrichten- und Geheimdiensten.

Die Vorgehensweise ist dergestalt, daß von einer bestimmten Textmasse ausgegangen wird, und daß je nach dem inter-
essierenden Problem bestimmte Begriffe dieser Texte verschlüsselt werden und zu einem Wörterbuch zusammengestellt
werden. Alle Begriffe des Wörterbuchs können nun adressiert
werden, so daß jederzeit abgerufen werden kann, wo, wie
häufig und eventuell auch in welchem Kontext ein bestimmtes Wort verwendet wurde. Über die reine Denotation des
Begriffs hinaus wird man auch versuchen, in dem Wörterbuch die typischen Konnotationen eines Begriffs festzuhalten.

Die Wörterbücher unterscheiden sich nun danach, wie selektiv sie vorgehen. Extremfall ist hier ein Wörterbuch, das
alle vorkommenden Worte zu erfassen versucht -, aber das
würde sich nur bei Computer-Übersetzungen lohnen. Die Erwartungen, die noch vor kurzer Zeit an diesen "general
inquirer"-Ansatz gestellt wurden, sind weitgehend gedämpft
worden. Man erhoffte sich nämlich davon eine sehr schnelle
Lösung des Informationsproblems und hoffte auch auf auto-

matische Übersetzungen. Aber Sprache erwies sich doch als
ein sehr viel komplizierteres System als man ursprünglich
gedacht hatte. Wörterbuchsysteme kommen deshalb heute nur
noch in einem eingeschränkten Sinne vor allem bei Dokumen-
tationssystemen in Frage, wobei das Wörterbuch auf eine
überschaubare Systematik von Stichwörtern reduziert wird.

Vorteile von computerisierter Inhaltsanalyse sind vor
allem die große Schnelligkeit bei der Analyse von Textma-
terial (nachdem es einmal gespeichert ist), die große Zuverlässigkeit, mit der das Instrument arbeitet, die Möglichkeit, sehr komplexe Datenmanipulationen durchzuführen und
die Möglichkeit der Sekundäranalyse des einmal gespeicherten Materials. Nachteile sind vor allem die großen Kosten
bis zur Einrichtung des Systems und das Problem der Hand-
habung von Bedeutungsnuancen von Texten, die die Gültigkeit des Wörterbuchsystems in Frage stellen.

5.3.4 Probleme der Zuverlässigkeit und Gültigkeit der
Inhaltsanalyse

Inhaltsanalysen haben im Normalfall eine sehr hohe Zuverlässigkeit was die denotative Bedeutung von Begriffen und
Texten angeht. Es macht aber grundsätzlich Schwierigkeiten,
wenn auch die konnotative Bedeutung von Texten erfaßt werden soll , weil diese häufig kontext- und situationsspezi-
fisch sein können. Probleme der Zuverlässigkeit der Verkoder des Materials sind übrigens ganz ähnlich wie die
Probleme der Kontrolle der Zuverlässigkeit von Beobachtern
zu behandeln.

Bei der Überprüfung der Gültigkeit ist man wie bei den
meisten Erhebungsverfahren bisher auf "face validity" angewiesen, d.h. auf eine Plausibilitätsprüfung. Es kommt
dann auf den Einzelfall an, ob oder gegebenenfalls welche
anderen Möglichkeiten der Überprüfung angewendet werden
können. Ein Beispiel für die Anwendung von "construct-

validity"-Kriterien findet sich in der umfangreichen Inhaltsanalyse von Volksmärchen und Kindergeschichten aus
aller Welt, durch die ein Zusammenhang zwischen Leistungs-
motivation und wirtschaftlicher Entwicklung eines Landes
nachgewiesen werden sollte (vgl. McCLELLAND, 1966, Kap. 3).

5.4 Soziometrie

Als letztes Verfahren soll eine spezielle Form der Befragung in Kleingruppen behandelt werden. Die Soziometrie ist
keine spezielle Erhebungsmethode, aber sie ist ein häufig
angewandtes Verfahren geworden, das zur Aufhellung der
Struktur kleiner Gruppen geeignet ist. Die Soziometrie
wurde von dem österreichischen Arzt und Psychiater
J.L. MORENO entwickelt und 1934 erstmals in den USA publi-
ziert (MORENO, 1967).

MORENO ging dabei von der Vorstellung aus - er arbeitete
damals in einem Mädchenheim -, daß viele Probleme des
menschlichen Zusammenlebens nur dadurch entstehen, daß
Menschen zwangsmäßig zu Gruppen zusammengestellt werden
und nicht frei und spontan zusammenleben können. Er entwickelte deshalb den soziometrischen Test, durch den die
Gruppenmitglieder ihre Zuneigung und Ablehnung zu anderen
Personen, ihre Interaktionspräferenz oder ihre faktischen
Interaktionsbeziehungen angeben sollen. Die Erhebungstechnik besteht dabei darin, daß die Gruppenmitglieder
gefragt werden, wen sie als besten Freund ansehen, neben
wem sie sitzen wollen, wen man am liebsten einladen würde,
mit wem man tatsächlich nach Hause geht oder sich unter-
hält, usw. Es werden also Wahlakte aller Art erfragt.
Häufig werden auch negative Wahlen erfragt: Neben wem man
nicht sitzen will, wen man nicht leiden mag, usw. Diese
Fragen werden nun in der Soziometrie typischerweise nicht

für einzelne Personen ausgewertet, sondern für die Gruppe als Ganzes. Dies geschieht durch ein <u>Soziogramm</u> oder eine <u>Soziomatrix</u>.

Bei der Auswertung eines Soziogramms kann man nun ganz bestimmte Konfigurationen entdecken (vgl. MAYNTZ et al., S. 125 f.):

1) das Paar,
2) das Dreieck,
3) die Kette,
4) der Stern,
5) die Clique (drei oder mehr Personen, die sich gegenseitig wählen),
6) der Star (Mittelpunkt des Sterns),
7) die graue Eminenz (gegenseitige Wahl mit dem Star, sonst isoliert),
8) der Isolierte (wer keinen anderen wählt),
9) der Vergessene,
10) der Abgelehnte (eine "Person", die nur negative Wahlen empfängt).

Eine soziographische Analyse bleibt allerdings meist subjektiv und anekdotisch, deshalb hat man auch versucht, zu genaueren Maßzahlen zu gelangen, indem man die Wahlen oder Ablehnungen in eine Tabelle, eine Matrix einträgt.

Aus einer solchen Matrix lassen sich nun sowohl für einzelne Gruppenmitglieder Maßzahlen ableiten, wie auch für die Gruppe als Ganzes, z.B.

1) Anzahl der erhaltenen/gegebenen positiven oder negativen Wahlen,
2) Anzahl der reziproken positiven/negativen Wahlen,
3) Anzahl der Personen von denen sich ein Mitglied positiv/negativ gewählt glaubt oder die sich von keinem Mitglied positiv gewählt glauben.

Die Soziometrie hat sich in den USA rapide ausgebreitet und sehr vielseitige Anwendungsgebiete gefunden (z.B. in der Pädagogik,um Sitzordnungen für Schüler zu ermitteln). Als einziger Erhebungsmethode ist ihr eine eigene Zeitschrift gewidmet (namens "Sociometry"),die seit 1937 erscheint (vgl. auch DOLLASE,1973).

Die soziometrischen Analysemethoden mittels Matrix-Berechnungen sind dabei sehr vielseitig und noch keineswegs zu einem Abschluß gekommen. Auch die Erhebungssituation erweitert sich zunehmend, nämlich weg von der Frage nach der Zu- oder Abneigung in der Gruppe zu ganz allgemeinen Interaktionsbeziehungen zwischen Personen (etwa in der Elite-Forschung oder bei der Darstellung von Personen-Netzwerken in der Wissenschaft.

Die Soziometrie stößt auch deswegen auf das Interesse von Soziologen und Sozialpsychologen, weil hier vom Atomismus des Einzelinterviews weggegangen wird und die Gruppenstruktur selbst sichtbar wird. Allerdings sind soziometrische Analysen aus technischen Gründen bisher meist auf relativ kleine Gruppen (bis etwa 20 Personen) beschränkt.

5.5 Zusammenfassung

Es sind nun die wichtigsten Techniken der Datenerhebung in den Sozialwissenschaften behandelt worden. Bei keiner dieser Techniken kann die Zuverlässigkeit und Gültigkeit als gesichert angesehen werden. Vielmehr hat jede Methode ihre eigenen Fehlerquellen. Deshalb plädieren z.B. WEBB et al. in ihrem Buch "Unobtrusive Measures" (1966) für einen Multi-Methoden-Ansatz. Sie fordern, daß bei jeder Untersuchung externe Validierungsmöglichkeiten gesucht werden sollen, bzw. daß man die Gültigkeit einer Methode dadurch erhöhen solle, daß man einen zweiten Test mit einer ähnlichen Methode durchführt. Die Notwendigkeit einer solchen Suche ist deshalb gegeben, weil die meisten Befragungen und Beobachtungen reaktive Verfahren sind, die Versuchspersonen also häufig durch den Versuchsleiter beeinflußt werden. Deshalb fordern die Autoren die Entwicklung von nicht-reaktiven Verfahren, wie bestimmte (nicht-teilnehmende und meist verdeckte) Beobachtungsverfahren oder bestimmte

Verfahren der Dokumenten- oder Inhaltsanalyse - vor allem
als Ergänzung zum Interview.

WEBB und Koautoren nennen in ihrem äußerst amüsant geschriebenen Methodenbuch eine Vielzahl von derartigen (un-
konventionellen) Beobachtungsmöglichkeiten, die wohl im
wesentlichen die Funktion haben können, andere komplexe
Forschungsansätze zu ergänzen, nicht aber, sie zu ersetzen.
Wichtig ist aber vor allem die Forderung nach dem Multi-
Methoden-Ansatz, d.h. daß man nicht nur eine Erhebungsmethode verwendet und dadurch möglischerweise nur Artefakte
schafft. Allerdings dürfte diese Forderung nur schwer zu
erfüllen sein, denn sie bedeutet nicht nur, daß die Kosten
für eine Untersuchung steigen, sondern auch, daß der
Forschungsplan für eine Untersuchung komplexer wird, und
vor allem, daß Wege gefunden werden müssen, um mit ganz
unterschiedlichen Methoden den gleichen Sachverhalt zu
erfassen. Zumindest dürfte aber realisierbar sein, daß
man sich in der Forschung nicht mit einem Indikator bei der
Messung von Sachverhalten begnügt, daß Gültigkeits- und
Zuverlässigkeitskontrollen ernst genommen werden sollen
und daß darüber hinaus, wann immer es möglich ist, auch
ungewohnte Erhebungsmethoden zur Gültigkeitsprüfung heran
gezogen werden sollen. Wie WEBB et al. gezeigt haben, kann
es sehr amüsant sein, wenn der Forscher zu diesem Zwecke
ein wenig auch Detektiv spielt(vgl.auch BUNGARD und LÜCK,
1974, sowie BOUCHARD,1976, für neuere Übersichten zum Einsatz von nicht-reaktiven Verfahren,wobei BOUCHARD zu einer
insgesamt skeptischen Einschätzung gegenüber den Einsatzmöglichkeiten dieser Verfahren gelangt).

6 Die Planung von Untersuchungen

In diesem Kapitel sollen zwei Probleme im Vordergrund stehen: die Art der Problemwahl in der Forschung (das
entspricht einer Erweiterung von Abschnitt 311) und die
Untersuchungsplanung im engeren Sinne (das entspricht einer
Erweiterung von Abschnitt 36). Im ersten Falle handelt es
sich gewissermaßen um die inhaltliche Globalplanung einer
Untersuchung, es wird dabei der Untersuchungsgegenstand
ausgewählt, der theoretische Bezugsrahmen absteckt, ganz
allgemein der "universe of discourse" festlegt. Im zweiten
Fall handelt es sich mehr um die konkreten Detail- und
Folgeprobleme, die sich aus dieser Grundentscheidung ergeben und die sich in einer arbeitsteiligen, professionellen, auf Fremdfinanzierung angewiesenen Forschung ergeben.

6.1 Problemwahl in der Forschung

Es besteht heute - wie wir bereits früher gesehen haben -
weitgehend Übereinstimmung darin, daß auf rein induktivem
Wege keine Verallgemeinerungen erreicht werden können. Was
als induktive Statistik verstanden wird, bezieht sich auch
nicht auf das Problem der Verallgemeinerung, sondern es bezieht sich auf ganz bestimmte Probleme z.B. des Schlusses
von einer Zufallsstichprobe auf eine Grundgesamtheit.

Der Verzicht auf eine Logik der Induktion bedeutet aber,
daß die Auswahl von Forschungsthemen problematisiert werden muß und daß die Auswahl dieser Themen jeweils einer
Psychologie oder Soziologie der Forschung überantwortet

werden muß. Dies bedeutet, daß die Problemfindung in der
Forschung kein Akt der Wissenschaftstheorie oder der Logik
der Forschung darstellt. Diese beiden sind vielmehr "nur"
zuständig für die methodologischen Regeln der Forschungsarbeit, die dazu führen sollen, daß wir die Ergebnisse
unserer Untersuchung überhaupt als wissenschaftlich bezeichnen können, daß Intersubjektivität, Nachprüfbarkeit, Objektivität der Vorgehensweise gesichert sind. Es ergibt
sich mithin, daß die methodologischen Regeln wissenschaftlichen Vorgehens eher festgeschrieben sind als die
Regeln der Problem- und Themenfindung, daß Wissenschaft
von der thematischen Seite daher offener ist als von der
methodischen Seite.

Wenn man Wissenschaft somit gegenüber nichtwissenschaftlichen Bereichen durch eine spezifische Methodologie ab-
grenzt, so soll damit Wissenschaft ja gerade nicht von
ihren Inhalten her festgeschrieben werden. Es läßt sich
beobachten, daß dann, wenn Wissenschaft von den Inhalten,
also der theoretischen Grundorientierung her festgeschrieben wird (z.B. im "wissenschaftlichen" Sozialismus), daß
dann die angewandte Methodologie unbestimmt, offen und
eklektisch (dialektisch) bleibt, man also jeweils die
Methodologie wählt, die das feststehende Ergebnis am
wenigsten gefährdet.

Die Auswahl von Themenstellungen ist, selbst wenn sie
wissenschaftstheoretisch nicht sicher begründet werden
kann, kein Akt der Willkür oder der Intuition, sondern ist
bestimmten Regeln unterworfen. Diese Auswahl ist allerdings vorwiegend psychologisch und/oder soziologisch
motiviert und muß sich einem vorgegebenen Argumentations-
zusammenhang einer Disziplin anpassen (wobei Anpassung
keine bequeme Übernahme einer Forschungstradition bedeutet,
sondern immer auch eine Kritik vorhergehender Forschungen
einschließt, denn ohne dies kritische Element wäre eine

Fortsetzung der Wissenschaft überflüssig, weil man ja
eingestehen würde, daß alles Wichtige bereits erforscht
ist). Darin wird ein ambivalenter Charakter der Wissenschaft sichtbar: gleichzeitig traditionsorientiert aber
zugleich dem Anspruch nach diese Tradition immer trans-
zendierend. Genau in dieser Ambivalenz steht auch der
Anspruch auf Kumulativität von Wissenschaft. Die Kumulativität von Wissenschaft kann nicht - wie das früher oft
geschehen ist - aufgefaßt werden als eine strikte logische
Beziehung zwischen zwei unterschiedlichen Aussagensystemen
dergestalt, daß aus dem allgemeineren System (das als das
zeitlich jüngere aufgefaßt wird) das speziellere System
logisch abgeleitet werden kann. Dazu enthalten Aussagen-
systeme meist zu divergente Begriffe (um die logische
Ableitung herzustellen,muß deshalb erst eine sehr müh-
selige - und meist auch etwas gewaltsame - Begriffs-
explikation vorgenommen werden).

Kumulativität von Wissenschaft wird daher hier in einem
eingeschränkteren Sinne verstanden, so wie er von LAKATOS
mit einem "problem-generating problem shift" (gegenüber
einem "degenerative problem-shift") beschrieben worden ist
(vgl. LAKATOS, 1970, MÜNCH, 1972).

Bei der Problemauswahl, durch die prinzipiell Kumulativität angestrebt werden soll, ergibt sich somit eine Ver-
schränkung von Traditionalismus (was hat die bisherige
Forschung erbracht?) und Innovation (wie kann die bisherige Forschung fruchtbar weitergeführt werden?). Das
schließt übrigens wissenschaftliche Revolutionen - in dem
Sinne, wie dieser Begriff von Thomas KUHN eingeführt
wurde - keineswegs aus. Wissenschaftliche Revolutionen
können bezeichnet werden als abrupte Innovationen, die
gewissermaßen einen Knick in einem vorgestellten Kumula-
tionspfad darstellen, die aber gleichwohl an einer Forschungstradition gemessen werden müssen.

6.1.1 OCKHAM's Prinzip

Eine der Regeln für die Problemauswahl kann als OCKHAM's-Prinzip bezeichnet werden. Es geht auf den mittelalterlichen Philosophen OCKHAM zurück und wird bisweilen auch als OCKHAMs-Rasiermesser bezeichnet. OCKHAM war konsequenter Nominalist. Es besagt, daß Entitäten, im übertragenen Sinne also die Zahl der zu erforschenden Gegenstände, nicht ohne Not erhöht werden soll (entia non sunt multiplicanda sine necessitate). In der Forschung soll mithin der Versuch gemacht werden, eine gegebene Forschungstradition auszuschöpfen, bzw. ein gegebenes Aussagensystem darf nicht unbegründet als irrelevant angesehen werden. Das Prinzip richtet sich also gegen Moden in der Wissenschaft, es richtet sich auf Kontinuität und Kumulativität der Forschung.

Konkret gesprochen bedeutet es, daß etwa der strukturell-funktionale Ansatz, wie er lange Zeit in der Soziologie vorherrschte, nicht abrupt und vollständig gegen einen etwa konflikttheoretischen oder einen systemtheoretischen Ansatz ausgetauscht werden soll, sondern daß versucht werden soll, sowohl den systemtheoretischen Ansatz als auch den konflikttheoretischen Ansatz mit dem strukturell funktionalen Ansatz zu koppeln.

Dies ist übrigens sehr leicht möglich, wie folgende Argumentation zeigt: 1) Strukturelle Spannungen (also Konflikte) sind dem strukturell-funktionalen Ansatz ja nicht fremd, im Gegenteil, wenn der Begriff der Struktur einen Sinn haben soll, dann muß er ja gerade darin bestehen, daß es innerhalb von komplexen Systemen funktional derartig verselbständigte Teilbereiche geben kann, daß man überhaupt von einer Struktur (bzw. Strukturiertheit) sprechen kann. Und zwischen diesen so verselbständigten Teilbereichen sind dann natürlich auch Konflikte als endemisch anzusehen. Die Erweiterung des Funktionalismus

zur strukturell-funktionalen Theorie schließt also Konflikte
immer schon mit ein. 2) Bereits der kulturanthropologisch
orientierte Funktionalismus (wie er vor allem von MALI-
NOWSKI in den 30er Jahren vertreten wurde) bezieht sich
auf gesellschaftliche Totalsysteme, nämlich meist primitive Gesellschaften. Das Hauptproblem des Funktionalismus
war es, eine Theorie des Gesellschaftssystems aufzustellen.
Funktionalismus setzt also Systemtheorie immer bereits
voraus. Umgekehrt ist Systemtheorie nicht ohne einen funk-
tionalistischen Ansatz denkbar, da die Systemtheorie ohne
solche Begriffe wie "Überleben des Systems" und "System-
grenzen" gar nicht auskommt. Diese Begriffe sind aber
schon früh vom Funktionalismus eingeführt worden. Es ergibt sich in bezug auf zwei theoretische Orientierungen,
die bisweilen in Konkurrenz zur strukturell-funktionalen
Theorie gesehen werden, daß sie viel richtiger in Konkordanz
mit dem strukturell-funktionalen Ansatz gesehen werden
können.

Was hier für die (allgemeine) theoretische Orientierung
gesagt wurde, trifft natürlich in ganz ähnlicher Weise
auch für einzelne Forschungsbereiche zu. Es ist zum Beispiel üblich geworden, in der Forschung den Begriff der
sozialen Schichtung durch den vermeintlich viel generel-
leren Begriff der sozialen Ungleichheit zu ersetzen. Was
damit - außer einer sozialpolitischen Zielorientierung -
erreicht werden soll, erscheint allerdings unklar. Der
soziologische Begriff der sozialen Schichtung bezieht
sich nämlich auf die Eigenschaften eines gesellschaftlichen
Systems, in dem die Rollendifferenzierung so weit fortgeschritten und "verfestigt" ist, daß ein vor allem nach
Prestige, aber auch nach Macht "geschichtetes" Gefüge
entsteht. Der Begriff der sozialen Ungleichheit bezieht
sich demgegenüber individual-psychologisch auf die Situation einzelner Personen in einem bereits vorgegebenen
System sozialer Schichtung. Der Begriff der sozialen

Ungleichheit setzt also den Schichtungsbegriff bereits
voraus, er ist dessen individualpsychologisches Äquivalent.

Das OCKHAM'sche Prinzip bezieht sich also neben der Auswahl von Forschungsproblemen vor allem auch auf die Auswahl von Begriffen und Begriffssystemen.

6.1.2 "Reife" eines Problems

Ein anderes Prinzip der Problemwahl besteht darin, daß
aus der Tradition eines Forschungsgebietes häufig bestimmte Problembereiche als "reif", andere als "uninter-
essant" angesehen werden und daß sich entsprechend das
Interesse einer größeren Zahl von Forschern auf solche
"reifen" Probleme konzentriert. Bei einem gegebenen Stand
des Wissens in einer Disziplin kann zwischen sinnvollen
und sinnlosen Fragestellungen unterschieden werden. KEPLER
beispielsweise war eine Zeitlang verrannt in die Frage zu
erklären, warum die Planeten genau den Abstand voneinander haben, den sie haben, anstatt sich um das Problem
der Planetenbahnen zu kümmern, und er wollte dies mit einer
generellen "Harmonie der Sphären" erklären. Tatsächlich
hat er dann das Problem der Planetenbahnen erfolgreich
lösen können und hat sich um den Abstand der Planeten voneinander nicht mehr gekümmert, da auch ohne dies Detail
die Stabilität des interplanetarischen Systems erklärt
werden konnte. Das Problem des Abstands der Planeten voneinander ist dann bis heute unerklärt geblieben, bzw. es
werden Zufälligkeiten bei der Entstehung des Planeten-
systems dafür verantwortlich gemacht.

Es ist nun allerdings schwierig, eine wissenschaftliche
Fragestellung _vor_ ihrer Bearbeitung als lösbar oder unlösbar zu kennzeichnen, und damit gewissermaßen "positiv"
auszuzeichnen. Dies könnte - selbst wenn es in Einzelfällen gelänge - auch nicht für lange Zeit im voraus geschehen, da sich dies mit dem Wissensfortschritt ständig

ändert. Wichtig in diesem Zusammenhang ist nur, daß man
verstehen muß, daß es überhaupt derartige Fragestellungen
gibt, die bei einem gegebenen Stand des Wissens nicht zu
beantworten sind, bzw.deren Beantwortung keinen wirklichen
Erkenntnisgewinn erbringen würde.

In den Sozialwissenschaften scheint gerade dieser Konsens
über die bedeutsamen und realisierbaren Fragestellungen
zu fehlen. Dies und die Aufhebung des Metaphysikverbots
(durch Autoren wie HABERMAS in den Sozialwissenschaften -
speziell der Sozialphilosophie - und FEYERABEND in der
Wissenschaftstheorie) hat dazu geführt, daß gegenwärtig
nahezu beliebige Fragestellungen in den Sozialwissenschaften als gleich erfolgversprechend durchprobiert
werden. Forschungsfronten, bei denen eine größere Zahl
von Wissenschaftlern an einem gemeinsamen Problem arbeiten,
sind daher kaum auszumachen.

Dies Problem der realisierbaren Erkenntnismöglichkeiten
ist übrigens nicht mit dem Relevanzproblem zu verwechseln.
Das Relevanzproblem bezieht sich darauf, ob eine Fragestellung, ein Problembereich so gelöst werden kann, daß
eine Anwendung in der Praxis möglich wird, daß ein praktisches Problem besser gelöst werden kann als zuvor. Das
Problem der realisierbaren Erkenntnismöglichkeiten bezieht
sich demgegenüber darauf, ob eine Frage wissenschaftlich
überhaupt beantwortet werden kann, oder ob nicht die
wahrscheinliche Antwort auf das Forschungsproblem negativ
ausfallen wird. Es handelt sich um das gleiche Problem
wie in der Rechtsprechung, wo bei Beginn eines Prozesses
in der Regel vorentschieden wird, ob ein Fall überhaupt
justiciabel ist. Es ist daher durchaus möglich,daß es
Fragestellungen gibt, die zwar hoch relevant sind für die
Praxis, die aber zu einem gegebenen Zeitpunkt nicht wissenschaftlich zu beantworten sind. Notgedrungen muß der
Wissenschaftler dann auf die Behandlung dieses Problems

verzichten. (Die Frage nach den Bedingungen der wissenschaftlichen Entwicklung scheint ein Beispiel zu sein.
Die Kenntnis der Bedingungen der Wissenschaftsentwicklung
ist für die Steuerung der Wissenschaft im Sinne sozial-
politisch wünschbarer Ziele sehr wichtig. Die Frage stellt
sich aber,ob die wissenschaftliche Entwicklung in der
Grundlagenforschung als Ganzes überhaupt erklärbar ist,
wenn man annehmen muß, daß es Wissenschaft jeweils mit dem
Unbekannten zu tun hat und daß entsprechend der wissenschaftliche Fortschritt nicht vorausgesagt werden kann.
Dann würde sich auch die wissenschaftliche Entwicklung
insgesamt nicht mehr prognostizieren lassen - sondern
allenfalls die sozialen Rahmenbedingungen dieses Prozesses.)

Die Abschätzung der "Reife" und Realisierbarkeit eines
Forschungsprojekts ist die Hauptfunktion von Gutachtern
im Bewilligungsverfahren wissenschaftlicher Förderungs-
institutionen (Deutsche Forschungsgemeinschaft, Stiftungen,
Ministerien).

6.1.3 Kreuzbefruchtung

Ein drittes Auswahlkriterium in der Forschung stammt
von WEINBERG (vgl. Probleme der Großforschung, 1970). Es
besagt, daß man diejenigen Forschungsgebiete aufgreifen
solle (bzw. fördern solle, denn WEINBERG bezieht sich vor
allem auf die Auswahl von wissenschaftlichen Förderungs-
programmen), von denen anzunehmen sei, daß ihre Lösung
die größte Zahl anderer Gebiete befruchten könne. Es
sollen somit solche Forschungsfragen zuerst gelöst werden,
von deren Beantwortung die größten Ausstrahlungseffekte
ausgehen. Zum Teil ist dies gleichbedeutend damit, daß
möglichst allgemeine Fragestellungen behandelt werden,
d.h. solche Fragestellungen, die direkt theoriebezogen
sind (im Gegensatz zu rein praxisbezogenen Fragestellungen), die also einen möglichst großen Informationsgehalt
besitzen, denn aus Theorien mit hohem Informationsgehalt

lassen sich wesentlich mehr Einzelhypothesen ableiten als
aus solchen mit niedrigem Informationsgehalt. Ihr Ausstrahlungseffekt wäre damit größer.

Dies ist jedoch nur ein Aspekt der "Befruchtungs"-These.
Es wird dabei vorausgesetzt, daß eine relativ einheitliche theoretische Grundorientierung in einer Disziplin
besteht, so daß derartige wichtige Theoriebereiche auch
allgemein anerkannt werden. In der Soziologie scheint vor
einiger Zeit vor allem die Rollentheorie ein solch viel-
versprechender Bereich gewesen zu sein, später die Klein-
gruppentheorie und heute vermutlich am ehesten die Systemtheorie. Es soll noch einmal betont werden, daß dabei ein
Grundraster einer Menge von Grundbegriffen vorausgesetzt
wird, über deren grundsätzliche theoretische Fruchtbarkeit
Übereinstimmung bestehen muß.

Der andere Aspekt des Ansatzes von WEINBERG bezieht sich
auf die Auswahl von möglichst erfolgversprechenden Themen
aus prinzipiell gleichgeordneten Forschungsbereichen -
also in der Soziologie etwa den unterschiedlichen "Binde-
strich"-Soziologien: Gemeindesoziologie, Familiensozio-
logie, Wissenschaftssoziologie, Industrie- und Betriebs-
soziologie, usw., oder Forschungsgebieten wie Schichtung
und Mobilität, soziale Kontrolle, usw. (Listen von solchen
Forschungsgebieten finden sich in SCHEUCH, KUTSCH, 1975,
S. 50). Einige von diesen Gebieten erscheinen bei einem
gegebenen Stand der Forschung als besonders aussichtsreich,
andere erscheinen nicht mehr so aktuell wie andere Themen.
Diese Konzentration der Kräfte auf Einzelthemen kann dabei
auch zu einer Mode werden. Dann steht nicht mehr ein theoretisches oder deskriptives Interesse im Mittelpunkt,
sondern es geht bei der Auswahl des Themas nur noch um den
Aufmerksamkeitswert, den man innerhalb eines bereits anerkannten Forschungsgebiets erreichen kann.

Worin nun aber in einem inhaltlichen Sinne die Ausstrah-
lungswirkung eines Forschungsgebietes besteht, ist nicht
ein für allemal zu bestimmen. Wie bereits bei früherer
Gelegenheit betont, kommt es hier wesentlich auf den In-
stinkt des Forschers an, der eine strategische Auswahl von
Forschungsthemen vornimmt. Paul F. LAZARSFELD und Robert
K. MERTON sind in den vergangenen 25 Jahren wohl die beiden
Forscher gewesen, die am weitestgehenden derartige
Themenstellungen bestimmt haben, die gleichzeitig theoretisch relevant gewesen sind und in die Forschungspraxis
übersetzt werden konnten. LAZARSFELD hat vor allem Forschungsaufträge von Privaten dazu benutzt, die methodologischen Möglichkeiten von Erhebungen systematisch zu er-
weitern und damit inhaltlich interessante Fragestellungen
zu verbinden (z.B. "The Peoples Choice" mit Bernhard
BERELSON und Hazel GAUDET (1948) und "Personal Influence"
(mit Elihu KATZ, 1956)). MERTON hat durch seine Konzeption
von "Theorien der mittleren Reichweite" den Anstoß zu einer
breiten empirischen Forschungsarbeit gegeben, wobei er
z.B. neben seinen theoretischen Aufsätzen (gesammelt in
"Social Theory and Social Structure", 1968) auch empirische Forschungen in bürokratischen Organisationen initiiert
hat und später ein ganzes Forschungsgebiet, das der
Wissenschaftsforschung, überhaupt angeregt hat (und gleichzeitig von der Wissenssoziologie, die ihm zu wenig empirisch ausgerichtet war, abgekoppelt hat) (MERTON, 1973).

Was in den drei vorhergehenden Abschnitten zum Thema
Problemauswahl in der Forschung gesagt wurde, mußte notwendig abstrakt bleiben. Die Kriterien der Problemwahl lassen sich inhaltlich nicht festschreiben. Dennoch
ist die Auswahl von Forschungsthemen in den Sozialwissenschaften kein Akt der Willkür, sondern ergibt sich aus
einer Kombination von theoretischem Interesse und inhaltlichen Problemstellungen, sowie methodologischen Möglichkeiten. Was dabei als soziales Problem angesehen wird,

darüber gehen die Meinungen gegenwärtig weit auseinander. Daß die Soziologie in diesem Sinne eine kritische Funktion haben soll, darüber besteht weitgehend Einigkeit. Nur reichen dabei die kritischen Pole vom kritischen Rationalismus (wie er von Popper begründet und von ALBERT weitergeführt wurde) bis zur kritischen Theorie (die von MARCUSE und ADORNO begründet und von HABERMAS weitergeführt wurde). Zwischen diesen beiden Polen liegt die Position von René KÖNIG, der der Soziologie die Rolle einer Oppositionswissenschaft und Gesellschaftskritik zuweist, die das Handeln der gesellschaftlichen Subjekte zu reflektieren und zu kontrollieren habe (KÖNIG, Soziologische Orientierungen, 1973).

6.2 Organisatorische Rahmenbedingungen der Forschung

Forschungsprojekte sind konzentrierte Anstrengungen, um spezifische Forschungsfragen in einem begrenzten Zeitraum und mit begrenzten Mitteln zu beantworten. Diese Vorstellung vom Forschungsprojekt ist in den Sozialwissenschaften relativ neu, sie weicht ab von älteren Vorstellungen, nach denen Forschung eine kontinuierliche Leistung darstellt, die jeweils von Einzelnen über eine lange Zeitspanne erbracht wird. Aber ob es sich heute bei der Forschung um die Anfertigung von Diplom-Arbeiten und Dissertationen oder um freie Forschung mit oder ohne bestimmten Auftraggeber handelt: In der Regel hat sich die Projektorientierung durchgesetzt. Dies liegt daran, daß für die empirische Forschung verschiedene Hilfsmittel benötigt werden. Diese Hilfsmittel der Forschung müssen verwaltet werden, wenn sie eine bestimmte Mindestmenge überschreiten. Es entstehen so Forschungsinstitute, an denen ein großer Teil der Forschung durchgeführt wird. Die damit verbundenen organisatorischen Fragen sollen in diesem Abschnitt behandelt werden.

Neben der Projektorientierung wird die empirische For-
schung also dadurch bestimmt, daß sie an Instituten,
Seminaren oder einer anderen organisatorischen Einheit
durchgeführt wird. Dies hat Konsequenzen sowohl für
Examensarbeiten als auch für die Durchführung von anderen
Forschungsprojekten.

6.2.1 Exkurs: Examensarbeiten in der Forschung (Forschungs-möglichkeiten im Studium und für Anfänger)

Bis vor kurzem war es keine Seltenheit, daß Diplomarbeiten
in der Soziologie als empirische Forschungsprojekte angelegt waren, die als Ein-Mann-Kleinprojekte durchgeführt
wurden. Dies ist jedoch in der Regel ein Abenteuer, auf
das man sich nicht unbedacht einlassen sollte. Vor der
Übernahme eines empirischen Forschungsprojektes als Einzelarbeit sollte daher die systematische Beratung durch for-
schungserfahrenes Personal stehen, denn erfahrungsgemäß
dauert ein solches Erstprojekt wesentlich länger als
erwartet, nicht selten bis zu drei Jahren. Dies ist nicht
weiter erstaunlich, wenn man sich die vielfältigen Arbeitsschritte eines empirischen Projekts vergegenwärtigt, wie
sie im 3. Kapitel dargestellt wurden. Empirische Forschung
im Rahmen einer Diplomarbeit sollte sich also entweder
auf eine beschränkte Forschungsaufgabe beziehen oder sie
sollte in einer Arbeitsgruppe erfolgen, die von einem erfahrenen Forscher geleitet wird, so daß der Einzelne jeweils abtrennbare Teile des Gesamtprojekts in seiner Arbeit
behandeln kann. An einigen Universitäten sind auch Gruppenarbeiten ohne identifizierbare Einzelbeiträge möglich -
dies scheint aber relativ selten zu sein. Zwar ist es
richtig, daß zunehmend bei größeren Projekten Mehrfach-
autorschaften gewählt werden und nicht mehr zwischen Ein-
zelleistungen unterschieden wird: Dies widerspricht auch
nicht dem Ziel der Wissenschaft, sicheres Wissen zu erreichen. Die Mehrfachautorschaft erscheint allerdings bei
einer Examensleistung als problematisch, denn hier geht es

ja darum, einen Befähigungsnachweis über eine individuell
zurechenbare Leistung zu erwerben. Die Prüfung dieser
individuellen Befähigung wird dann auf den persönlichen
Eindruck der Dozenten und in mündliche bzw. schriftliche
Prüfungen verlagert. Eine sorgfältige Erkundigung über
die Möglichkeit von Gruppenarbeiten ist daher erforderlich.

Mit der zunehmenden Strukturierung des Studiums, der
Einführung von Zwischenprüfungen und einer Vielzahl von
Zwischenleistungen verliert jedoch die Diplomarbeit
an vielen Universitäten den Charakter einer freien Forschungsarbeit (d.h. einer größeren Arbeit mit einem häufig
frei gewählten Thema), sondern sie wird zu einer Termin-
arbeit mit einem von außen aufgegebenen Thema. Eine empirische Forschungsarbeit ist dann nur noch möglich, wenn
die administrativ vorgegebene Terminspanne (die höch-
stens ein halbes Jahr beträgt) verlängert wird. Die Entwicklung zu solchen Terminarbeiten ist allerdings noch
nicht abgeschlossen, so daß nach wie vor empirische Forschungsarbeiten in der Diplomprüfung eingereicht werden
können.

Eine andere Möglichkeit der empirischen Forschungsarbeit
besteht für den Anfänger in der Arbeit als wissenschaftliche Hilfskraft an einem Forschungsinstitut oder einer
Projektgruppe oder im Rahmen eines Praktikums für Haupt-
fachsoziologen - das aber an immer weniger Universitäten
gefordert wird. An vielen Instituten ist es üblich geworden, die wissenschaftlichen Hilfskräfte in Forschungsprojekten einzusetzen, so daß sich hier eine Möglichkeit
ergibt, im Rahmen dieser Projekte schon vor dem Examen
an Forschung teilzunehmen und später im Rahmen des Projekts eine empirische Forschungsarbeit zu schreiben.

Bei Dissertationsprojekten gilt im Grunde ganz ähnliches
wie bei Diplomarbeiten: Als Alleinforschung ist sie mit

großen Problemen verbunden. Werden allerdings Finanzmittel oder Personal (oder andere Ressourcen) für die
Durchführung benötigt, dann muß eine organisatorische
Verbindung mit einem Forschungsinstitut gefunden werden
und vor allem ein Betreuer ("Doktorvater") an einer Fakul-
tät oder einem Fachbereich. Die Absprache mit dem Betreuer der Doktorarbeit ist also die Mindestvoraussetzung
der Zusammenarbeit. Diese bedeutet aber zugleich, daß die
Untersuchung organisatorisch von dem Institut/Abteilung
des Betreuers mit betreut wird. Es muß dann zusätzlich
entschieden werden, ob die Untersuchung als Einzelarbeit
oder als Gruppenarbeit durchgeführt werden soll, das hängt
weitgehend von der Größe des geplanten Projekts ab. Vermutlich dürfte zutreffen, daß die Sammlung der Daten eher in
der Gruppe durchzuführen ist als ihre Analyse. Neben der
Gruppenarbeit steht aber auch die Möglichkeit zur Delega-
tion der Datenerhebung, bzw. ihrer Subkontraktion an ein
Institut offen. Eine Gruppenarbeit empfiehlt sich also
immer dann, wenn die Datenerhebung kaum delegierbar ist -
wie beispielsweise bei einigen Beobachtungsstudien oder bei
der Befragung von Experten mit halbstandardisierten Fragebögen. Schließlich ist eine Gruppenarbeit dann angemessen,
wenn der Forschungsplan die Durchführung von mehreren Teil-
projekten vorsieht, also ein "multi-method"-Ansatz verfolgt
wird. Bei alledem muß berücksichtigt werden, daß Gruppenarbeiten selbst wieder interne Koordinationsprobleme auf-
werfen, die den Zeitplan einer Untersuchung verlängern
können - was bei Examensarbeiten zu einer Belastung werden
kann.

6.3 Teamarbeit und Arbeitsteilung in der Forschung

Es erscheint sinnvoll, Teamarbeit (Gruppenarbeiten) und
Arbeitsteilung in der Forschung zu unterscheiden. Arbeitsteilung in der Forschung bezieht sich darauf, daß an einem
Forschungsprojekt mehrere Personen in funktional sehr
unterschiedlichen Rollen, die mit unterschiedlicher Autorität ausgestattet sind, zusammenarbeiten: also etwa Profes-
soren als Antragsteller, wissenschaftliche Mitarbeiter als
Projektbearbeiter, sowie Interviewer, Kodierer, Programmierer, Sekretärinnen, usw. als technisches Personal in der
Forschung. In diesem Sinne kommt Forschung heute, von
wenigen Ausnahmen abgesehen, ohne eine Arbeitsteilung
nicht mehr aus. Von Teamarbeit ist demgegenüber zu sprechen, wenn die wissenschaftliche Projektarbeit von mehreren Mitarbeitern getragen wird, zwischen denen nur sehr
geringe Autoritätsunterschiede bestehen.

Teamarbeit kann allerdings sehr Unterschiedliches bedeuten
und es bestehen im Verlauf eines Forschungsprojekts in den
verschiedenen Phasen sehr unterschiedliche Bedürfnisse
nach einer solchen Teamarbeit: In den Anfangsphasen eines
Projekts, d.h. im Verlauf der Problemdefinition erscheint
eine solche Diskussion als besonders vielversprechend. Nach
dieser ersten Phase des "brain-storming" kommt es dann
allerdings auf die weitere Anlage des Forschungsplans an.
Ist die Datenerhebung nicht auf Hilfskräfte delegierbar,
dann dürfte dies den heute wichtigsten Grund für eine
Teamstruktur darstellen. Weniger bedeutsam ist bisher die
Arbeit innerhalb eines Großprojekts, ohne daß das Großpro-
jekt in heterogene Teilprojekte zerfällt, die letztlich
kaum etwas miteinander zu tun haben. Die funktionale Differenzierung der beteiligten Wissenschaftler (etwa als Daten-
erhebungsspezialisten, Computerspezialist, usw.) ist also
noch nicht sehr weit fortgeschritten.

Inwieweit übrigens Teams in der Forschung zur Reduzierung
der Versuchsleitereffekte genutzt werden können, ist bisher kaum untersucht worden. Der Gruppeneffekt kann hier
möglicherweise sogar zu Verstärkungseffekten führen, wenn
das Team als ganzes bestimmte Hypothesen zu beweisen versucht. Die gegenseitige Vertrautheit und Rücksichtnahme
kann so die Kritik untereinander verhindern.

Teams in den Sozialwissenschaften dürften bisher selten
die Größe von vier Personen überschritten haben. Eine Zusammenarbeit in größerem Stil wird meist nur für ganz eindeutig festgelegte und zeitlich eng begrenzte Aufgaben
vereinbart (wie etwa in der "Enquête" der Deutschen Gesellschaft für Soziologie zur Lage der Forschung, bei der die
Datenerhebung auf 12 "Enquêteure" verteilt wurde, die nach
einem einheitlichen Befragungsleitfaden in 12 Regionen der
Bundesrepublik die für die Untersuchung erforderlichen Daten ermittelten, vgl. LUTZ, 1975).

In der Analyse der Daten wird auch bei einer Gruppenarbeit
eine Aufteilung der Arbeit erforderlich sein, so daß die einzelnen Projektbearbeiter jeweils einen bestimmten Themenbereich der Untersuchung bearbeiten und erst nach der
Niederschrift der ersten Berichte wieder gemeinsame redak-
tionelle Besprechungen in der Gruppe stattfinden. Teamarbeit ist also dadurch gekennzeichnet, daß es abwechselnd
zu echter Gruppenarbeit und zu Phasen der Einzelarbeit
kommt und die Kunst des Projektleiters muß darin bestehen,
diese unterschiedlichen Phasen optimal zu kombinieren. Eine
Ideologie dergestalt, daß alle Projektmitarbeiter immer
auf dem gleichen Problemstand sein müssen und den gleichen
Problembereich bearbeiten, dürfte sicher nicht zu einem
optimalen Ergebnis führen.

Interessanterweise werden die Probleme der Arbeitsteilung
in der Forschung weniger oft behandelt als diejenigen der

Teamarbeit, was sicher nicht zuletzt daran liegen könnte,
daß es bei funktional differenzierter Arbeitsteilung zu
weniger Konflikten kommt als bei der Teamarbeit. Dies
dürfte wohl hauptsächlich darauf zurückzuführen sein, daß
arbeitsteilige Forschung zentral geplant wird und die
einzelnen Arbeitsschritte funktional spezifischen Rollen
zugeordnet werden: nämlich etwa Interviewern und Beobachtern, die ein meist standardisiertes Aufzeichnungs-
schema erhalten; Kodierer, die eine vorgegebene Informa-
tionsmenge zu transformieren haben; Programmierer, die vorgegebene Daten für die gewünschte Analyse aufzubereiten
haben; Dokumentaristen, die aus Bibliotheken und Archiven
und aus anderen Quellen die benötigten Dokumente zusammen-
zutragen haben; Sekretariatspersonal, das eine Vielfalt
von Hilfstätigkeiten (Terminüberwachung, Bürobesetzung,
Ablage, Schreiben von Korrespondenz und Manuskripten,
Telefon- und Besucherabfertigung, usw.) zu erledigen hat.
Je nach Umfang eines Projektes wird allerdings nur ein
Teil dieses Stabes eingesetzt. Seine Koordination erfordert
Erfahrung, die ein Anfänger häufig nicht mitbringt. Sie
wird heute in der Regel von dem Professor, der gegenüber
Stiftungen als Projektleiter auftritt, als unbezahlte Ko-
ordinationsleistung erbracht.

Es ergibt sich also, daß in den verschiedenen Phasen eines
Projektes jeweils unterschiedliche Beratungs- und Konsul-
tationsweisen angemessen sind, daß also die Funktionen
der Zusammenarbeit im Projektverlauf verschieden sind.
Wissenschaftliche Arbeit kann nicht in der Eremitage des
Einzelarbeiters allein durchgeführt werden, aber auch
nicht total in der Gruppe erfolgen.

Aus der Zählung von Gemeinschaftspublikationen in der
Literatur und der Feststellung, daß diese stark zunehmen,
kann eine allgemeine Zunahme der Teamarbeit übrigens
nicht unbedingt gefolgert werden, denn wie bei einer

Kommanditgesellschaft kann es sich bei einem der Autoren
um jemanden handeln, der zwar sein "Kapital", d.h. seine
Kompetenz und seine Reputation in das Projekt einbringt,
nicht unbedingt aber seine Arbeitskraft, nämlich etwa
dann, wenn ein Professor und seine Mitarbeiter gemein-
schaftlich publizieren. Die Berechtigung zu dieser Form
der Mehrfachautorschaft besteht darin, daß das Projekt
dann häufig aus dem Rahmen des breiteren Forschungsprogramms
des älteren Autors stammt und auch die Projektidee häufig
von ihm kommt, während die eigentliche Arbeit vom wissenschaftlichen Mitarbeiter geleistet wird, dessen Forschungen gleichzeitig von kompetenter Seite angeleitet und
überwacht werden. Eine Nutzenvermehrung ergibt sich daher
auf beiden Seiten: der junge "Komplementär" erhält einen
zusätzlichen Aufmerksamkeitswert dadurch, daß die Arbeit
mit einem anerkannten Namen zusammen erscheint (ein solcher
Effekt ist von MERTON spöttisch als der Matthäus-Effekt
in der Wissenschaft beschrieben worden, vgl. MERTON, 1973)
und der "Kommanditist" kommt ebenfalls auf eine relativ
unaufwendige Art und Weise zu einer zusätzlichen Publikation.

6.4 Planungsverfahren in der Sozialforschung

Die heute vorwiegend betriebene Projektforschung ist in
der Regel auf eine finanzielle Unterstützung angewiesen.
Das aber bedeutet, daß außer den Wissenschaftlern auch
externe Instanzen am Forschungsprozeß beteiligt sind. Dies
vor allem macht die Einhaltung von Terminen, die Abfassung
von umfangreichen Forschungsberichten und ein Abrechnungs-
wesen für die Finanzmittel erforderlich, so daß Planung
erforderlich wird. Allerdings bezieht sich diese Planung
bisher meist auf relativ einfache Projektabläufe.

Planungsverfahren setzen grundsätzlich voraus, daß eine
zielgerichtete Tätigkeit eingeleitet werden soll, durch
die das Ziel selbst oder operationale Unterziele erreicht
werden. Die erste Schwierigkeit ergibt sich bereits daraus,
daß das Forschungsziel häufig nicht sehr genau bestimmt
ist, bzw. nur als formales operationales Unterziel definiert wird, z.B. Abfassung eines mindestens 150 Seiten
umfassenden Forschungsberichts. Das "eigentliche" Ziel
der Untersuchung wäre demgegenüber: Test von bestimmten
Hypothesen über einen Gegenstandsbereich und/oder die
Formulierung von Empfehlungen für die Praxis. Es ist einsichtig, daß Zielerreichung in diesem Sinne vor allem von
Außenstehenden nur schwer beurteilt werden kann. Planung
setzt also eine klare Zieldefinition voraus, und zwar sowohl was die eigentlichen Ziele der Forschung betrifft
als auch was die operationalen Unterziele betrifft. Da
diese Ziele in allen Grundlagenwissenschaften nur schwer
bestimmt werden können, da diese Disziplinen weitgehend
als Prozeß begriffen werden müssen, die auf die Erfor-
schung des Unbekannten hin ausgerichtet sind, ergeben
sich hieraus Schwierigkeiten für die Planbarkeit von
Forschung insgesamt.

Diese Unbestimmtheit behindert nun zwar die Planung der
Forschung (etwa im Vergleich zur Planung von Brückenbau-
werken oder Stadtteilen),macht sie aber nicht unmöglich,
denn in seinen einzelnen Phasen ist der Forschungsprozeß
hinreichend durchsichtig und bestimmt. Zwei weitere Eigenschaften des Planungsprozesses erleichtern dies. Es kommt
nämlich bei der Planung nicht nur auf die Erreichung des
Zweckes an, sondern zusätzlich darauf, einen Zeitplan
einzuhalten und die Kosten so niedrig wie möglich zu
halten. Planung ist also ein zeit- und kostenbestimmter
Zielerreichungsprozeß. Der pünktliche Abschluß eines
Forschungsprojekts und die möglichst kostengünstige Abwicklung der Forschung kann nun wieder in den Rang von

operationalen Unterzielen erhoben werden. Allerdings muß
immer berücksichtigt werden,daß es sich dabei nur um se-
kundäre Ziele handelt, die mit dem Forschungsprozeß selbst
kaum etwas zu tun haben.

6.4.1 Ablaufplanung

Planungsverfahren bestehen nun darin, daß die einzelnen
Arbeitsschritte, die zur Erreichung des primären Forschungs-
ziels und der sekundären (operationalen) Unterziele erforderlich sind, möglichst vollständig in einzelne Arbeitsschritte unterteilt werden, wobei ebenfalls die erforderliche Arbeitsteilung berücksichtigt wird, und in ihrer
zeitlichen Abfolge geordnet werden. Der einfachste Plan
besteht also in einem Ablaufplan der einzelnen Arbeitsschritte, wie wir dies für den sozialwissenschaftlichen
Forschungsprozeß in Kapitel 3 kennengelernt haben und in
Abschnitt 3.5 (S.144 f.) dargestellt haben.

Ein konkretes Beispiel für einen solchen Ablaufplan liefert das Forschungsprojekt "Informationssysteme und Informationsverhalten" (geleitet von E.K. SCHEUCH und bearbeitet von W. BICK und P.J. MÜLLER). In dem Projekt soll
in einer ausgewählten Großstadt das Verwaltungshandeln
von Behörden untersucht werden, soweit es direkt mit den
Bürgern zu tun hat, und es soll die Weitergabe von Informationen innerhalb des Netzes von Behörden erforscht werden. Die Untersuchung geht von der Annahme aus, daß die
Erwartungshaltungen der Bürger und der Behörden gegenüber
den erfaßten Informationen durchaus nicht immer komplementär sind, daß sich also hier, wie übrigens auch im Verhalten der Behörden untereinander, Erwartungsdifferenzen
auftun können. So haben etwa die Sozialbehörden einen
etwas anderen Einkommensbegriff als die Finanzbehörden
und beide Behörden sind nur daran interessiert, die für
sie relevanten Informationen kategorial zu erfassen, nicht
aber an einer vollständigen Erfassung des Einzelfalls.
Daraus ergibt sich, daß der durch Behörden erfaßte Alltag

und der nicht verfaßte Alltag des Bürgers notwendig Diskrepanzen aufweisen.

In dem Projekt "Informationssystem und Informationsverhalten" wurde ein komplexer Forschungsansatz gewählt, um die Erwartungen von Bürgern einerseits und die Informationsverarbeitung der Behörden andererseits zu untersuchen. Entsprechend sieht das Projekt 50 Arbeitsschritte vor, die in 15 Arbeitsabschnitte zusammengefaßt wurden. Die Laufzeit des Projekts war bei der Antragstellung auf 2 1/2 Jahre veranschlagt.

Projekt: Informationssysteme und Informationsverhalten
Beispiel: Ablaufplan eines empirischen Forschungsprojekts

1. Theoretische Vorarbeiten

1.1 Theoretische Vorarbeiten
1.2 Literaturbeschaffung
1.3 Formulierung der Hypothesen
1.4 Sekundäranalyse
1.5 detaillierter Forschungsplan

2. Fragebögen und Sample
2.1 Operationalisierung der Hypothesen
2.2 Auswahl des Erhebungsinstituts
2.3 Explorative Beobachtungen in Verwaltungen
2.4 Sampling-Struktur
2.5 Formulierung der Fragen
2.6 Fragebogen-Design

3. Zwischenbericht I
3.1 Zwischenbericht

4. Feldarbeit - Bevölkerungsumfrage
4.1 Überwachung der Stichprobenziehung
4.2 Interviewerschulung
4.3 Verkodungsregeln
4.4 Feldarbeit
4.5 Überwachung (Verschlüsselung der offenen Fragen)

5. Institutionenbefragung (Datenflüsse)
5.1 Verschickung der Fragebögen
5.2 Rücklaufkontrolle
5.3 offene Interviews
5.4 Verkodung

6. Programme

6.1 Akquisition
6.2 Implementierung
6.3 Testläufe

7. Datenverarbeitung I

7.1 Ablochen
7.2 Datenbereinigung
7.3 Erstellung der analysegerechten Systemfiles
(SPSS, OSIRIS, INDSCAL)

8. Datenanalyse I

8.1 Erste Auswertung
8.2 Formulierung der Ergebnishypothesen
8.3 Detaillierte Formulierung der durch die schriftliche
Bevölkerungsumfrage und Beobachtungsstudien zu erfassenden Problembereiche

9. Zwischenbericht II

9.1 Zwischenbericht II

10. Begleitende Diskussionen

10.1 Begleitende Diskussionen (mit Experten aus Verwaltung
und Wissenschaft)

11. Beobachtungsstudien (Institutionen)

11.1 Sample
11.2 Kategorienschemata
11.3 Schulung
11.4 Durchführung
11.5 Verkodung

12. Schriftliche Bevölkerungsumfrage (Klienten-Befragung)

12.1 Formulierung der Fragen
12.2 Sample-Bestimmung und Ziehung
12.3 Pretest
12.4 Fragebogen-Design
12.5 Verschickung der Fragebögen
12.6 Rücklaufkontrolle
12.7 Verkodung/Verschlüsselung

13. Datenverarbeitung II

13.1 Ablochen
13.2 Datenbereinigung
13.3 Erstellung der analysegerechten Systemfiles
(SPSS, OSIRIS, INDSCAL, etc.)

14. Datenanalyse II

   Detailauswertung durch SPSS, OSIRIS, INDSCAL)

15. Schlußbericht

15.1 Niederschrift

Wird nun noch die erforderliche Zeit in die Planung mit
einbezogen, so läßt sich ein Balkenplan erstellen, aus
dem die zeitliche Abfolge der Arbeitsschritte des Projektes ersichtlich wird (vgl. Abb. 9, S. 268).

Bisher wurde vor allem eine Identifikation der einzelnen
Arbeitsschritte des Projekts geleistet und es wurde die
Zeitdauer für jeden einzelnen Arbeitsschritt abgeschätzt.
Eine bessere Übersicht über den geplanten Ablauf des Projekts erhält man aber, wenn man für das Projekt ein Flußdiagramm oder einen Netzplan erstellt. In einem solchen
Flußdiagramm werden besonders die Verzweigungen im Projekt
dargestellt und es können darüber hinaus noch unterschiedliche Symbole für typische Arbeitsschritte und Knoten-
punkte gewählt werden. Flußdiagramme werden vor allem in
der elektronischen Datenverarbeitung verwendet und dienen
dort der Vorbereitung und Darstellung von Programmen. Ein
solches Flußdiagramm ist das bereits erwähnte Ablaufschema
eines empirischen Forschungsprojektes von SCHRADER. Flußdiagramme setzen allerdings eine Spezifikation aller
Einzelschritte des Projekts voraus, die häufig nicht zu
leisten ist. Ihr Vorteil besteht jedoch darin, daß in ihnen
auch die Wiederholung von Abläufen (Iterationen) gut dar-
stellbar ist.

6.4.2 Netzplantechnik

Eine andere Methode der Projektplanung ist unter dem Namen
Netzplantechnik bekannt geworden. Dies Verfahren gibt es
in mehreren Varianten und unterschiedlichen Schreibweisen,
es wird vor allem bei komplexen technologischen Projekten
verwendet als Planungsmodell und zur Terminüberwachung –

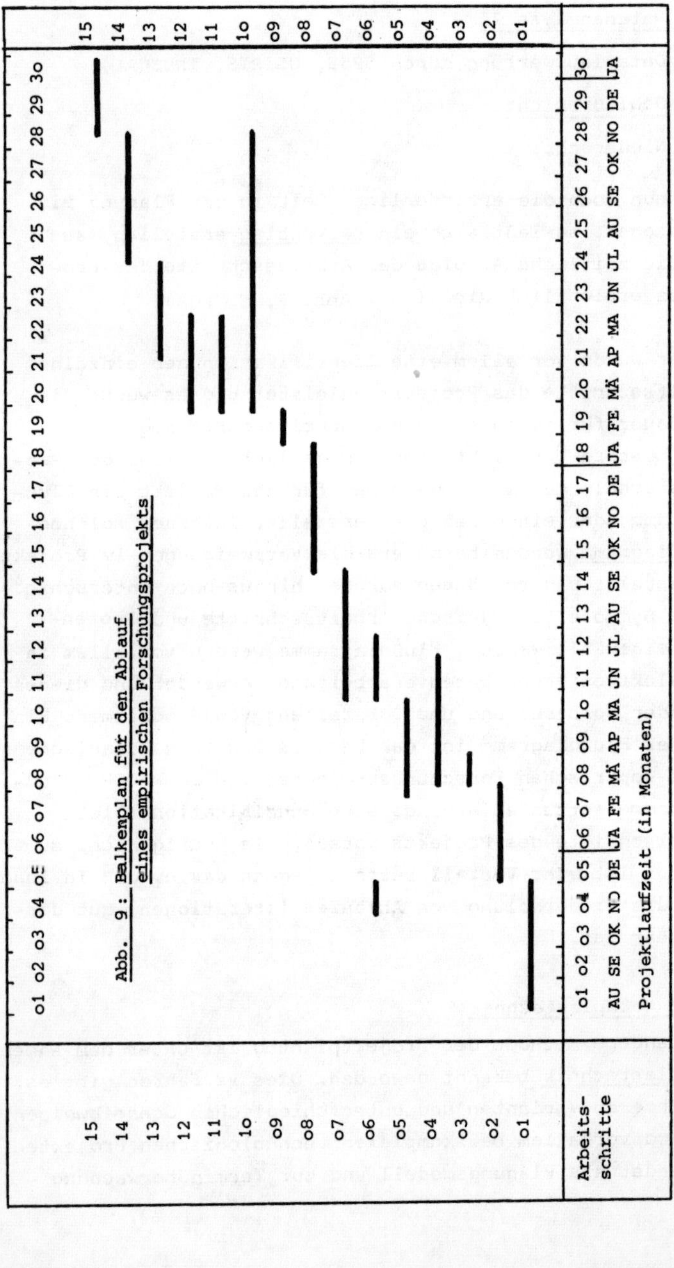

Abb. 9: Balkenplan für den Ablauf eines empirischen Forschungsprojekts

Arbeits-schritte	01	02	03	04	05	06	07	08	09	10	11	12	13	14	15	16	17	18	19	20	21	22	23	24	25	26	27	28	29	30
	AU	SE	OK	NO	DE	JA	FE	MÄ	AP	MA	JN	JL	AU	SE	OK	NO	DE	JA	FE	MÄ	AP	MA	JN	JL	AU	SE	OK	NO	DE	JA

Projektlaufzeit (in Monaten)

heute vor allem in der Bauindustrie und bei Forschungs-
großprojekten. Voraussetzung eines Netzplanes ist zunächst - wie bei anderen Planungsverfahren auch - eine
Strukturanalyse aller wichtigen Arbeitsschritte in einem
Projekt. Es müssen dabei alle wichtigen Ereignisse vollständig erfaßt werden. Fehlen nämlich wichtige Arbeitsschritte später im Plan, so muß der gesamte Netzplan revi-
diert werden. Neben die Strukturanalyse muß eine Zeitana-
lyse treten, in der der Zeitbedarf für alle veranschlag-
ten Arbeitsschritte geschätzt werden muß. Der nächste
Schritt besteht darin, daß ein Blockdiagramm erstellt
wird, wobei die einzelnen Tätigkeiten (je nach Notation
unterschiedlich) durch Pfeile dargestellt werden und
Kreise "Ereignisse" darstellen, die den Anfang oder das
Ende einer Tätigkeit bedeuten und Verzweigungen im Pro-
jektablauf anzeigen. Nur Tätigkeiten kosten aber Zeit,
Ereignisse werden mit dem Zeitverbrauch von Null eingesetzt.(Die folgende Darstellung kann nur einen ersten Eindruck vom Verfahren der Netzplantechnik geben. Zur weiteren
Information vgl. vor allem: v.FALCKENHAUSEN, 1968, GÖTZKE,
1972, KÜPPER et al., 1975, THUMB, 1968, Federal Electric
Corporation, 1967. Das hier vorgestellte Beispiel folgt in
der Notation dem letztgenannten Buch.)

Der Netzplan soll durch ein fiktives Beispiel illustriert
werden. Angenommen, ein Projekt über Macht- und Entschei-
dungsstrukturen in einer Kleinstadt bestehe aus den folgenden Arbeitsschritten:

a) Projektplanung, theoretischer Bezugsrahmen;
b) Sekundäranalyse früherer Untersuchungen;
c) Bericht über b);
d) Dokumentenanalyse über politische Entscheidungen
   ("issues") in der Stadt;
e) Intensivinterviews mit der Machtelite der Gemeinde;
f) Analyse dieser Interviews (quantitative Textanalyse);
g) Bericht über diese Teilstudie;
h) Fragebogenentwurf für eine repräsentative Bevölkerungsbefragung;

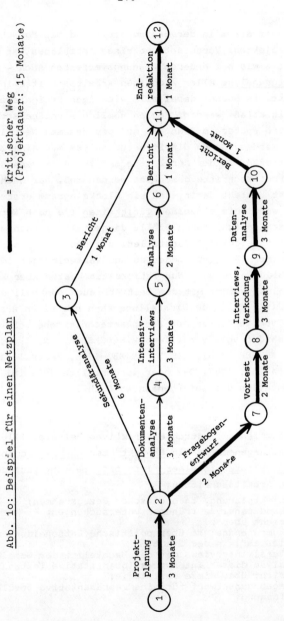

Abb. 1o: Beispiel für einen Netzplan

= kritischer Weg
(Projektdauer: 15 Monate)

i) Pretest des Fragebogens;
j) Durchführung der Interviews und Verkodung (subkontrahiert);
k) Datenanalyse (elektronische Datenanalyse);
l) Bericht über diese Teilstudie;
m) Endredaktion des Abschlußberichts.

In einer Planskizze wird nun das Gesamtprojekt in drei
Teilprojekte aufgegliedert, die Tätigkeiten werden durch
Pfeile dargestellt und die Anfangs- und Endpunkte der
Tätigkeiten durch Kreise, schließlich wird für jede Tätigkeit der voraussichtliche Zeitverbrauch geschätzt: es ergibt
sich das nebenstehende Schaubild. Derjenige Verlauf, der
den größten Zeitverbrauch aufweist, wird als der kritische
Weg bezeichnet, denn hier müssen alle Termine genau eingehalten werden, um die Gesamtlaufzeit des Projekts ein-
halten zu können. Auf dem kritischen Weg ergeben sich also
keine Pufferzeiten.

In der Planskizze kommt es also darauf an, die "Logik" des
Ablaufs eines Projekts möglichst adäquat wiederzugeben.
In unserer Zeichnung hätte sich ein ganz anderes Bild ergeben, wäre die Sekundäranalyse etwa den Intensivinterviews
vorgeschaltet worden und wenn Teile der Ergebnisse der
Interviews in die Bevölkerungsbefragung Eingang hätten
finden sollen. Es ist also leicht ein Projektplan denkbar,
in dem die einzelnen Arbeitsschritte besser miteinander
verzahnt sind - freilich wäre dann auch die Laufzeit des
Projekts länger geworden.

In der Forschung läßt sich häufig nur ungenau abschätzen,
wie lange ein bestimmter Arbeitsschritt in einem Projekt
dauern wird, vor allem dann, wenn dabei ein Problem aus
einem weitgehend unerforschten Themenbereich gelöst werden
soll. Ein unter dem Namen PERT (Program   Evaluation and
Review Technique) bekannt gewordener Ansatz der Netzplantechnik geht daher davon aus, für jede Tätigkeit eine
kürzestmögliche Dauer (min), eine längstmögliche Dauer (max)

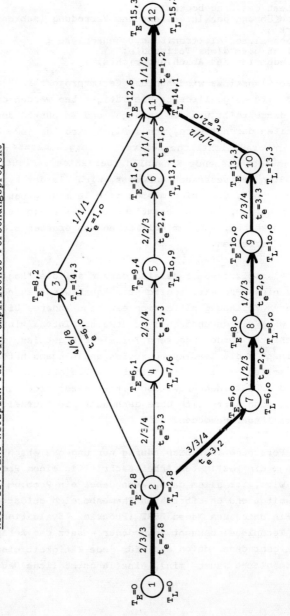

Abb. 11: PERT-Netzplan für ein empirisches Forschungsprojekt

und eine wahrscheinliche Dauer (w) als Schätzwerte vorzugeben und den Netzplan auf diesen verfeinerten Zeitwerten
zu basieren. Auf der Basis von diesen Werten wird dann mit
der Formel

$$t_e = \frac{\min + 4\ w + \max}{6}$$

die effektive Zeit t_e berechnet und in den Netzplan eingesetzt. Der frühest mögliche Beginn einer Tätigkeit ist
mit T_E gegeben, das sich aus der Addition von t_e ergibt.
Der späteste erlaubte Zeitpunkt T_L der gewählt werden
muß, wenn die Projektlaufzeit eingehalten werden soll,
ergibt sich aus der Subtraktion von t_e von dem kleinsten
T_L-Wert des nachfolgenden Ereignisses. Die Differenz
T_E-T_L gibt an, ob bei einem bestimmten Ereignis noch eine
Pufferzeit vorhanden ist. Ist T_E-T_L = 0, so liegt ein
kritisches Ereignis vor, das Ereignis liegt mithin auf
dem kritischen Weg.

Auf der nebenstehenden Seite wird für unser fiktives Beispiel
ein solcher PERT-Netzplan dargestellt. Es ist deutlich zu
erkennen, daß die Ereignisse 7, 8, 9 und 10 den kritischen
Weg markieren, auf dem die Pufferzeit T_L-T_E = 0 wird, auf
dem also alle Termine eingehalten werden müssen.

Die Nützlichkeit von solchen Planungstechniken in den
Sozialwissenschaften wird bisher durch verschiedene Bedingungen eingeschränkt. Zunächst sind die Projekte meist
relativ klein. Planungstechniken bewähren sich jedoch
erst bei Großprojekten mit insgesamt einer großen Zeitdauer. Wichtiger vielleicht ist aber, daß Forschungsprojekte in den Sozialwissenschaften bislang nur wenige "Verzweigungen" aufweisen, d.h. abtrennbare Einzelaufgaben
innerhalb eines größeren Projektzusammenhangs, die am zweckmäßigsten an Spezialisten abgegeben werden, denen dann
ein Zeitraster für die Erfüllung ihrer Aufgaben vorgegeben

werden kann. Schließlich ist auch zu berücksichtigen,
daß sich diese Planungstechniken erst dann bewähren können, wenn eine Projektstruktur die beiden vorgenannten
Bedingungen erfüllt, zugleich aber der Erfolg der in
Auftrag gegebenen Problemlösungen hinreichend sicher sein
muß. In der Grundlagenforschung ist aber diese Lösungs-
wahrscheinlichkeit häufig nicht kalkulierbar. Es ergibt
sich, daß Planungstechniken der erwähnten Art vor allem
bei größeren Forschungsprojekten der angewandten Forschung
zur Anwendung kommen können.

6.5 Der Zugang zu den Finanzmitteln

Sozialforschung ist heute überwiegend Projektforschung.
Das bedeutet, daß nur ein relativ geringer Teil der für
die Forschung zur Verfügung stehenden Mittel fest etati-
siert ist, der überwiegende Teil der Finanzmittel aber
für die jeweiligen Forschungsvorhaben beantragt werden
muß. Dazu ist ein Kostenplan erforderlich, der dem Projektplan beizugeben ist, wenn für das Projekt bei einer Stiftung oder einer anderen finanzierenden Stelle Geld eingeworben werden soll.

Die wichtigsten finanzierenden Institutionen im Bereich
der Sozialwissenschaften, bei denen eine Einzelprojekt-
förderung beantragt werden kann, sind in der Bundesrepublik die Deutsche Forschungsgemeinschaft (DFG), Bundes-
und Länderministerien, private Stiftungen (vor allem die
Stiftung Volkswagenwerk, die Fritz Thyssen Stiftung und
eine Reihe von anderen Stiftungen über die am besten der
Deutsche Stifterverband in Essen informiert), die Universitäten und einige stiftungsähnliche Einrichtungen wie die
Deutsche Gesellschaft für Friedens- und Konfliktforschung
(DGFK) und die Kommission für wirtschaftlichen und sozialen Wandel (deren Projektförderung inzwischen allerdings

ausgelaufen ist). Daneben gibt es noch viele Institutionen,
die sozialwissenschaftliche Forschung unterstützen (Gemeinden, Verbände, Behörden, Unternehmen) - es handelt sich
dabei aber in der Regel um Auftragsforschung.

Viele der angeführten Institutionen betreiben eine Schwer-
punktförderung, d.h. sie finanzieren nur bestimmte Bereiche der Forschung. Aus diesem Grunde ist es erforderlich, sich vor der Antragstellung bei einer dieser Institutionen über das Programm zu erkundigen - wie das etwa
über Jahresberichte erfolgen kann -, um nicht Gefahr zu
laufen, daß der Antrag aus formalen Gründen zurückgewiesen
wird und so wertvolle Zeit verloren geht.

Die wichtigste Institution für allgemeine Förderung im Hochschulbereich ist die Deutsche Forschungsgemeinschaft. Sie
unterscheidet hauptsächlich zwischen einem Normalverfahren
und einem Schwerpunktverfahren der Förderung. Beim Schwerpunktverfahren entstehen die üblichen Probleme, daß das
eigene Forschungsproblem in den Schwerpunkt passen muß oder
daß das Forschungsvorhaben spezifisch auf das Thema des
Schwerpunktprogramms hin formuliert sein muß. Für freie
Forschungsvorhaben kommt daher vor allem das Normalverfahren
in Betracht. Da sich die DFG als eine Selbsthilfeorganisa-
tion der deutschen Wissenschaft versteht, verfügt sie über
eine elaboriertes System der Begutachtung der eingereich-
ten Anträge durch gewählte Fachgutachter, wobei bei abweichenden Voten auch noch weitere Gutachten hinzugezogen
werden können. Die DFG ist neuerdings dazu übergegangen,
Projekte auch phasenweise zu billigen, d.h. beispielsweise
nur eine feste Zusage zur Finanzierung einer Vorunter-
suchung zu geben und es von den Ergebnissen aus dieser
Phase abhängig zu machen, ob auch die Hauptuntersuchung
weiter finanziert wird. Bei der DFG besteht die Besonderheit, daß der Projektleiter für sich selbst keine Projektmittel beantragen darf.

Die Stiftung Volkswagenwerk als größte Privatstiftung ist
in der Förderung der Sozialwissenschaften sehr stark her-
vorgetreten. Das Antragsverfahren ist ähnlich wie das der
DFG und setzt einen elaborierten Forschungsantrag voraus.
Die Stiftung ist zunehmend zu einem Schwerpunktverfahren
der Projektförderung übergegangen, über die die Stiftung
regelmäßig in Form von Merkblättern informiert, die
Interessenten auf Wunsch zugesandt werden.

Bei der Förderung von Vorhaben durch Bundes- und Landesre-
gierungen kann die Finanzierung durch sehr unterschiedliche Ministerien erfolgen. Neuerdings konzentriert sich
die Forschungsförderung des Bundes beim Bundesminister für
Forschung und Technologie - was nicht bedeutet, daß Etat-
mittel nicht auch bei anderen Ministerien verblieben sind.
Diese Regierungsstellen fördern tendenziell eher angewandte
Forschung als die Grundlagenforschung. Entsprechend nimmt
die Finanzierung auch eher die Form eines Vertrags über
bestimmte zu erbringende Leistungen an als die Form einer
freien Projektförderung. Unaufgefordert eingesandte Anträge
auf Einzelförderung haben hier kaum eine Chance auf Bewilligung.

Der Stifterverband für die Deutsche Wissenschaft in Essen,
die Deutsche Gesellschaft für Friedens- und Konfliktforschung, die Fritz Thyssen Stiftung und einige andere Institutionen haben meist nur begrenzte Finanzmittel zur Verfügung und sind zusätzlich auch schwerpunktbezogen, so daß
hier der Antragstellung eine sorgfältige Vorausinformation
vorangehen muß.

Sozialwissenschaftliche Forschung kann natürlich auch an
den Instituten, Seminaren, Fachbereichen und Forschungs-
zentren der Universitäten und anderen Hochschulen durchgeführt werden, zumal die Hochschulen auch über eigene
(meist relativ geringe) Mittel für die Forschungsförderung

verfügen. Es kommt hinzu, daß im Universitätsbereich die
Möglichkeit gegeben ist, eine Reihe von Service-Leistungen
in Anspruch zu nehmen, von denen die häufig kostenlose
Inanspruchnahme von Rechenzeit an der EDV-Anlage vielleicht die wichtigste ist. Kombiniert man dies mit der Möglichkeit, im Rahmen von Forschungsseminaren eigene Daten
zu erheben oder auch nur mit den Möglichkeiten, sich Datensätze früherer Untersuchungen für Sekundäranalysen "auszu-
leihen", so ist auch ohne die Inanspruchnahme von externen
Finanzmitteln anspruchsvolle Forschung möglich. Dies wird
allerdings häufig aus Mangel an Erfahrung oder aus Mangel
an Phantasie nicht genutzt.

Es ergibt sich, daß eine Vielzahl von Finanzierungsquellen
für die empirische Sozialforschung zur Verfügung stehen,
daß es mithin vor allem darauf ankommt, mit diesen Möglichkeiten richtig und phantasievoll umzugehen.

6.6 Die Kostenplanung

Der Kostenvoranschlag, der einem Projektantrag an einen
Forschungsförderer beigegeben werden muß, erfordert heute
ein relativ großes Detailwissen. Es genügt nämlich nicht,
nur pauschal Honorare für die Mitarbeiter des Projekts
und Sachkosten für Datenverarbeitung sowie Gerätschaften
festzustellen, sondern mehr und mehr verlangen die finanzierenden Institutionen nach Jahren getrennte Haushalts-
pläne, in denen die einzelnen Etatposten genau spezifiziert und begründet werden müssen. Dies setzt bereits eine
weitgehende Detailplanung eines Projekts lange vor der
Bewilligung voraus, bedeutet also bereits einen erheblichen
Aufwand, bevor Mittel für ein Projekt zur Verfügung gestellt werden. Natürlich hat eine solche Detailplanung auch
Vorzüge, vor allem weil sie dem Forschungsförderer die
Beurteilung des Vorhabens erleichtert und den Antragstel-

ler dazu zwingt, seine Vorstellungen über das Projekt genau-
estens zu durchdenken und offen zu legen.

Kostenvoranschläge aus dem Hochschulbereich sind in der
Regel nur Teilkostenanschläge, da Universitätsinstitute
meist über genügend Büroraum, Büromaterial und auch Schreib-
kräfte verfügen, so daß diese Kostenarten in den Kostenvoranschlag nicht mit eingehen. Nur bei privatwirtschaft-
lichen Instituten oder bei Instituten, die vollständig
außerhalb der Universität arbeiten, wird heute eine Voll-
kostenrechnung durchgeführt. Im folgenden wird von der
Situation universitärer Einrichtungen ausgegangen, also
von der üblichen Teilkostenplanung.

In der kameralistischen Buchführung der Behörden wird überwiegend nach Personalkosten, sächlichen Kosten und Investi-
tionen unterschieden. Diese Unterteilung ist daher auch bei
der Kostenplanung einzuhalten. Personalkosten umfassen
alle direkten Gehaltszahlungen und sonstigen Honorare an
die wissenschaftlichen und nichtwissenschaftlichen Mitarbeiter im Projekt. Sächliche Verwaltungsausgaben umfassen
negativ gesprochen alle Ausgaben, die nicht eindeutig als
Personalausgaben anzusprechen sind, insbesondere Geräte,
Bürobedarf, Reisekosten, Kosten für Auftragsvergabe, usw.
Es können sich bei diesen Kosten also durchaus auch abgeleitete Personalkosten befinden, da auch die Vergabe von
Interviews unter die Auftragsvergabe gerechnet wird, dort
aber im wesentlichen als Personalkosten anfallen. Investi-
tionen (Grundstückskäufe, Bauten, Großgeräte) spielen in
der Projektförderung kaum eine Rolle. Die Einteilung ist
also eine kombinierte Kostenarten- und Kostenstellenauf-
stellung. Es wird hier nur die Art der anfallenden Kosten
bei derjenigen Stelle berücksichtigt, mit der der Vertrag
abgeschlossen wurde.

Bei den Personalausgaben hat es sich mehr und mehr eingebürgert, daß sie nach dem Bundesangestelltentarif (BAT)
oder in Analogie zum BAT vergütet werden. An Universitäten
werden diese Vergütungen häufig durch die Universitätsver-
waltung berechnet und ausgezahlt - was für die Institute
eine beträchtliche Verwaltungsvereinfachung bedeutet, denn
die korrekte Berechnung dieser Kosten erfordert heute ein
umfangreiches Wissen, da eine Vielzahl von Abzügen damit
verbunden sind (Lohnsteuer, Sozialversicherungsabgaben,
Zusatzversorgung, Vermögenswirksame Leistungen, möglicherweise Beihilfe, Arbeitgeberbeiträge, usw.). Da die Vergütungen nach dem BAT stark von persönlichen Merkmalen
des Mitarbeiters abhängen (Alter, Familienstand, Zahl der
Kinder) kann die Höhe des Gehalts für einen Wissenschaftler außerordentlich stark schwanken. In der Vergütungs-
gruppe BAT IIa, der Regelvergütung für einen voll ausgebildeten vollzeitbeschäftigten Wissenschaftler, betrug
1976 die Vergütung für eine 25jährige ledige Person
DM 2270,- (brutto), für einen 39jährigen Wissenschaftler
mit zwei Kindern aber DM 3100,-. Die Belastung für das
Projekt wird noch um einiges höher, da jeweils noch mehr
als DM 600,- Arbeitgeberbeiträge hinzuzurechnen sind. Die
Jahresbelastung (13 Monatsgehälter) des Projektes für
einen wissenschaftlichen Mitarbeiter schwankt somit zwischen ca. 37 000,- DM und 48 000,- DM im Jahr. Diese erheblichen Unterschiede sind vor allem dann bedeutsam, wenn
der Projektarbeiter bei der Antragstellung noch nicht fest-
steht, also erst nach der Bewilligung eine Ausschreibung
erfolgen soll. Bei der Auswahl von Bewerbern gleicher
Qualifikation wird es dann sehr leicht zu einer Diskrimi-
nierung des älteren Bewerbers kommen, da für ihn tarif-
bedingt höhere Personalkosten anfallen.

Neben der Berechnung nach dem BAT können die Personalkosten
auch auf der Basis von Privatdienstverträgen frei vereinbart werden - wobei allerdings auch die üblichen Vor-

schriften über Sozialversicherungsbeiträge usw. beachtet
werden müssen. Dies wird allerdings inzwischen unüblich,
da dann gelegentlich die soziale Sicherung, wie sie bei
einer Vergütung nach BAT gewährleistet ist, problematisch
erscheint.

Eine besondere, nur im Hochschulbereich anzutreffende Per-
sonalgruppe stellen die studentischen und wissenschaftlichen Hilfskräfte dar, die sich immer mehr zu einem not-
wendigen Bestandteil der Forschung an den Hochschulinsti-
tuten entwickelt haben. Studentische Hilfskräfte werden in
der Regel nach der Zwischenprüfung auf der Basis von 10
oder 20 Wochenstunden eingestellt, wissenschaftliche
Hilfskräfte werden nach dem ersten Abschlußexamen halbtags
angestellt. Die wichtigsten Funktionen von studentischen
Hilfskräften sind Dokumentationsarbeiten, Mithilfe bei
der Datenerhebung (als Interviewer, Beobachter und Verkoder) und Datenverarbeitung (vor allem mittels der Daten-
verarbeitungs"pakete"). Wissenschaftliche Hilfskräfte
können für selbständige Teilaufgaben innerhalb der Projekte eingesetzt werden und haben meist Gelegenheit,
über diesen Teilbereich auch die Dissertation zu schreiben. Da beide Gruppen sich noch in der Ausbildung befinden (und daher z.B. bei der Sozialversicherung Ausfall-
zeiten geltend machen können), sind die üblichen Personal-
nebenkosten der sozialen Sicherung nur zum Teil fällig.

Inwieweit bei den Personalkosten noch zusätzlich eine Sekre-
tärin, anderes Servicepersonal (Programmierer oder Dokumentaristen)oder auch Honorare (etwa für Interviewer oder
Experten, die gesonderte Gutachten zu erstellen haben)
benötigt werden,hängt ganz von dem jeweiligen Projekt ab.
Bei der letzten Kostengruppe kann statt der Auszahlung
auf Honorarbasis (was juristisch einem Dienstvertrag gleich-
kommt),auch die Form eines Werkvertrags gewählt werden
(d.h. mit dem Bearbeiter wird ein ganz bestimmtes Ergebnis

vereinbart, z.B. Verfassung eines Manuskripts von 40 Seiten über ein vereinbartes Thema). In diesem Fall können die Kosten auch als Sachausgaben verbucht werden.

Die wichtigsten <u>sächlichen Kosten</u> in der empirischen Sozialforschung im Hochschulbereich lassen sich in den folgenden Gruppen zusammenfassen:

1. <u>Wissenschaftliche Instrumente</u>. Sie werden bisher in den Sozialwissenschaften nur in geringem Umfange benötigt, da Sozialwissenschaftler nur eine sehr geringfügige Laborausrüstung benötigen. Die wichtigsten wissenschaftlichen Geräte sind Datenerfassungsgeräte und Datenverarbeitungsgeräte: Kleincomputer, Fachzählsortiermaschinen, Lochkartenstanzer, also Geräte, die in der Regel zur "Peripherie" von Großrechenanlagen gehören. Als Datenerfassungsgeräte reichen meist Tonbandgeräte aus (neben Fragebögen).

2. <u>Büromaschinen</u>. Sie gehören meist zur Grundausstattung eines Forschungsinstituts und sind daher für ein Projekt nur in Ausnahmefällen zu beschaffen. Zu den wichtigsten Büromaschinen gehören heute Schreibmaschinen, Diktiergeräte, Photokopierer, Kleinoffsetdrucker oder andere Umdrucker, Kleinrechner. Die Palette dieser Apparate erweitert sich im Zuge der Rationalisierung des Bürobetriebs ständig.

3. <u>Materialkosten</u>. Je nach Bedarf können sie unterschiedliches bedeuten, z.B. Umdruckpapier, Büromaterial, Tonbänder, Magnetbänder für EDV-Anlagen, usw. aber auch Photokopierkosten.

4. <u>Datenverarbeitung</u>. Diese Kosten werden im Universitätsbereich zum Teil von den Universitäten getragen, wenn die Untersuchung durch die DFG oder die Stiftung Volkswagenwerk finanziert wird oder Rechenzeit für Examensarbeiten anfällt. Besteht diese Möglichkeit nicht, so muß Rechenzeit gemietet werden. Kosten können aber auch für Programmierarbeiten, die Beschaffung von Spezial-

programmen und die Beschaffung fremder Studien anfallen.

5. Reisekosten. Sie fallen vor allem bei drei Gelegenheiten an: bei der Datenbeschaffung (z.B. für Interviews aber auch beim Besuch von Bibliotheken und Archiven); bei der Koordination der Untersuchung mit anderen Forschergruppen, wenn es sich um ein Projekt handelt, das eine vergleichende Komponente auf nationaler und internationaler Ebene besitzt; und schließlich bei der Kommunikation mit Fachkollegen im Rahmen von Tagungen und Kongressen. Da leicht der Verdacht des Mißbrauchs von Reisekostengeldern für bloßen Tourismus besteht, müssen die Reisekosten im Forschungsantrag gut begründet werden. Ein Problem bleibt hier allerdings häufig, daß der wirkliche Reisekostenbedarf nicht langfristig vorhergesehen werden kann.

6. Sekretariatskosten. Steht im Institut zu wenig Schreibpersonal zur Verfügung, so empfiehlt es sich, Mittel für die Vergabe von Schreibarbeiten an externe Mitarbeiter oder Schreibbüros einzuplanen.

7. Vergabe von Aufträgen. Durch Auftragsvergabe (Subkontraktion) kann ein Projekt sehr unterschiedlich belastet werden. Wird die gesamte Datenerhebung subkontrahiert, so wird dieser Posten sehr umfangreich sein. Viele Stiftungen verlangen in diesem Fall, daß mindestens zwei Kostenvoranschläge eingeholt werden. Unter der Vergabe von Aufträgen können aber auch Expertisen auf der Basis von Werkverträgen verstanden werden.

8. Literatur. Im Universitätsbereich wird ein gut Teil der benötigten Fachliteratur über die Instituts-, Fachbereichs- oder Universitätsbibliothek verfügbar sein. Im Rahmen der Projektkosten sollte also nur solche Literatur beschafft werden, die dringend für das Projekt erforderlich ist, aber anderweitig nicht beschafft werden kann.

Es wurde bereits erwähnt, daß der Kostenplan für Forschungsprojekte im Universitätsbereich in der Regel keine Voll-
kostenrechnung darstellt, sondern insbesondere die Mitarbeit des wissenschaftlichen Universitätspersonals und den
allgemeinen Geschäftsbedarf (Mieten) außer Ansatz läßt.
Aus dem Projektantrag sollte aber durchaus deutlich werden,
wie hoch dieser nicht in die Projektkostenrechnung eingehende Eigenanteil der Universitäten und Institute ist,
selbst wenn er nur geschätzt werden kann.

Der Kostenvoranschlag auf der folgenden Seite für ein
fiktives Projekt entspricht in etwa den Ansprüchen der
DFG sowie der Stiftung Volkswagenwerk. Gegenüber Ministerien können sich Abweichungen ergeben, da sie z.T. ein
eigenes Kontenschema entwickelt haben, vor allem sind die
Titelbelastungen pro Haushaltsjahr zu spezifizieren.

Nicht enthalten sind in dieser Berechnung die folgenden
Posten:
1) Bei den Personalausgaben:
   a) Mitwirkung des Institutsdirektors bei der Konzep-
      tionierung des Projekts und die weiteren Leitungs-
      funktion im Projekt. Der Institutsdirektor wird ca.
      1/8 seiner Arbeitskraft dem Projekt widmen.
   b) Mitwirkung eines wissenschaftlichen Assistenten am
      Projekt, der etwa 1/4 seiner Arbeitskraft dem Pro-
      jekt widmet.
   c) Die Institutssekretärin, die die mit dem Projekt
      verbundene Korrespondenz erledigt und etwa mit 1/8
      ihrer Arbeitskraft belastet wird.
   d) Der Geschäftsführer des Instituts, der die finan-
      zielle Abrechnung des Projekts übernimmt.
2) Bei den sächlichen Verwaltungsangaben sind nicht enthalten:
   a) Die Rechenzeit auf dem universitätseigenen Computer
      für die Sekundäranalyse und die Repräsentativbefra-

Beispiel: Kostenplan für ein Forschungsprojekt: Macht und Ent-
scheidungsstrukturen in einer westdeutschen Kleinstadt
(Bewilligungszeitraum 1977-78)

1. Personalausgaben

a) 1 wissenschaftlicher Angestellter vergütet
nach BAT IIa für 15 Monate
(incl. anteiliges Weihnachtsgeld)   DM   56.000,--

b) Beschäftigungsentgelte für eine studenti-
sche Hilfskraft für 15 Monate   DM   13.000,--

                                        Summe   DM   69.000,--

2. Sachkosten

a) Vergabe von Aufträgen

1) Durchführung von 500 Interviews (Preis
pro Interview DM 30,--, zuzüglich 30 Interviews im Pretest à DM 40,--, zuzüglich
Betreuungskosten für die Untersuchung, zuzüglich Kosten für die Verkodung und Ab-
lochung der Daten (einschl. Prüflochung)
und Ablieferung eines vollständigen Datensatzes mit Randauszählung gemäß Angebot
des XY-Instituts)   DM   30.000,--

2) Expertise über die Entwicklung der Lokal-
politik der vergangenen 10 Jahre   DM   3.000,--

b) Intensivinterviews mit Mitgliedern der politischen Elite der Gemeinde
(30 Befragungen à DM 80,--)   DM   2.400,--

c) Geräte (1 Tonbandmaschine incl. Zubehör für
die Intensivinterviews)   DM   1.000,--

d) Allgemeiner Geschäftsbedarf (Büromaterial
DM 2.000,--, Photokopien DM 1.000,--, Schreibarbeiten DM 4.000,--, Telefonkosten DM 500,--)   DM   7.500,--

e) Reisekosten (Dienstreisen zur Untersuchungsge-
meinde für zwei Projektbearbeiter in der Vorbe-
reitungsphase der Untersuchung und für die Intensivinterviews)   DM   5.000,--

                                        Summe   DM   48.900,--

Gesamtkosten für das Projekt: DM 117.900,--
                                                    ==============

gung (einschließlich Beratungszeit, Bereitstellung von
Lochern und Material für die Datenverarbeitung).
b) Miete für einen Büroraum im Institut.
c) Allgemeiner Geschäftsbedarf für Papier, Porto, Telefon,
Benutzung des Umdruckers, usw.
Die Gesamtkosten des Projekts würden sich bei Einbeziehung
dieser Leistungen um etwa ein Drittel bis die Hälfte der
ausgewiesenen Kosten erhöhen.

Neben dem Kostenvoranschlag sollten Projektanträge einige
Angaben über die an dem Projekt beteiligten Forscher enthalten (kurze Lebensläufe, evtl. Schriftenverzeichnis)
und einige Bemerkungen über die Art der geplanten Kooperation innerhalb des Instituts am Projekt.

7. Probleme der Forschungsethik

Ethische Fragen der Sozialforschung sind vor allem in Zusammenhang mit spektakulären Forschungsprojekten aufgeworfen worden. Das wichtigste Projekt dieser Art war das berüchtigte Projekt "Camelot", das allerdings nie durchgeführt wurde, weil es von einer Reihe von besorgten Sozialforschern gestoppt werden konnte. Ziel von Projekt Camelot war es, die Bedingungen zu untersuchen, unter denen bürgerkriegsähnliche Zustände in Südamerika entstehen und zu politischen Umstürzen führen. Da das Projekt vom amerikanischen Verteidigungsministerium finanziert werden sollte und da die lateinamerikanischen Staaten, in denen es durchgeführt wurde, politisch abhängig von den USA sind, entstand die Befürchtung, daß die Ergebnisse dieses Projekts - in fremden Ländern gewonnen - für die politischen Zwecke des Landes benutzt werden sollten, aus dem die Forschungsgelder stammten. In dieser politischen Konstellation ließ sich das Projekt leicht unter dem Verdacht der Aneignung von verwertbarem "kulturimperialistischem Herrschaftswissen" hochspielen. Vermutlich hätte das Projekt nur eine große Menge von deskriptivem Detailwissen erbracht, wodurch das eigentliche Forschungsziel keineswegs hätte erfüllt werden können. Aber es handelte sich eben um ein Projekt, an dem die Objekte der Forschung - in diesem Fall unabhängige Staaten - keinen Anteil hatten. Dies dürfte wohl der wichtigste Grund für das Scheitern von "Camelot" gewesen sein (vgl. HOROWITZ, 1967).

Für die eigentliche Diskussion von ethischen Fragen der Sozialforschung ist Camelot jedoch ein untypisches Beispiel - selbst wenn die Debatte durch dies Projekt mit ausgelöst

wurde. Wichtigere Anlässe für die Beschäftigung mit Fragen
der Forschungsethik bestehen vielmehr in den Fragen des
Datenschutzes (Verhinderung des Mißbrauchs von bereits erhobenen Daten), des Personenschutzes (Verhinderung des Mißbrauchs von für die Forschung benötigten Personen) und des
Ergebnisschutzes (Verhinderung der mißbräuchlichen Anwendung von Forschungsergebnissen). Die Diskussion ethischer
Fragen konzentriert sich auf die ersten beiden Problembereiche, da der dritte Bereich am schwierigsten zu behandeln
ist, denn der in der Zukunft liegende Mißbrauch von Forschungsergebnissen läßt sich kaum zuverlässig abschätzen.
Die Diskussion in diesem Bereich ist daher häufig sehr spektakulär und hängt weitgehend von der Einschätzung der möglichen praktischen Relevanz der Sozialwissenschaften ab.

7.1 Das Bundesdatenschutzgesetz

Das neue Bundesdatenschutzgesetz (im vollen Wortlaut: Gesetz
zum Schutz des Mißbrauchs personenbezogener Daten bei der
Datenverarbeitung, BDSG) geht auf die Bedürfnisse der
sozialwissenschaftlichen Forschung - generell der Wissenschaft - kaum ein, sondern regelt vor allem das Schutz-
interesse des Bürgers vor den großen, integrierten und
automatisierten Datenbanken, wie sie von den Behörden und
der Wirtschaft inzwischen geschaffen worden sind. Das Gesetz schafft vor allem kompetenzorientierte Regelungen,
durch das es etwa festlegt, welche Behörde wenn und für
welche Zwecke personenbezogene Daten erfassen, speichern,
benutzen und weitergeben darf. Zur Kontrolle der amtlichen
Datenverarbeitung soll ein Datenschutzbeauftragter ernannt
werden. Die Kontrolle der nicht-amtlichen Datenverarbeitung wird durch Aufsichtsbehörden der Länder wahrgenom-
men(wobei die Landesgesetzgebung noch nicht abgeschlossen
ist). In großen Datenverarbeitungsbetrieben ist jeweils
ein Datenschutzbeauftragter zu bestimmen.

§ 1 des Gesetzes bestimmt Aufgabe und Gegenstand des Datenschutzes:

Aufgabe des Datenschutzes ist es, durch den Schutz personenbezogener Daten vor Mißbrauch bei ihrer Speicherung, Übermittlung, Veränderung und Löschung (Datenverarbeitung) der
Beeinträchtigung schutzwürdiger Belange der Betroffenen
entgegenzuwirken.

Das Gesetz unterscheidet die Datenverarbeitung für Behörden und sonstige öffentliche Stellen und die Datenverarbeitung nicht-öffentlicher Stellen für eigene und für
fremde Zwecke. In welche dieser Gruppen die wissenschaftliche Datenverarbeitung fällt, bleibt im Gesetz offen. In
der Mehrzahl wird sie den nicht-öffentlichen Stellen zu-
zurechnen sein.

In § 23 wird die Datenspeicherung durch nicht-öffentliche
Stellen geregelt:

Das Speichern personenbezogener Daten ist zulässig im
Rahmen der Zweckbestimmung eines Vertragsverhältnisses oder
vertragsähnlichen Vertrauensverhältnisses mit dem Betroffenen oder soweit es zur Wahrung berechtigter Interessen
der speichernden Stelle erforderlich ist und kein Grund
zur Annahme besteht, daß dadurch schutzwürdige Belange des
Betroffenen beeinträchtigt werden. Abweichend von Satz 1
ist das Speichern in nicht automatisierten Verfahren zulässig, soweit die Daten unmittelbar aus allgemein zugänglichen Quellen entnommen sind.

Befragungen in den Sozialwissenschaften fallen unter die
Regelungen des ersten Satzes, Dokumentenanalysen unter
die (offenere) Bestimmung des zweiten Satzes.

Das BDSG räumt den Betroffenen Rechte ein (vor allem gegen-
über bei Behörden gespeicherten Daten - § 4) in bezug auf
Auskunft über die gespeicherten Daten, und gibt ihnen ferner
Rechte in bezug auf Berichtigung, Sperrung und Löschung der
Daten vor allem dann, wenn sie unrichtig sind.

In einer Anlage zu dem Gesetz wird ein umfangreicher Katalog von Kontrollen für automatisierte Datenbanken aufgestellt. Er wird hier abgedruckt, weil sich daraus auch

Anregungen für Soziologen beim Umgang mit der eigenen, in der Regel nicht-automatisierten Datenverarbeitung ableiten lassen.

Anlage zu § 6 Abs. 1 Satz 1

Werden personenbezogene Daten automatisch verarbeitet, sind zur Ausführung der Vorschriften dieses Gesetzes Maßnahmen zu treffen, die je nach der Art der zu schützenden personenbezogenen Daten geeignet sind,

1. Unbefugten den Zugang zu Datenverarbeitungsanlagen, mit denen personenbezogene Daten verarbeitet werden, zu verwehren (<u>Zugangskontrolle</u>),

2. Personen, die bei der Verarbeitung personenbezogener Daten tätig sind, daran zu hindern, daß sie Datenträger unbefugt entfernen (<u>Abgangskontrolle</u>),

3. die unbefugte Eingabe in den Speicher sowie die unbefugte Kenntnisnahme, Veränderung oder Löschung gespeicherter personenbezogener Daten zu verhindern (<u>Speicherkontrolle</u>),

4. die Benutzung von Datenverarbeitungssystemen, aus denen oder in die personenbezogene Daten durch selbsttätige Einrichtungen übermittelt werden, durch unbefugte Personen zu verhindern (<u>Benutzerkontrolle</u>),

5. zu gewährleisten, daß die zur Benutzung eines Datenverarbeitungssystems Berechtigten durch selbsttätige Einrichtungen ausschließlich auf die ihrer Zugriffsberechtigung unterliegenden personenbezogenen Daten zugreifen können (<u>Zugriffskontrolle</u>),

6. zu gewährleisten, daß überprüft und festgestellt werden kann, an welche Stellen personenbezogene Daten durch selbsttätige Einrichtungen übermittelt werden können (<u>Übermittlungskontrolle</u>),

7. zu gewährleisten, daß nachträglich überprüft und festgestellt werden kann, welche personenbezogenen Daten zu welcher Zeit von wem in Datenverarbeitungssysteme eingegeben worden sind (<u>Eingabekontrolle</u>),

8. zu gewährleisten, daß personenbezogene Daten,die im Auftrag verarbeitet werden, nur entsprechend den Weisungen des Auftraggebers verarbeitet werden können (<u>Auftragskontrolle</u>),

9. zu gewährleisten, daß bei der Übermittelung personenbezogener Daten sowie beim Transport entsprechender Datenträger diese nicht unbefugt gelesen, verändert oder

gelöscht werden können (<u>Transportkontrolle</u>),

10. die innerbehördliche oder innerbetriebliche Organisa-
    tion so zu gestalten, daß sie den besonderen Anforde-
    rungen des Datenschutzes gerecht wird (<u>Organisations-
    kontrolle</u>).

Welche Auswirkungen das Bundesdatenschutzgesetz auf den
Forschungsprozeß in den Sozialwissenschaften haben wird,
muß im Moment noch offen bleiben. Die besonderen Probleme
der sozialwissenschaftlichen Datenverarbeitung sind von
den Problemen des Umgangs mit personenbezogenen Daten in
Großdatenbanken der Behörden und der Wirtschaft deutlich
verschieden. Der wissenschaftliche Daten- und Personenschutz
ist daher anders zu behandeln als die amtliche und die
wirtschaftliche Verwendung von personenbezogenen Daten.
Selbstverständlich ist auch in der wissenschaftlichen
Datenverarbeitung eine Kontrolle erforderlich, aber es ist
unsere These, daß die wissenschaftliche Selbstkontrolle
in der Vergangenheit bereits besser funktioniert hat, als
es eine behördliche Kontrolle der Dateihaltung, möglicherweise auch der Datenerfassung und der Datenverarbeitung
in Zukunft könnte. Diese wissenschaftliche Selbstkontrolle
sollte also gestärkt werden. (Einen Überblick über Probleme
im Zusammenhang mit dem Datenschutz geben die Bücher von
DAMMANN et al. (1974) und KRAUCH (1975). Das Bundesdatenschutzgesetz vom 27.1.1977 wurde im Bundesgesetzblatt als
Drucksache Z 1997 A herausgebracht.)

Eine zusätzliche Schwierigkeit bei der Behandlung ethischer
Probleme entsteht dadurch, daß noch unklar ist, welche
Ziele und Funktionen durch Sozialforschung überhaupt erfüllt
werden sollen. R.C. ANGELL hat drei <u>Rollenfelder des ange-
wandten Soziologen</u> unterschieden: das des <u>Beraters</u>, des
<u>Praktikers</u> und des <u>Forschers</u> in einer praktischen Umgebung
(ANGELL, 1967).

1) Von diesen drei Rollenfeldern ist bisher vor allem die
Rolle des Forschers institutionalisiert worden, wobei zwischen einem Forscher in der Grundlagenforschung und einem
Forscher, der in einer praktischen Umgebung arbeitet, kaum
ein Unterschied in der methodologischen Orientierung bestehen dürfte. Die Unterschiede zwischen beiden bestehen eher
in der theoretischen Reichweite der beabsichtigten Forschung. Angewandte Forschung kann dabei darin bestehen,
daß bereits vorhandene Forschungsergebnisse und Datenquellen
neu aufbereitet werden. 2) In die Rolle des Beraters gerät
der Sozialwissenschaftler gegenüber Entscheidungsträgern
in der Politik und Wirtschaft dadurch, daß er über Wissen
verfügt, das die Entscheidungsfindung rational gestalten
kann. Der Berater hat also Umgang mit einem privilegierten
Personenkreis, dem er Informationen zur Verfügung stellt.
3) Was unter der Berufsrolle des sozialwissenschaftlichen
Praktikers zu verstehen ist, ist gegenwärtig nicht ganz
deutlich; es handelt sich wohl um eine Mischung aus Forschung und Beratung, wobei die Beratung ausgeweitet wird
auf beliebige Personen, die eine entsprechende Nachfrage
äußern und wobei die Beratung auch ausgedehnt wird auf die
Beobachtung der Wirksamkeit von Maßnahmen, die in der Beratung empfohlen worden sind. Probleme der Beratung und
der Praxis sprengen zwar den Bereich dieses Skriptums. Sie
sollten aber gleichwohl an dieser Stelle erwähnt werden,
da die Behandlung der ethischen Probleme sonst sehr unvollständig wäre.

Es ergibt sich, daß es sich bei den ethischen Problemen
der Sozialwissenschaft um einen sehr komplexen Bereich
handelt, bei dem nämlich ganz unterschiedliche Schutzinter-
essen eine Rolle spielen (u.a. auch das des Forschers,
der eine Güterabwägung vornehmen muß zwischen der Respek-
tierung der Rechte Einzelner und dem erwarteten gesellschaftlichen Nutzen durch neue Forschungsergebnisse) und
sehr verschiedene Rollen des Forschers zu berücksichtigen sind.

7.2 Ethische Prinzipien in der Soziologie

In den Vereinigten Staaten hat die Diskussion ethischer
Prinzipien etwa den Stellenwert gehabt, den bei uns der
Werturteilsstreit und der anschließende Positivismusstreit
besessen haben - obwohl die amerikanische Soziologie dadurch nicht annähernd so gespalten wurde wie die deutsche
Soziologie. Da die pragmatische Behandlung einer Vielzahl
von ethischen Prinzipien den differenzierten Problemen der
Sozialwissenschaft besser gerecht wird als der abstrakte,
konkreter Inhalte fast völlig entleerte Positivismusstreit, erscheint es als sehr nützlich, die ethischen Prinzipien, die die Amerikanische Vereinigung für Soziologie
nach langer Diskussion 1969 verabschiedet hat, hier abzu-
drucken. Diese Prinzipien sind übrigens vorbildlich gewesen
auch für andere professionelle Vereinigungen.

Ethische Prinzipien der Amerikanischen Vereinigung für Soziologie

Präambel

Soziologische Ermittlung ist für viele Personen und Gruppen
beunruhigend. Die Resultate können alte Überzeugungen her-
ausfordern und zur Veränderung von alten Tabus führen.
Als Konsequenz können solche Ergebnisse den Wunsch nach
Unterdrückung oder Kontrolle dieser Ermittlung erzeugen
oder den nach Verwässerung der Ergebnisse. In ähnlicher
Weise können die Ergebnisse soziologischer Untersuchung
einen signifikanten Nutzen für Personen in Machtpositionen
haben - sei es in der Regierung, in der Privatsphäre oder
an den Universitäten -, weil derartige Ergebnisse, wenn
sie entsprechend manipuliert werden, den Mißbrauch der
Macht erleichtern können. Wissen ist eine Form der Macht
und in einer Gesellschaft, die in wachsendem Maße von Wissen abhängig ist, erzeugt die Kontrolle von Information
das Potential für politische Manipulation.

Aus diesen Gründen bejahen wir die Autonomie soziologischer
Ermittlung. Der Soziologe muß in erster Linie der Wahrheit
seiner Untersuchung verpflichtet sein. Soziologie darf kein
Instrument irgendeiner Person oder Gruppe sein, die Wissen
zu mißbrauchen oder unterdrücken versucht. Das Schicksal
der Soziologie als Wissenschaft ist abhängig von dem
Schicksal der freien Ermittlung in einer offenen Gesellschaft

Gleichzeitig muß sich diese Suche nach sozialen Wahrheiten selbst Einschränkungen auferlegen. Diese Grenzen entstehen, wenn Forschung die Rechte von Individuen verletzt, als Personen behandelt zu werden, und - um in der Sprache Kants zu reden - als Zwecke und nicht als Mittel betrachtet zu werden. Ebenso wie Soziologen die Wahrheit nicht verfälschen oder manipulieren dürfen, um unwahrhaftigen Zielen zu dienen, so dürfen sie ebenfalls nicht Personen manipulieren, um ihrer Suche nach Wahrheit zu dienen. Das Studium der Gesellschaft, das ein Studium von menschlichen Wesen ist, erzwingt die Verantwortlichkeit, die Integrität dieser Personen zu respektieren, ihre Würde zu fördern und ihre Autonomie zu erhalten. Um diese Verantwortlichkeit zu erfüllen bejahen wir, die Mitglieder der Amerikanischen Vereinigung für Soziologie, den folgenden Ethischen Grundsatzkatalog.

1. Objektivität in der Forschung
   Der Soziologe muß in seiner Forschung wissenschaftliche Objektivität bewahren.

2. Integrität in der Forschung
   Der Soziologe sollte seine eigenen Grenzen erkennen und, falls erforderlich, zusätzliche Unterstützung durch Experten suchen oder es ablehnen, Forschung außerhalb der eigenen Kompetenz zu unternehmen. Er darf seine eigenen Fähigkeiten oder die Kompetenz seines Stabes nicht falsch darstellen, um ein bestimmtes Forschungsprojekt durchzuführen.

3. Respekt vor dem Recht der Forschungssubjekte auf Privatheit und Würde
   Jede Person hat das Recht auf Privatheit und würdevolle Behandlung. Der Soziologe muß diese Rechte respektieren.

4. Schutz der Subjekte vor persönlichem Schaden
   Alle Forschung sollte vermeiden, den Subjekten, die in der Forschung benötigt werden, persönlichen Schaden zuzufügen.

5. Bewahrung der Vertraulichkeit der Daten der Forschung
   Vertrauliche Informationen, die durch Forschungssubjekte zur Verfügung gestellt werden, müssen als solche vom Soziologen behandelt werden. Obwohl Forschungsinformationen keine vor dem Gesetz geschützte Informationen darstellen, soll der Soziologe, so weit als möglich, Subjekte und Informanden schützen. Alle Versprechungen, die solchen Personen gegenüber gemacht werden, müssen eingelöst werden. Allerdings ist der Soziologe nicht verpflichtet, Informationen über das Fehlverhalten von Personen oder Organisationen zurückzuhalten, vorausgesetzt, daß er die Versicherung respektiert, die er seinen Subjekten gegenüber gemacht hat.
   Wenn ein Informand oder ein anderes Subjekt dies wünschen

sollte, kann er allerdings den Forscher formell vom
Versprechen der Vertraulichkeit befreien. Die Bestim-
mungen dieses Abschnitts gelten für alle Mitglieder
von Forschungsorganisationen (d.h. Interviewer, Verkoder,
Angestellte, usw.) und die Verantwortlichkeit der
leitenden Forscher besteht darin, dafür zu sorgen, daß
sie von der Notwendigkeit und Wichtigkeit unterrichtet
werden, die Vertraulichkeit der Daten zu bewahren. Die
Verpflichtung des Soziologen schließt auch den Gebrauch
und die Speicherung der Originaldaten ein, auf denen
Namen von Subjekten vermerkt sind. Falls gewünscht, muß
die Identität einer Organisation oder eines Subjekts bei
der Veröffentlichung adäquat verdeckt werden.

6. Darstellung der Forschungsergebnisse
   Der Soziologe muß seine Ergebnisse ehrlich und ohne
   Verzerrung darstellen. Es sollte keine Weglassung von
   Daten in einem Forschungsbericht vorkommen, die die
   Interpretation der Ergebnisse erheblich verändern könnte.

7. Mißbrauch der Forschungsrolle
   Der Soziologe darf seine Rolle nicht als einen Deckman-
   tel benutzen, um Informationen für andere als professionelle Zwecke zu erhalten.

8. Anerkennung von Zusammenarbeit und Assistenz in der
   Forschung
   Der Soziologe muß die professionellen Beiträge oder
   Hilfen aller Personen anerkennen, die in der Forschung
   mitgearbeitet haben.

9. Enthüllung der Herkunft finanzieller Unterstützung
   Der Soziologe muß die Herkunft aller finanziellen Unterstützung in seinen Forschungsberichten vollständig darstellen und alle besonderen Verhältnisse zu dem Förderer,
   welche die Interpretation der Ergebnisse berühren könnten.

10. Verzerrung der Ergebnisse durch Förderer
    Der Soziologe ist verpflichtet, jede Verzerrung der
    Ergebnisse eines Forschungsprojekts, an dem er teilge-
    nommen hat, durch einen Förderer oder einen Auftrag-
    geber öffentlich aufzuklären.

11. Trennung von unethischen Forschungs-Anordnungen
    Der Soziologe darf solche Bewilligungen, Kontrakte oder
    Forschungszuweisungen nicht annehmen, welche die Ver-
    letzung der obengenannten Prinzipien wahrscheinlich er-
    scheinen lassen, und er muß öffentlich die Arbeit be-
    enden oder sich formell von einem Forschungsvorhaben
    trennen, wenn er solch eine Verletzung entdeckt und
    er unfähig ist, eine Korrektur zu erreichen.

12. Interpretation der ethischen Prinzipien
Wenn die Bedeutung und Anwendung dieser Prinzipien unklar ist, dann soll der Soziologe eine Stellungnahme
der zuständigen Stelle oder dem von der Amerikanischen
Vereinigung für Soziologie benannten Komitee einholen.
Eine solche Beratung befreit den Soziologen allerdings
nicht von seiner individuellen Verantwortlichkeit für
Entscheidungen oder von seiner Rechenschaftspflicht
gegenüber der Profession.

13. Anwendbarkeit der Prinzipien
In der Durchführung der Forschung sollen die oben ver-
kündeten Prinzipien für Forschung in jeglichem Gebiet
innerhalb oder außerhalb der Vereinigten Staaten von
Amerika angewendet werden.

Der 1969 verkündete ethische Grundsatzkatalog ist in der
amerikanischen Soziologie im Ganzen nicht kontrovers, obwohl eine lange Diskussion der Verabschiedung der Prinzipien vorausging und obwohl man natürlich über seine Wirksamkeit geteilter Meinung sein kann. Die Amerikanische Vereinigung für Soziologie hat, ebenso wie andere wissenschaftliche Gesellschaften oder Vereinigungen, keine formelle Macht, diese Grundsätze durchzusetzen und Abweichungen
zu sanktionieren. Dennoch erleichtert die Formulierung von
solchen Grundsätzen ganz erheblich die Selbstkontrolle
unter den Wissenschaftlern (was nicht ausschließt, daß
durch die Vereinigung selbst schwerwiegende und eindeutige
Verletzungen der Normen öffentlich mißbilligt werden und
so ein moralischer Druck auf die Mitglieder einer "scientific community" ausgeübt werden kann, bzw. einzelnen Wissenschaftlern wissenschaftliche Reputation entzogen werden
kann).

Da die 13 Punkte des Grundsatzkatalogs sehr klar formuliert
sind, ist es nicht erforderlich, sie hier ausführlich zu
kommentieren (REYNOLDS, 1975, bringt eine neuere Analyse
über die Annahme von ethischen Grundsätzen auch in anderen
Ländern, wobei übrigens deutlich wird, daß in der Bundesrepublik noch keine Anstrengungen in dieser Richtung gemacht wurden).

Eine Lücke des Prinzipienkatalogs besteht darin, daß er
offen läßt, was überhaupt unter soziologischer Tätigkeit
zu verstehen ist. Dies ist jedoch eine "weise" Entscheidung, denn es ist gegenwärtig sehr schwierig, Soziologie
begrifflich eindeutig zu umschreiben, da die Disziplin in
einer dynamischen Entwicklung befindlich ist und der
gemeinsame Nenner der unterschiedlichen Fachmeinungen
nicht leicht zu finden sein dürfte. Ein Definitionsversuch
würde daher dieser schnellen Entwicklung der Soziologie
kaum Rechnung tragen.

Der ethische Prinzipienkatalog vermeidet es zusätzlich, so
grundsätzliche - und letztlich so fruchtlose - Fragen wie
die nach der Werturteilsfreiheit der Soziologie aufzugrei-
fen. Das Problem wird allerdings in pragmatischer Weise
aufgelöst in eine Menge von Einzelproblemen, die in den
Punkten 1. (Objektivität der Forschung), 6. (Darstellung
der Forschungsergebnisse), 7. (Mißbrauch der Forscher-
rolle), 9. (Enthüllung der Herkunft finanzieller Unterstützung) und 10. (Verzerrung der Ergebnisse durch Förderer) dargestellt werden. Das in Deutschland mit philo-
sophischer Tiefe behandelte Werturteilsproblem wird so
in ganz spezifische Verzerrungsgefahren im Forschungsprozeß aufgelöst. Wissenschaftliche Objektivität vorausgesetzt, bedeutet dann Werturteilsfreiheit in diesem pragmatischen Sinne schlicht das Streben nach Ehrlichkeit
und Klarheit im Forschungsprozeß, so daß die Forschung
für das wissenschaftliche Publikum nachvollziehbar wird
und damit kontrollierbar gemacht wird.

Die Rolle der Versuchspersonen (in den Grundsätzen werden
sie als "Subjekte" bezeichnet) wird in den Punkten 3.
(Respekt vor dem Recht der Forschungssubjekte auf Privatheit und Würde), 4. (Schutz der Subjekte vor persönlichem
Schaden) und 5. (Bewahrung der Vertraulichkeit der For-
schungsdaten) behandelt. Es ist offenkundig, daß Forschung

ohne die Mithilfe von Versuchspersonen (als Befragte,
Beobachtete und an Experimenten Beteiligte) nicht durchgeführt werden kann. Dabei müssen den Versuchspersonen
bisweilen durchaus unangenehme Fragen gestellt werden. Vor
diesem Problem stehen alle Wissenschaften vom Menschen -
nicht nur die Sozialwissenschaften. So steht die medizi-
nische Forschung immer wieder vor dem Problem, ob bestimmte
Untersuchungs- oder Behandlungsmethoden bereits an Menschen oder erst an Tieren und Präparaten ausprobiert werden dürfen. Auch der Soziologe kann gezwungen sein, Normen
menschlichen Zusammenlebens zu verletzen oder bestimmten
Versuchspersonen gewisse Nachteile zuzufügen (bzw. ihnen
bestimmte Vorteile vorzuenthalten). Beispielsweise dann,
wenn er in eine bestimmte Gruppe oder eine Organisation
eindringt, um die Struktur der Gruppe zu untersuchen, ohne
seine Identität als Forscher bekanntzugeben. Andere Beispiele sind der Kriminologe, der in Interviews möglicherweise strafbare Handlungen seiner Interviewpartner kennen-
lernt (und der eine Anzeige unterlassen muß, um seine
Forschungsziele nicht zu gefährden), der Wirtschaftssozio-
loge, der ähnliche unlautere Praktiken erfährt, der teilnehmende Beobachter, der sich ohne Bekanntgabe seiner
Absichten Zugang zu einer Gruppe verschafft, weil die
Bekanntgabe seiner wahren Identität die Gruppe so beeinflussen würde, daß das Forschungsziel gefährdet würde
(was zum Beispiel beim Studium von Geheimgesellschaften
der Fall sein würde). Soziologen genießen bislang kein Zeug-
nisverweigerungsrecht vor Gericht, sie können in strittigen
Fällen daher gezwungen werden, gegen ihre Versuchspersonen
auszusagen. Dies würde aber die Arbeit eines Kriminologen
empfindlich stören, denn seine Arbeit lebt davon, daß er
ein Vertrauensverhältnis zu der Versuchsperson aufbauen
kann.

Der zweite Punkt der ethischen Grundsätze (Integrität in
der Forschung) fällt aus dem Rahmen. Er spiegelt wider,

daß Soziologie eine Wissenschaft ist, die bisher über nur
wenige eindeutige Forschungsergebnisse verfügt. Er warnt
die Soziologen vor Selbstüberheblichkeit und vor Reputa-
tionserschleichung, indem Dritten eine Problemlösungskapazi-
tät vorgespiegelt wird, die in Wirklichkeit nicht vorhanden
ist. Diese Warnung dient also dazu, unlauteren Wettbewerb
um Forschungsaufträge unter den Wissenschaftlern zu vermeiden.

Die drei letzten Punkte (Trennung von unethischen Forschungsanordnungen, Interpretation und die Anwendbarkeit
der ethischen Prinzipien) stellen die Durchführungsbestim-
mungen der Grundsätze dar. Besonders die Trennung von
als unethisch erkannten Forschungen setzt allerdings persönlichen Mut des Forschers voraus. Diese Norm setzt zudem einen grundsätzlichen Konsens der wissenschaftlichen
Kollegen voraus, die bereit sein müssen, dem Kollegen,
der sich von einem solchen Projekt trennt, einen Rückhalt
zu bieten. Dieser Punkt spiegelt die Erfahrungen mit dem
Projekt Camelot wider.

Die hier aufgeführten ethischen Grundsätze spiegeln wider,
daß soziologische Forschung eine verantwortliche Tätigkeit
darstellt. Dies zeigt sich besonders an den Problemen des
Datenschutzes und des Personenschutzes in den Sozialwissenschaften. Symbol für den Datenmißbrauch ist der Roman "1984"
von George ORWELL, in dem eine systematische Ausspähung
aller Gesellschaftsmitglieder betrieben wird, wobei alle
"Erkenntnisse" (die Daten) direkt der zentralen Admini-
stration zur Verfügung gestellt werden. Das Beklemmende
an dieser Vision ist, daß die Instrumente, die zu einer
derartigen Ausspähung erforderlich sind, inzwischen grundsätzlich zur Verfügung stehen in Form von Fernsehkameras,
Aufzeichnungsgeräten, leistungsfähigen Großcomputern und
umfassenden inhaltsanalytischen Programmen. Allerdings zeigen neuerdings auch revolutionäre Stadtquerillagruppen,

daß die bisher eingerichteten Überwachungssysteme der
Polizei und des Verfassungsschutzes noch sehr wirkungs-
voll unterlaufen werden können. Jedermann lückenlos zu
überwachen übersteigt damit auch heute noch die Fähigkeit
politischer Systeme und dürfte sie aller Voraussicht auch
in Zukunft übersteigen. Trotzdem bleibt - selbst wenn die
Vision eines "1984" vor allem aus Kostengründen auch auf
die Dauer kaum realisierbar sein dürfte - der Datenschutz
ein ernstes Problem, dem wohl am wirkungsvollsten mit
einem Pluralismus der Datenerfassung und der Datenspeicherung zu begegnen ist, d.h. mit einer Pluralität von semi-
autonomen und dezentralisierten Institutionen, wobei vor
allem auch die Sozialwissenschaftler so viel Autonomie
erhalten, daß sie die von ihnen selbst erhobenen Daten
wirksam vor Mißbrauch schützen können, indem sie verhindern, daß die für sozialwissenschaftliche Zwecke erhobenen
Daten in keinem Falle für politische Ausspähung mißbraucht
werden.

Personenschutz setzt die Möglichkeit des Mißbrauchs der
Forschungssubjekte für experimentelle oder quasi-experimen-
telle Versuchsanordnungen durch Sozialwissenschaftler
voraus. Symbol für diese Gefahr ist der Roman "Schöne neue
Welt" von Aldous HUXLEY, in dem durch biologische Manipulation systematisch sehr unterschiedliche Menschenrassen ge-
züchtet werden. Der Sozialpsychologe Stanley MILGRAM hat
in seinen berühmten Experimenten über den Gehorsam von Versuchspersonen Bestrafungssituationen simuliert, in denen
angeblich Versuchspersonen (in Wirklichkeit waren es Kom-
plizen des Experimentators) Elektroschocks versetzt wurden. Nun wurde bei diesen Experimenten tatsächlich niemand
verletzt, dennoch wurden die Versuchspersonen vor sehr
schwierige Entscheidungen gestellt, wie sie nur in Extrem-
fällen vorkommen (vgl. MILGRAM, 1974).

Andere Probleme des Personenschutzes ergeben sich dann,
wenn die Versuchspersonen zufällig in unterschiedliche
Gruppen eingeteilt werden und bestimmten Behandlungen ausgesetzt werden. Dabei kann es sich auch um sozialpolitische
Versuche handeln, wie etwa die versuchweise Einführung
einer negativen Einkommensteuer für Arme in Teilen der
USA, oder die Einführung von Modellschulversuchen (z.B.
die Gesamtschulversuche) in Teilen des Bildungswesens.
Da Reformen im sozialpolitischen Bereich auch als Experimente aufgefaßt werden können, ist es durchaus nahelie-
gend, diese Situationen in die Forschung mit einzubeziehen
(vgl. CAMPBELL, 1969). Für derartige Begleitforschung
hat sich die Bezeichnung "Evaluierung" eingebürgert (vgl.
WEISS, 1972). Experimente und Quasi-Experimente, in denen
Versuchspersonen manipuliert werden, sind bisher in den
Sozialwissenschaften selten. Allerdings ist eine Zufalls-
verteilung auf Experimental- und Kontrollgruppe zur
Ausschaltung von äußeren Einflüssen häufig nötig und
ebenfalls ist es für den Fortschritt der Forschung durchaus erforderlich, den Versuchspersonen gewisse Zumutungen
aufzuerlegen (wie MILGRAMs Versuche zeigen). Bei der Entscheidung über solche Zumutungen dürften die folgenden
Kriterien gelten:

1. Die Teilnahme an sozialwissenschaftlicher Forschung
   muß grundsätzlich freiwillig sein. Vermeidet der Forscher aus zwingenden Gründen eine Information der Versuchspersonen, so muß eine Versuchsperson dann, wenn
   sie gewahr wird, daß sie an einem Versuch teilnimmt,
   die Möglichkeit besitzen, aus dem Versuch auszuscheiden.
2. Für jede einzelne Versuchsperson muß eine eventuelle
   Benachteiligung aus der Teilnahme an der Forschung gegenüber dem Gesamtnutzen der Untersuchung abgewogen werden
   und es müssen Entschädigungsmöglichkeiten bereitstehen.
3. Grundsätzlich muß bei sozialwissenschaftlicher Forschung der mögliche gesellschaftliche Nutzen gegenüber
   den Zumutungen und Belastungen der Versuchspersonen ab-

gewogen werden. Der erwartete Gesamtnutzen muß diese
möglichen individuellen Benachteiligungen übersteigern.
So wie von den Juristen ein operativer Eingriff durch
Mediziner als eine bewußt in Kauf genommene Körper-
verletzung gewertet wird, so daß bei einem Mißerfolg
bzw. bei Kunstfehlern Schadensersatzansprüche geltend
gemacht werden können, so bewegen sich auch Untersuchungen von Sozialwissenschaftlern bisweilen auf der Grenze
zwischen (legitimer) Beobachtung von Personen und
(illegitimer) Ausspähung von persönlichen Verhältnissen.

Die in diesem Abschnitt behandelten Fragen einer Forschungsethik stellen dar, was Max WEBER <u>Verantwortungsethik</u> genannt
hat: nämlich die Abschätzung von Mitteln (nämlich bestimmte
Formen der Forschung) für bestimmte Zwecke (nämlich die
Beantwortung von bestimmten Forschungsproblemen). Sozialwissenschaftliche Forschung ist eine verantwortliche Tätigkeit im Dienste der Gesellschaft, bei der die Kosten (Belastungen und Belästigungen von Personen und Organisationen
durch Sozialforschung) und der Nutzen (abgesichertes Wissen
über gesellschaftliche Vorgänge und Probleme) rational
gegeneinander abgewogen werden müssen.

8 Der Forschungsprozeß als Optimierungsstrategie

In diesem Skriptum ist versucht worden, den Forschungsprozeß in den Sozialwissenschaften in seinen vielfältigen
Verästelungsmöglichkeiten darzustellen. Es handelt sich
dabei um eine Optimierungsstrategie, die vom Forscher
eine Vielzahl von Entscheidungen abfordert. Aus diesem
Grunde wurde auch darauf verzichtet, den Forschungsprozeß
exemplarisch anhand von nur einem oder wenigen Beispielen
darzustellen - was sicher die Lesbarkeit des Skriptums
erhöht hätte. Exemplarisch lernt man allerdings Forschung
am besten kennen, wenn man gute Untersuchungen im Original
liest - kein Lehrbuch kann dies ersetzen. Einige Hinweise
auf derartige "klassische" Untersuchungen findet der Leser
im Anhang A.

Der Forschungsprozeß in den Sozialwissenschaften läßt sich
nicht auf ein wissenschaftstheoretisches Modell festlegen:
weder auf ein strikt falsifikationistisches noch auf ein
induktivistisches Modell. Vielmehr wird es noch auf abseh-
bare Zeit dabei bleiben, daß der Forschungsprozeß pragmatisch als eine Optimierungsstrategie angesehen werden
muß, in dem die Erfordernisse einer strikten Methodologie
(etwa eines experimentellen Ansatzes) mit den Notwendig-
keiten des Forschungsbetriebs (Geldknappheit, Zugangsbe-
schränkungen,usw.) kombiniert werden müssen.

Schon bei der Planung von Untersuchungen wird dringend
empfohlen, daß auch die Analysemöglichkeiten ins Auge
gefaßt werden. Häufig begegnet man der Auffassung, vor
allem in noch wenig erforschten Bereichen, daß durch eine
Vorwegentscheidung des Untersuchungsrahmens (also etwa

die Erstellung eines vorverkodeten Fragebogens) die Daten
in Richtung auf die eigenen Hypothesen und Auffassungen
verzerrt werden, daß es demgegenüber richtiger sei, offene
Fragen zu stellen oder überhaupt auf einen Fragebogen zu
verzichten und Tonbandinterviews durchzuführen. Diese
Auffassung hat in vielen Bereichen ihre Berechtigung. Man
muß aber berücksichtigen, daß ein sehr großer Aufwand bei
der Analyse von derartigen offenen Erhebungsinstrumenten
erforderlich ist, weil die Standardisierung auf eine zeitlich spätere Phase im Forschungsprozeß verlegt wird und es
muß ebenfalls berücksichtigt werden, daß "offenes" Material
von einer gewissen Menge an überhaupt nicht mehr von einer
Person überblickt werden kann, und daher meist unanalysiert
bleibt. Als Erfahrungswert mag gelten, daß etwa mehr als
zwanzig einstündige Tonbandinterviews nicht mehr voll
analysiert werden können, sondern daß es von da an darauf
ankommt, nachträglich ein inhaltsanalytisches Schema, einen
Codeplan, für die Standardisierung der so gewonnenen Daten
zu entwickeln.

Will man auf derartige Materialien für Illustrationszwecke
nicht verzichten, so tut man also gut daran - da ja Repräsentativität bei Intensivinterviews nicht im Vordergrund
stehen sollte - nur ganz bestimmte, typische Fälle für
derartige Explorationen auszuwählen.

Der ideale Forschungsplan sieht vor, daß nach Möglichkeit
die Hypothesen und Fragestellungen zu Beginn einer Untersuchung festgelegt werden sollen. Dies dient sowohl der
eigenen Selbstklärung, um Inkonsistenzen in der eigenen
Gedankenführung auszuschalten, als auch der "Objektivie-
rung" des Forschungsprozesses, um nämlich unmerkliche
Verschiebungen in der Fragestellung im Verlauf der Projektarbeit kontrollieren zu können. Dieser ideale Ansatz geht
damit aber meist von einer nur kurzfristigen Projektarbeit
aus, in dem eine überschaubare Menge von Hypothesen spezi-

fizierbar sind, die dann einzeln oder gemeinsam getestet
werden können. Vorausgesetzt wird also die Logik des
Experimentierens, wobei möglichst alle relevanten Faktoren
kontrolliert werden und nur jeweils ein Faktor frei
variiert und in bezug auf diesen dann eine Untersuchung
durchgeführt werden kann. Dieses Modell ist in den Sozialwissenschaften allerdings in der Regel nicht anwendbar.
Vielmehr sind Projektansätze hier meist sehr komplexer
Natur und streben "naturalistische" Darstellungen an, sie
sind weit entfernt von einer experimentellen Stringenz.
Dies darf nicht nur als ein Nachteil gewertet werden,
sondern es muß als der gegenstandsspezifischen Komplexität der Sozialwissenschaften adäquat angesehen werden.

Abweichungen vom idealen Forschungsplan sind darin zu sehen,
daß der Forschungsprozeß sich oft über eine sehr lange
Zeitspanne hinzieht: Vom ersten Forschungsantrag bis zur
Bewilligung der Finanzmittel vergeht häufig viel Zeit,
von der Bewilligung bis zum Pretest noch einmal und von
der Hauptuntersuchung bis zur Datenanalyse liegt noch
einmal eine längere Zeitspanne, so daß an den Universitäten Projekte selten unter zwei Jahren abgeschlossen werden. Dieser lange Zeitraum allein schon bewirkt, daß neue
Interessenschwerpunkte in den Forschungsplan eingehen,
daß es in Wirklichkeit (manchmal implizit) zu einer stän-
digen Veränderung der Fragestellung kommt, ja daß die
eigene Untersuchung gelegentlich zu ihrer eigenen Sekundäranalyse gerät, weil auf den bestehenden Fragebogen ganz
neue Fragestellungen angewendet werden.

Aber nicht nur der Zeitrahmen bewirkt Abweichungen von dem
idealen Modell, sondern auch die Komplexität des Untersuchungsansatzes bewirkt derartige Abweichungen. Die
übliche Form der Datensammlung in den Sozialwissenschaften
besteht in der Regel darin, daß in einem gegebenen Projekt
soviele Merkmale als möglich über den in Frage stehenden

Gegenstandsbereich gesammelt werden, und daß meist das
Problem entsteht, zusätzlich interessierende Datenbereiche
ausschließen zu müssen. Nur in den seltensten Fällen verfügen wir über eindeutige Kriterien zur Beurteilung der Irre-
levanz von bestimmten Variablen, so daß eine Beschränkung in
der Gesamtzahl der erhobenen Merkmale zwingend begründet
werden kann. Die vorherrschende Attitüde in der Forschung
besteht mithin darin, jeweils möglichst viel auszuprobieren.

"Es ist das Schicksal aller Fragebögen, daß diejenigen,
welche sie nicht formuliert haben, noch mehr und anderes
zu fragen wünschen, daß denjenigen, welche gefragt werden,
die Hälfte der Fragen überflüssig erscheint, und daß endlich, - man mag in der Fassung noch so vorsichtig sein -
ein Teil der Berichterstatter die Fragen mißversteht"
(Max WEBER, 1892, S. 767).

Daher tendieren Fragebogenentwürfe dahin, möglichst lang
zu sein. (Allerdings muß dabei berücksichtigt werden, daß
bei einer Reihe von Fragen nur eine scheinbare Vielfalt
besteht, da häufig eine größere Anzahl von ihnen zu einem
Index zusammengefaßt werden. Selbst wenn man dies berücksichtigt, bleibt doch die Zahl der Variablen in der Regel
sehr hoch.) Dies spiegelt also wider, daß das Problem der
Operationalisierung von Begriffen in den Sozialwissenschaften noch nicht zureichend gelöst ist. Ist die Zahl
der erhobenen Merkmale aber sehr groß, dann ist es praktisch unmöglich, alle Beziehungen untereinander explizit
in Hypothesenform auszudrücken, weil die Zahl möglicher
Kombinationen sehr schnell wächst und daher die Auswahl
von jeweils zwei Variablen für eine Forschungshypothese
nur einen zufälligen Charakter hätte. Auch die Komplexität des Untersuchungsansatzes ist demnach ein Hindernis-
grund dafür, daß das ideale Modell des Forschungsprozesses
(erst Hypothesenformulierung, dann Test) nicht eingehalten
wird.

Die vorherrschende Vorgehensweise besteht vielmehr darin,
daß für eine Untersuchung jeweils nur zentrale Konzepte,
bzw. Gegenstandsbereiche spezifiziert werden, für die dann

jeweils eine Vielzahl von Operationalisierungen gesucht
werden, und daß in bezug auf diese Konzepte nur relativ
vage <u>Leithypothesen</u> aufgestellt werden. Die Formulierung
von derartigen Leithypothesen sollte nun allerdings dringend gefordert werden. Es geht dabei nicht darum, in
alle Einzelheiten festgelegte theoretische Zusammenhänge
vor Untersuchungsbeginn zu formulieren - da wäre auch die
soziologische Theorie bei ihrem gegenwärtigen Stand überfordert -, sondern es geht darum, zumindest einen theoretischen Bezugsrahmen aufzustellen über einen hinreichend
spezifizierten Gegenstandsbereich und die aus der Untersuchung folgenden empirischen Regelmäßigkeiten mit diesen
Hypothesen zu konfrontieren.

Letztlich ist es für das Ergebnis bedeutungslos, wann in
einem gegebenen Forschungsprojekt eine Hypothese aufgestellt wird, wenn nur gesichert werden kann, daß diese
Hypothese irgendwann (womöglich in einem anderen Projekt)
einmal einer strengen Prüfung ausgesetzt wird und solange
im Verlaufe eines Forschungsprogramms nicht bestätigte
Hypothesen <u>ausgeschieden</u> werden. Dies scheint eine der
entscheidenden Schwächen der gegenwärtigen Forschung in
den Sozialwissenschaften zu sein: nicht etwa, daß zu viele,
zum Teil ad hoc Hypothesen aufgestellt werden - im Gegenteil, je mehr Hypothesen, desto besser -, sondern daß zu
wenige Hypothesen als ungültig zurückgewiesen werden. Es
fehlt vielfach der Mut, hier zu einer (wenn auch vorläufigen) Entscheidung zu kommen.

Anhang A:

Beispielhafte Forschungsarbeiten der empirischen Soziologie

In diesem Anhang soll eine Kurzbibliographie von noch
heute beispielhaften empirischen Forschungsarbeiten vorge-
stellt werden. Dies geschieht deshalb, weil man Erfahrungen mit empirischer Forschung wohl nirgends besser sammeln
kann, als wenn man sich mit den besten empirischen Forschungsarbeiten beschäftigt. Vor, während oder nach der Lektüre
des Skriptums sollte daher der Anfänger wenigstens eine
dieser "klassischen" empirischen Forschungsarbeiten lesen.
Durch solche beispielhaften Forschungsarbeiten lernt man
zwar häufig nicht die neuesten Forschungstechniken kennen -
dazu sind aktuelle, in den Fachzeitschriften veröffent-
lichte neue Untersuchungen zum gleichen Thema oft besser
geeignet -, aber dafür vermitteln diese Untersuchungen den
Zusammenhang des Forschungsprozesses viel besser als dies
Zeitschriftenaufsätze können, sie setzen Qualitätstandards
für Forschung und sie geben häufig einen Einblick in die
Faszination der Forschung.

Die Liste basiert teilweise auf einer Umfrage unter den
Vorstandsmitgliedern der Deutschen Gesellschaft für Soziologie (DGS), wodurch versucht wurde, die Liste zu ent-
subjektivieren. Es handelte sich um eine schriftliche
Kurzbefragung der 36 Konzils- und Vorstandsmitglieder,
die (ohne daß Erinnerungsschreiben verschickt wurden),
zwölf auswertbare Antworten erbrachte. Diese relativ niedrige Rücklaufquote dürfte durchaus ein Indiz dafür sein,
daß der didaktische Wert einer Beschäftigung mit "klassischen" Forschungsarbeiten bisher nicht sehr hoch einge-
schätzt wird.

Von den zwölf Vorstands- und Konzilsmitgliedern der DGS,
die den kurzen Fragebogen zurücksandten, wurden 19 deutsche Untersuchungen und 16 amerikanische genannt. Die
deutschsprachigen Untersuchungen, die zwei und mehr
Nennungen erhielten, waren:

JAHODA, LAZARSFELD, ZEISEL: Die Arbeitslosen von Marienthal (7 Nennungen)

POPITZ, BAHRDT, JÜRES, KESTING: Technik und Industriearbeit (5 Nennungen)

MAYNTZ: Soziale Schichtung in einer Industriegemeinde
(4 Nennungen)

GEIGER: Die soziale Schichtung des deutschen Volkes
(2 Nennungen)

HABERMAS, von FRIEDEBURG, OEHLER, KESTING: Student und
Politik (2 Nennungen)

HORKHEIMER: Studien zu Autorität und Familie (2 Nennungen)

Die amerikanischen Untersuchungen, die zwei und mehr
Nennungen erhielten,waren:

ADORNO et al.: The Authoritarian Personality (3 Nennungen)

LAZARSFELD et al.: The Peoples Choice (3 Nennungen)

ROETHLISBERGER, DICKSON: Management and the Worker (die
"Hawthorne Studies")(3 Nennungen)

BLAU, DUNCAN: The American Occupational Structure
(2 Nennungen)

LIPSET et al.: Union Democracy (2 Nennungen)

LYND und LYND: Middletown (2 Nennungen)

STOUFFER et al.: The American Soldier (2 Nennungen)

THOMAS, ZNANIECKI: The Polish Peasant in Europe and
America (2 Nennungen)

Es ist auffällig, daß für den amerikanischen Bereich eher
ganze Forschungsprogramme gewählt werden, nicht so sehr
aber Einzelprojekte. Gleichzeitig streuen die Antworten
für den amerikanischen Bereich weiter als für den deutschen.

In der folgenden Liste werden nur solche Arbeiten aufgenommen, die in monographischer Form veröffentlicht sind,
es fehlen also in der Liste solche Forschungen, die entweder in mehreren Bänden oder nur als Zeitschriftenaufsätze
veröffentlicht wurden. Die Liste beschränkt sich ebenfalls auf Einzelprojekte, berücksichtigt also nicht ganze
Forschungsprogramme. Die in das Verzeichnis aufgenommenen
Untersuchungen sind also nicht repräsentativ für den
Gesamtbereich der empirischen soziologischen Forschung,son-
dern die Liste beschränkt sich auf relativ leicht zugängliche Forschungsberichte in Buchform.Zu berücksichtigen ist,
daß es sich in der Regel um ältere Untersuchungen handelt,
die bis etwa 1960 entstanden sind. Viele der "klassischen"
Untersuchungen stellen die Eröffnung einer Forschungstradition dar. Nachfolgeuntersuchungen, auch die besten
unter ihnen, werden dann häufig nur in Aufsatzform veröffentlicht. Die Zusammenstellung soll zeigen, wie vielfältig empirische Methoden in der Soziologie eingesetzt
werden können und sie soll damit den weitverbreiteten Irr-

tum korrigieren, daß die empirische Sozialforschung nur
aus Umfrageforschung durch persönliche Interviews besteht.

Wegen der Komplexität des Forschungsansatzes, der Länge
der Forschungsberichte und dem Umfang der Projekte, werden
namentlich die folgenden Forschungsprogramme nicht in die
Liste aufgenommen, obwohl es sich auch hierbei um bedeutende
und beispielhafte Forschung handelt:

ADORNO et al.: The Authoritarian Personality
COLEMAN: Equality of Educational Opportunity
HORKHEIMER: Studien zu Autorität und Familie
MURDOCK: Human Relations Area File
MYRDAL, et al.: An American Dilemma
ROETHLISBERGER, DICKSON: Hawthorne Untersuchungen
RUSSETT: World Handbook of Political and Social Indikators
SCHEUCH, WILDENMANN: Kölner Wahlstudie
SOROKON: Social and Cultural Dynamics
STOUFFER, et al.: The American Soldier
SZALAI, et al.: The Use of Time
WARNER: Yankee City

Bei der verbleibenden Liste handelt es sich also durchaus
um eine subjektive Auswahl. Die Untersuchungen werden in
alphabetischer Reihenfolge mit vollen bibliographischen
Angaben aufgeführt. Bei einigen Untersuchungen stehen die
Daten für Sekundäranalysen zur Verfügung. Die Dateien können
im "Zentralarchiv für empirische Sozialforschung" in Köln
angefordert werden.

ALMOND, Gabriel A und Sidney VERBA:

The Civic Culture - Political Attitudes and Democracy in Five Nations

Princeton University Press, Princeton, 1963
Paperback Ausgabe: Little & Brown, Boston, 1966

Dies ist eine der ersten international vergleichenden Untersuchungen, bei der versucht wurde, die quantitativen Verfahren der Datenerhebung - repräsentative Befragung - in fünf Ländern in einer einheitlichen Weise durchzuführen. Die fünf untersuchten Länder waren: USA, Großbritannien, Bundesrepublik Deutschland, Italien und Mexiko. Es wurde der Versuch gemacht, politische Einstellungen der Bevölkerung durch die "politische Kultur" eines Landes zu erklären. Da die Befragung 1959-60 durchgeführt wurde, wäre eine Replikation der Untersuchung nach den inzwischen erfolgten Änderungen des internationalen politischen Systems sicher sehr erwünscht, da die USA und Großbritannien vielleicht nicht mehr so eindeutig wie damals als "civic" genannte reife politische Kulturen eingestuft werden können, während sich die Einstufung der italienischen politischen Kultur als "entfremdet" sicher bewährt haben dürfte. Das Buch enthält nützliche technische Anhänge zur Auswahl der Stichproben und den vollständigen Fragebogen. Die Datensätze aller fünf Befragungen stehen für Sekundäranalysen zur Verfügung.

BLAU, Peter, M. und Otis Dudley DUNCAN:

The American Occupational Structure

John Wiley & Sons, New York - London - Sidney, 1967

Größte bis dahin durchgeführte Mobilitätsuntersuchung, die in enger Kooperation mit dem amerikanischen Mikrozensus durchgeführt wurde. Für die Zwecke der Untersuchung wurde noch ein zusätzlicher Fragebogen entwickelt . Durch diese Zusammenarbeit war es möglich, eine sehr hohe Fallzahl zu erreichen, um auf diese Art und Weise detaillierte und differenzierte Mobilitätstabellen erstellen zu können. Wegweisend wurde die Untersuchung vor allem auch wegen der Anwendung fortgeschrittener Methoden der Datenanalyse, vor allem der ersten Anwendung der Pfadanalyse in einem monographischen Forschungsbericht.

Auf den Daten der Untersuchung beruht auch eine noch weiter verfeinerte Auswertung in monographischer Form, in der "achievement" als abhängige Variable, "socio-economic-background" als unabhängige Variable behandelt werden, und

unter Einbezug von "career contigencies", d.h. einer Vielzahl von intervenierenden Variablen, Pfadmodelle aufgestellt
werden:

DUNCAN, Otis DUDLEY, David L. FEATHERMAN und Beverly DUNCAN:

Socioeconomic Background and Achievement

Seminar Press, New York und London, 1962.
2.Auflage, New York 1972

CANTRIL, Hadley (unter Mitarbeit von Hazel GAUDET und
Herta HERZOG):

The Invasion from Mars - A Study in the Psychology
of Panic

Princeton,1947

In dieser Untersuchung aus dem Jahre 1938 werden die Auswirkungen des Hörspiels von Orson Welles untersucht, der
den Roman von H.G. Wells, "The War of the Worlds" äußerst
realistisch bearbeitet hatte, so daß nach während der
Sendung eine Panik ausbrach, die nach den Berechnungen
CANTRILs mehr als eine Million Bewohner der USA erfaßte (bei etwa sechs Millionen Hörern). Die Untersuchung
stützt sich im wesentlichen auf 135 Intensivinterviews,
die einige Tage nach der Sendung durchgeführt wurden, sowie
auf einige Fragen, die in zwei nationalen Umfragen gestellt
wurden, zusätzlich wurde verschiedenes dokumentarisches
Material herangezogen. Hauptfragestellung der Untersuchung
ist, wie es dazu kam, daß derartig viele Menschen ihre
Kritikfähigkeit verloren und derartig empfänglich auf das
Hörspiel reagierten. Die Autoren beschreiben ihre Untersuchung selbst als "quasi-experimentell", wobei der experimentelle Charakter darin zu sehen ist, daß die Ausstrah-
lung des Hörspiels einen experimentellen Stimulus darstellte,
auf den Menschen in sehr unterschiedlicher Weise reagieren
konnten.

CAPLOW, Theodore und Reece J. McGEE:

The Academic Marketplace

Basic Books, Inc., New York 1958 (als Taschenbuch bei
Anchor Books, Garden City, New York 1965)

Das Buch ist nicht unbedingt als eine der wirklich bedeutenden empirischen Forschungsmonographien zu bewerten, es
ist jedoch aus einem speziellen Grund erwähnenswert: weil
eine ganz besondere Einheit der Analyse im Mittelpunkt
steht, nämlich Vakanzen an amerikanischen Universitäten.
Die Hauptfragestellung des Buches lautet, wie diese Vakan-

zen wieder besetzt werden - ohne Zweifel einer der wichtigsten Vorgänge an Universitäten. Das Auswahlverfahren ist zweistufig: Zunächst werden 9 Universitäten ausgewählt (willkürlich), in diesen Universitäten wurde eine Totalerhebung aller 237 Vakanzen versucht. Es wurden zwei Interviews durchgeführt: mit dem Vorsitzenden des Fachbereichs und mit einem Kollegen. Die Untersuchung arbeitet in der Analyse mit recht anspruchslosen Randauszählungen und Tabellen, die ohne Computerhilfe erstellt wurden, kommt aber gleichwohl zu sehr sinnvollen Ergebnissen aufgrund der strategischen Auswahl des Forschungsthemas.

COLEMAN, James S., Elihu KATZ und Herbert MENZEL:

Medical Innovation - A Diffusion Study

Bobbs-Merrill Company, Inc., Indianapolis, 1966

"Medical Innovation" untersucht die Einführung eines neuen Medikaments (Breitband-Antibiotikum) in der Ärzteschaft. Dazu wurden Praktiker, Internisten und Kinderärzte in vier mittelwestlichen Städten und zum Vergleich auch Kollegen aus anderen Bereichen interviewt. Zusätzlich zu den Interviews wurden die Verschreibungen der Ärzte nach den Unterlagen der Apotheken erfaßt, wobei allerdings keine Totalerhebung gemacht werden konnte, sondern nur ein Teil der Apotheken und der Tage nach einem vorher festgelegten Auswahlplan ausgewählt wurden. Es konnte so objektiv festgestellt werden, welche Ärzte das Medikament als erste - und wie häufig - verschrieben hatten. Eine Besonderheit der Datenanalyse ist vor allem die Analyse des Netzwerks der persönlichen Beziehungen zwischen den Ärzten, das mittels soziometrischer Fragen ermittelt wurde und das sich als wichtige Variable erwies für die Einführung des neuen Medikaments. Die Untersuchung ist in mehreren Anhängen sorgfältig dokumentiert. Die Daten stehen für Sekundäranalysen zur Verfügung.

COLEMAN, James S. (unter Mitarbeit von John W. JOHNSTONE und Kurt JONASSOHN):

The Adolescent Society
The Social Life of the Teenager and Its Impact
on Education

The Free Press, New York, 1961 (Paperback Ausgabe, 1971)

Für COLEMAN ist Erziehung der zweitwichtigste Aspekt einer Gesellschaft nach der Organisation sozialen Handelns für gesamtgesellschaftliche Zwecke, da Erziehung (Sozialisation) den Fortbestand der Gesellschaft sichern muß. Die Untersuchung - noch vor dem Sputnik-Schock konzipiert - ist als Kontext-, bzw. als Mehrebenenanalyse konzipiert, wobei Schüler, Schülercliquen, die Schulen und die Gemeinden die vier Untersuchungsebenen konstituieren. Es wurden 10 Schulen in zehn Gemeinden ausgewählt, wobei die Kontexte systematisch variiert werden - von der Landgemeinde bis zum großstädtischen Vorort und entsprechend wird die Schulgröße variiert. Es wird also kein Versuch gemacht, eine repräsentative Untersuchung durchzuführen. Es wurden schriftliche, standardisierte Befragungen in Schulklassen durchgeführt (zu zwei Zeitpunkten), und es wurden auch Eltern und Lehrer befragt, zusätzlich wurden Schuldokumente erfaßt (Schulnoten). Bei den Schülerbefragungen wurden auch soziometrische Fragen gestellt, so daß auch das Netzwerk von Kontakten in den Klassen analysiert werden kann. Eines der Hauptthemen der Untersuchung war, das Aufkommen einer jugendlichen Subkultur mit eigenem Wertekanon zu beschreiben. Die Anhänge enthalten die Fragebögen und den Forschungsantrag an die finanzierende Stelle - eine Seltenheit in der Berichterstattung.

DEUTSCH, Morton, Mary Evans COLLINS:

Interracial Housing: A Psychological Evaluation of a Social Experiment

Minneapolis 1951; Reprographischer Neudruck bei Russell & Russell, New York,1968

Eine der ersten empirischen Evaluationsuntersuchungen überhaupt, in der die Auswirkungen eines Programms im sozialen Wohnungsbau der USA untersucht werden sollte, durch das Rassenintegration gefördert werden sollte. Es wurden systematisch unterschiedlich belegte Wohngebiete ausgewählt (z.B. rassisch voll integrierte Gebiete gegenüber teilsegregierten Wohngebieten) in denen Interviews mit den Hausfrauen über die Art der nachbarschaftlichen Kontakte durchgeführt wurden. Dabei zeigte sich, daß,wie vermutet, in den rassisch integrierten Wohngebieten tatsächlich mehr direkte soziale Kontakte zustande kamen als in den teilsegregierten Wohngebieten(wo also Weiße und Schwarze nach Häusern getrennt zusammenlebten - aber im gleichen Block wohnten).
Zu dieser Untersuchung gibt es eine Replikation, in der eine klarere Fassung der Untersuchungshypothesen vorgenommen wurdeund die Ergebnisse differenziert wurden:

WILNER, Daniel, Rosabelle Price WALKLEY und Stuart W.COOK:

Human Relations in Interracial Housing - A Study of the Contact Hypothesis

Minneapolis, 1955 Reprographischer Neudruck bei Russell & Russell,New York,1969

DURKHEIM, Emile:

Le Suicide. Etude de Sociologie

Neue Auflage, Presses Universitaires de France, Paris 1960
(zuerst erschienen 1897)

Deutsche Übersetzung: Der Selbstmord (mit einer Einleitung
von Klaus Dörner und einem Nachwort von René König),
Luchterhand Verlag, Neuwied und Berlin, 1974

Wenn es eine Untersuchung gäbe, die den Titel der bisher
bedeutendsten empirischen Untersuchung verdient hätte,
so wäre "Der Selbstmord" sicher der erste Anwärter. Die
Arbeit besteht in einer international vergleichenden Auf-
arbeitung aller nur verfügbaren amtlichen und nichtamt-
lichen Statistiken zum Selbstmord, wodurch DURKHEIM in
die Lage versetzt wird, durch Bildung vielfältiger Untergruppen bereits eine Vorform der multivariaten Analyse
durchzuführen. Die wesentliche Neuerung des Buches liegt
jedoch nicht auf methodischem Gebiet, sondern besteht in
der Einführung des Begriffs der "Anomie" in die Soziologie. Nachfolgeuntersuchungen zum Selbstmord gibt es vor
allem in den USA, in Deutschland hat sich außer einigen
Fachsoziologen im Grunde niemand um dies Buch gekümmert.
DURKHEIMS Buch bietet dem Leser übrigens eine seltene,
aber vorzügliche Möglichkeit, einmal einen französischen
Text zu lesen.

FESTINGER, Leon, Stanley SCHACHTER und Kurt BACK:

Social Pressures in Informal Groups - A Study of Human Factors in Housing

Harper & Brothers, New York 1950 (Paperback Ausgabe:Stanford
University Press,Stanford,o.J.
Es handelt sich um eine "Feldstudie", in der das Nachbar-
schaftsverhalten in einem neu geschaffenen Wohngebiet
untersucht werden sollte. Die Wohneinheiten, kleine Fertig-
häuser oder Mietwohnungen, waren kurz nach dem zweiten
Weltkrieg für verheiratete Kriegsteilnehmer gebaut worden,
die ihr Studium (am Massachusetts Institute for Technology - MIT) abschließen wollten. Beim Einzug in das Wohngebiet war so einerseits eine relativ hohe Homogenität
der Einwohner gegeben (Kriegsteilnehmer, Student, usw.),
andererseits kannten sich die Bewohner noch nicht, so daß
die sich entwickelnden Nachbarschaftsbeziehungen ohne Einfluß von Drittfaktoren beobachtet werden konnten. Interessant an der Methodik der Untersuchung war vor allem der
Einsatz von soziometrischen Techniken zur Messung der sozialen Distanz zwischen den Bewohnern, die erstmals in
Matrizenform dargestellt werden, womit sie für weitere Berechnungen verwendet werden können.

FESTINGER, Leon, Henry W. RIECKEN und Stanley SCHACHTER:

When Prophecy Fails - A Social and Psychological Study of a Modern Group That Predicted the Destruction of the World

Harper & Row, New York,1956 (Paperback Ausgabe: New York, o.J.)

Im Mittelpunkt dieser Untersuchung steht eine Hypothese aus der Theorie der kognitiven Dissonanz von FESTINGER, daß nämlich von einer Theorie fest überzeugte Personen, wenn sie sich auf ihren Glauben festgelegt (committed) haben, auch durch stärkste Widerlegungen nicht von ihrem Glauben ablassen. Gelegenheit zur Überprüfung der Untersuchung ergab sich, als das Forschungsteam von einer Sekte erfuhr, deren Anführerin den Weltuntergang zu einem genauen Termin vorhergesagt hatte. Die Forscher beschlossen, dies notwendige Scheitern der Prophezeiung durch teilnehmende Beobachtung in der Sekte selbst mitzuerleben. So entstand der glänzend erzählte Forschungsbericht, der theoretische Relevanz vereint mit Anschaulichkeit der Darstellung. Allerdings ergeben sich methodologische Einwände daraus, daß die teilnehmenden Beobachter, um Eintritt in die Sekte zu erlangen, ein gehöriges Maß an Konformität zeigen mußten, durch das notwendig die Gruppensolidarität vor dem Fehlschlagen der Prophezeiung gestärkt wurde.

Zu der Untersuchung liegt eine Replikationsstudie vor, die zu abweichenden Ergebnissen kommt:

HARDYCK, Jane Allyn, Marcia BRADEN:

Prophecy Fails Again, A Report of a Failure to Replicate

in: Journal of Abnormal and Social Psychology, Bd. 65, 1962, S. 136-141.

GEIGER, Theodor :

Die soziale Schichtung des deutschen Volkes - soziographischer Versuch auf statistischer Grundlage

Enke Verlag, Stuttgart 1967 (reprographischer Neudruck der Erstauflage, Stuttgart 1932)

Sehr übersichtlich aufgebaute Analyse der sozialen Schichtung im Deutschland der Weimarer Republik auf der Grundlage der Ergebnisse der amtlichen Statistik. Leider sind GEIGERs Berechnungsgrundlagen nur teilweise mitgeteilt, wodurch der didaktische Wert des Buches gemindert wird. Im ersten Teil des Buches ("die Frage") wird zunächst die begriffliche Grundlage diskutiert; der zweite Teil ("die sozialstatistischen Grundlagen") wird die Verarbeitung der

statistischen Daten vorgenommen, wobei GEIGER zwischen
"Kapitalisten", "Mittelstand" und "Proletariat" unterscheidet und entsprechende zahlenmäßige Hochrechnungen
vornimmt; der dritte Teil ("die Grundlinien der Deutung")
versucht eine theoretische Einordnung der Ergebnisse, wobei
vor allem der Mittelstandsbegriff aufgefächert wird. GEIGER
hat mit diesem Buch die Grundlagen geschaffen für die nach
dem zweiten Weltkrieg in Deutschland wieder aufgenommenen
Untersuchungen zur sozialen Schichtung.

HABERMAS, Jürgen, Ludwig von FRIEDEBURG, Christoph OEHLER
Friedrich WELTZ

Student und Politik - Eine soziologische Untersuchung
zum politischen Bewußtsein Frankfurter Studenten

Luchterhand Verlag, Neuwied, 1961 3.Auflage 1969

Die Studie beruht auf 171 Intensivinterviews mit einer Zufallsauswahl von Studenten und einer repräsentativen Befragung von 550 Studenten zwei Jahre nach der ersten Befragung.
Die Verfasser versuchen durch eine Kombination von Intensiv-
und standardisierter Befragung "ein Modell zu geben, wie
sich freie und normierte Befragung sowie beschreibende und
quantitative Auswertung miteinander verbinden können"(S.9),
was im Anhang "Anmerkungen zur Forschungstechnik" verdeutlicht werden soll. Die Auswertung der Daten wird als "Beschreibende Typologie" im Gegensatz zu einer "Indexbildung
auf dem Korrelationswege" bezeichnet (S.292). Es werden
sechs verschiedene "Habitustypen" gebildet: Unpolitische
(13%), Irrational Distanzierte (11%), Rational Distanzierte
(19%), Naive Staatsbürger (29%) und weltanschaulich Enga-
gierte (9%). Weitere Einstellungs-Typologien wurden zur
gesellschaftlichen Machtverteilung (Gesellschaftsbilder) und
zur Demokratie (Tendenztypen) entwickelt. Die Reproduzier-
barkeit der Skalen dürfte allerdings wegen ihrer quantitativen Konstruktion problematisch sein. Weite Teile der
Darstellung bestehen in der Beschreibung der Habitustypen,
bei der vielfältiges Illustrationsmaterial aus den freien
Befragungen herangezogen wird - wobei die Auswahl der
Zitate, die eine durchaus suggestive Wirkung erzeugt, im
freien Ermessen der Untersuchungsleiter lag, also illustrative Zwecke verfolgte.

HYMAN, Herbert H., Charles R. WRIGHT und Terence K.HOPKINS:

**Applications of Methods of Evaluation: Four Studies
of the Encampment for Citicenship**

University of California Press, Berkeley und Los Angeles
1962

Es handelt sich um einen der ersten Forschungsberichte über
ein ausgedehntes Evaluierungs-Projekt, durch das von 1955
bis 1960 der Erfolg einer Serie von Ferienlagern untersucht werden sollte, "a summer institute for training young
persons to be more effective democratic citizens", wie es
in kaum übersetzbarer amerikanischer Prosa in einem Bericht
der Autoren über das Projekt heißt. Modellhaft an der
Untersuchung ist vor allem der komplexe Untersuchungsplan.
Zunächst wurde 1955 ein Lager untersucht, wobei insgesamt fünf Befragungswellen verwendet wurden: eine schriftliche Befragung sechs Wochen vor Beginn des Lagers, drei
Interviews zu Beginn, Ende und sechs Wochen nach Beendigung
des Lagers, schließlich erfolgte eine weitere schriftliche
Befragung im Jahre 1959, um auch langfristige Auswirkungen
erfassen zu können. Neben dieser ersten Studie erfolgten
drei Replikationen bei späteren Lagern, wobei wieder jeweils vier Befragungen erfolgten. Schließlich wurden noch
zwei Kontrollgruppen zu jeweils zwei Zeitpunkten erfaßt,
um Effekte der Selbstselektion der Lagerteilnehmer zu kontrollieren. Durch diesen Ansatz lassen sich nun eine große
Anzahl von Vergleichsmöglichkeiten der Befragungsdaten
vornehmen - wobei ein Standardfragebogen verwendet wurde
und die Hauptmessinstrumente einige Skalen zur Messung
politischer Einstellungen waren. Es handelt sich also weniger um ein Einzelprojekt, als vielmehr um ein Forschungsprogramm von sorgfältig aufeinander abgestimmten Einzel-
projekten, die zusammen erst eine "Evaluierung" der Sommer-
lager möglich erscheinen lassen.

KATZ, Elihu und Paul F. LAZARSFELD:

**Personal Influence. The Part Played by People
in the Flow of Mass Communications**

The Free Press of Glencoe, New York 1964. Deutsche Ausgabe:
Persönlicher Einfluß und Meinungsbildung, Oldenbourg Verlag,
München, 1963

Das Buch gehört in die Serie der von LAZARSFELD initiierten
modellhaften Versuchen, wie man durch persönliche Befragung zu relevanten Aussagen kommt. Thema der Untersuchung
ist der Prozeß der Beeinflussung und Entscheidungsbildung
im alltäglichen Verhalten der Bevölkerung, diesmal exempli-
fiziert vor allem am Konsumverhalten. Die bereits in
"The Peoples Choice" postulierte Hypothese des "Zwei-Stufen-
Flusses" der Kommunikation wird hier weiter ausgebaut. Die

Untersuchung ist methodisch sehr sauber aufgebaut, die
Anhänge zur Forschungstechnik sind sehr nützlich. Die
Untersuchung steht für Sekundäranalysen zur Verfügung.

LAZARSFELD, Paul F., JAHODA. Marie und Hans ZEISEL:
Die Arbeitslosen von Marienthal - Ein soziographischer
Versuch über die Wirkungen lang andauernder Arbeits-
losigkeit

3.Aufl.,Suhrkamp Verlag, Frankfurt,1975 (die erste Auflage
erschien 1933 in Leipzig,die zweite Auflage erschien 1960,
versehen mit einem neuen Vorwort von Paul F. LAZARSFELD und
einer neuen Bibliographie)

Die Berühmtheit dieser Untersuchung ergibt sich vor allem
daraus, daß Thema und Methode der Arbeit nahtlos zusammen-
passen. Auf der Höhe der Weltwirtschaftskrise wollten
die Autoren einen Beitrag zum Verständnis des drängendsten
Problems der Zeit leisten. Noch immer erstaunlich an der
Untersuchung ist die Vielfalt der verwendeten Erhebungstechniken und der Einfallsreichtum, mit dem die erforderlichen Daten erhoben wurden. Dies macht die Untersuchung
zwar einerseits unwiederholbar, andererseits aber auch zu
einem Lehrstück, wie man seine Erhebungstechnik ganz auf
das Forschungsproblem zuschneidet. Es wird keine zentrale
Befragungsaktion durchgeführt, sondern das Untersuchungs-
team - von LAZARSFELD wie eine Pfadfindergruppe geführt -
stellt die Untersuchungsdaten zusammen aus Katasterblät-
tern für alle Dorfbewohner, ausgewählten Lebensgeschichten,
Zeitverwendungsbögen, Schulaufsätzen der Dorfjugend, allgemein zugänglichen statistischen Daten, historischen Angaben, usw. Der Ort selbst wurde sorgfältig ausgewählt
und wies eine besonders hohe Arbeitslosenzahl auf. Das
herausragende Ergebnis der Untersuchung ist die deprimierende
Apathie der Dorfbewohner, die im Gegensatz steht zur vielen
verfügbaren Zeit der Bewohner.

LAZARSFELD, Paul F., Bernhard BERELSON und Hazel GAUDET:

The People's Choice - How the Voter Makes up
his Mind in a Presidential Campaign

Columbia University Press, New York 1944, 2.Auflage, mit
neuem Vorwort 1948
Deutsche Ausgabe unter dem Titel: Wahlen und Wähler, Luchterhand Verlag, Soziologische Texte Bd.18, Neuwied 1967

Diese Wahlstudie zur Präsidentschaftswahl von 1940 in den
USA ist Vorbild der weiteren empirischen Wahlforschung geworden. Der Forschungsplan selbst wurde "klassisch". Haupt-

neuerung ist vor allem das "panel", wobei die Mehrfach-
befragung bei der Untersuchung in sieben Wellen erfolgte.
Hauptzweck der Untersuchung war es, den Prozeß der Meinungsbildung vor und kurz nach der Wahl zu studieren, nicht
aber, eine isolierte Wahlprognose zu erstellen. Die Untersuchung wurde in einem sorgfältig ausgewählten Bezirk im
Staat New York, Erie County, durchgeführt, um den Inter-
viewerstab besser kontrollieren zu können als das bei
einer nationalen Befragung hätte geschehen können. Zunächst wurde eine repräsentative Stichprobe von 3000 Personen gezogen, die in der ersten Welle vollständig befragt
wurde. Das Panel bezog sich in den folgenden sechs Befragungswellen jeweils nur auf 600 Personen (eine geschichtete
Stichprobe der Ausgangsauswahl). Um den Effekt der Mehr-
fachbefragung zu kontrollieren, wurden drei weitere Gruppen
von je 600 Befragten zu je unterschiedlichen Zeitpunkten
befragt. Die Studie verwendet eine Reihe von Indizes und
in der Auswertung vor allem bivariate Analysen. Die Hypothese des Zwei-Stufen-Flusses der Meinungsbildung wird
erstmals getestet.

LAZARSFELD, Paul F. und Wagner THIELENS, Jr. (with a
field report by David RIESMAN):

The Academic Mind - Social Scientists in a Time of Crisis

The Free Press, Glencoe, Ill., 1958

"The Academic Mind" ist eine der ersten Umfragen unter
Hochschullehrern überhaupt, die in einer ganz besonderen
historischen Situation stattfand, nämlich der politischen
Krise im Selbstverständnis der Hochschulen im Zusammenhang
mit dem McCarthy-ismus, als den amerikanischen Hochschullehrern weithin ein "loyalty-oath" abverlangt wurde und
häufig genug freie Meinungsäußerung als kommunistische
Unterwanderung denunziert wurde. Eine Situation, die der
Situation in Deutschland nach dem "Radikalenerlaß" in
manchen Aspekten ähnelt. LAZARSFELD ging dies Problem
mit einer empirischen Untersuchung an, die im Ergebnis eine
glückliche Symbiose von Wissenschaftssoziologie und politischer Soziologie geworden ist. Angelpunkt der Untersuchung ist der Begriff der "apprehension", der Besorgnis,
der durch eine Skala erfaßt wurde. Die quantitative, im
wesentlichen bivariate Analyse wird sehr übersichtlich
ausgeführt, sie wird ergänzt durch einen langen qualitativ
gehaltenen Bericht von David RIESMAN über den Prozeß des
Interviewens. Acht Anhänge unterrichten ausführlich über
die verwendeten Forschungsmethoden. Die Daten der Studie
stehen für Sekundäranalysen zur Verfügung.

LIPSET, Seymour Martin, Martin TROW und James S. COLEMAN:

Union Democracy - The Internal Politics of the International Typographical Union

Anchor Books, Garden City, New York 1962 (Taschenbuchausgabe), zuerst erschienen 1956 bei The Free Press, Glencoe

Die Planung des Buches in vier Schritten wie auch die Ausführung und die Lesbarkeit sind gleichermaßen bemerkenswert. Der Forschungsprozeß wird wie folgt gegliedert:
1. Phase: Definition des Problems und erste Explorationen,
2. Phase: Elaborierung und Umformulierung des Problems durch qualitative Analysen, 3. Phase: Entwurf der Untersuchungsinstrumente und Feldarbeit, 4. Phase: Folgestudien, Datenanalyse und das Schreiben des Berichts. Robert MICHELS hatte bereits 1911 in seinem "ehernen Gesetz der Oligarchie" behauptet, daß selbst demokratisch verfaßte Organisationen der Linken zur Oligarchie tendieren. Die Autoren widerlegen nun durch einen Einzelfall einer amerikanischen Druckergewerkschaft, die ein internes Zweiparteiensystem entwickelt hatte, dieses allgemeine "Gesetz". Thema der Untersuchung ist damit, wie eine Organisation interne Demokratie verwirklichen kann. Die Untersuchung besteht aus einer ungewöhnlichen Kombination von Methoden: standardisierte Interviews, Dokumentenanalyse, Beobachtung. Die Untersuchung enthält einen ausführlichen methodologischen Anhang von COLEMAN und den kompletten Fragebogen. Die Daten der Befragung stehen für Sekundäranalysen zur Verfügung.

LYND, Robert S. und Helen M. LYND:

Middletown - A Study in Modern American Culture

zuerst erschienen 1929,2.Aufl.bei Harcourt,Brace & World, Inc.,New York 1956(Paperback Ausgabe 1959)

Dies ist die bedeutendste amerikanische Gemeindestudie, die zusammen mit einem Nachfolgeband "Middletown in Transition" Vorbild für alle weiteren Gemeindeuntersuchungen geworden ist. Charakteristisch für diese Untersuchung ist, daß sie thematisch recht diffus ist. Die Autoren beschreiben die Arbeit als "a total-situation study" (S.7). Die sechs Themenbereiche sind: Erwerb des Lebensunterhalts, Haushaltsführung, Kindererziehung, Freizeitbeschäftigung, Religion und Teilnahme am sozialen Leben der Gemeinde. In der Untersuchung wurden eine Vielzahl von Forschungstechniken verwendet: Dokumentenanalyse, statistische Kompilationen, nicht standardisierte Interviews und schriftliche Befragungen, teilnehmende Beobachtung. Es wurde einige Mühe darauf verwendet, die Kleinstadt (38 000 Einwohner) auszuwählen, da sie repräsentativ sein sollte für das Leben in den USA zu dieser Zeit (1924), zugleich aber einen überschaubaren Rahmen für die Untersuchung abgeben sollte.

MAYNTZ, Renate:

Soziale Schichtung und Sozialer Wandel in einer
Industriegemeinde. Eine soziologische Untersuchung der Stadt Euskirchen

F. Enke Verlag, Stuttgart 1958

Die deutsche empirische Sozialforschung begann nach dem
zweiten Weltkrieg vor allem als Gemeindesoziologie. Dies
begann mit der sog. "Darmstadt-Untersuchung" und erhielt
einen vorläufigen Abschluß mit der "Euskirchen-Studie",
die zugleich die am besten dokumentierte aller deutschen
Gemeindestudien nach dem zweiten Weltkrieg ist. Gemeinde-
soziologische Untersuchungen gehen in der Regel von der
Annahme aus, daß Gemeinden (mit einigen Einschränkungen)
ein überschaubares Modell der Sozialstruktur darstellen,
so daß man am Einzelfall der Gemeinde zu Aussagen etwa
über soziale Schichtung und Mobilität gelangen kann, die
verallgemeinerungsfähig sind. Um dies zu gewährleisten
muß einmal eine "typische" Gemeinde ausgewählt werden,
zum anderen müssen die Erhebungen innerhalb der Gemeinde
repräsentativ sein. Kernpunkt der Untersuchung von Renate
MAYNTZ ist denn auch eine Repräsentativbefragung mit den
Hauptthemen soziale Schichtung, berufliche Mobilität,
soziale Beziehungen zwischen den Berufsgruppen und Teilnahme und Einfluß im Sozialleben der Gemeinde. Der Befra-
gungsteil der Untersuchung steht für Sekundäranalysen zur
Verfügung.

MERTON, Robert K.:

Science, Technology and Society in Seventeenth-
Century England

Harper & Row, Publishers, New York 1970 (zuerst veröffentlicht 1938)

MERTONs Dissertation, die er unter Anleitung von Pitirim
SOROKIN und George SARTON geschrieben hat, nimmt die These
von Max WEBER über den Zusammenhang von puritanischer
Ethik und dem Geist des Kapitalismus auf und wendet sie
auf die Wissenschaft an. Ähnlich wie DURKHEIM im "Selbstmord" verwendet MERTON eine Fülle von älteren (allerdings
nicht-amtlichen) Statistiken und zusätzliches dokumentarisches Material für den Nachweis seiner These. Die
zweite Hauptfragestellung des Buches ist, inwieweit der
wissenschaftliche Erkenntnisfortschritt durch außerwissen-
schaftliche Faktoren (also etwa praktische Fragestellungen)

beeinflußt wird. Mit einer neuen Einleitung und einer
Bibliographie ist MERTONs Buch ein guter Einstieg in die
Wissenschaftssoziologie.

POPITZ, Heinrich, Hans Paul BAHRDT, Ernst August JÜRES,
Hanno KESTING:

Technik und Industriearbeit
Soziologische Untersuchungen in der Hüttenindustrie

J.C.B. Mohr (Paul Siebeck), Tübingen,1957 3.Auflage 1976

"Technik und Industriearbeit", 1953/54 entstanden, ist
eine deskriptive Untersuchung von Arbeitsablauf und
Arbeitsvollzug manueller Arbeit in der hochtechnisierten
Hüttenindustrie. Der Nachdruck der Arbeit liegt auf der
Darstellung der kooperativen Arbeitsbeziehungen, wobei
die teamartige und die gefügeartige Kooperation unterschieden werden. Die teamartige Kooperation läßt den
Arbeitern mehr Dispositionsspielraum, Möglichkeiten der
wechselseitigen Unterstützung, usw. Die Untersuchung
beruht auf offener, teilnehmender Beobachtung im Betrieb,
nichtstandardisierten Befragungen und "Erfahrungsberich-
ten" der Arbeiter, wodurch vor allem Arbeitsbeschrei-
bungen von nahezu 60 Arbeitsvollzügen (Arbeitsplatzbe-
schreibungen) im Betrieb ermittelt werden.

Das Gesellschaftsbild des Arbeiters
Soziologische Untersuchungen in der Hüttenindustrie

J.C.B. Mohr (Paul Siebeck), Tübingen, 4. Aufl. 1972
(zuerst 1957)

Diese Nachfolgeuntersuchung der gleichen Autoren beruht
auf 600 teilstrukturierten Interviews mit Arbeitern des
gleichen Hüttenwerks (wobei die Befragten willkürlich
ausgewählt wurden und eine weitgehend qualitative - maschinelle - Datenauswertung vorgenommen wurde). Die Analyse ist weitgehend typologisch und resultiert in der
Beschreibung von sechs unterschiedlichen Gesellschafts-
bildern bei Arbeitern.

VIDICH, Arthur J. und Joseph BENSMAN:

Small Town in Mass Society, Class, Power, and
Religion in a rural Community

Princeton University Press,Princeton,2.veränderte Auflage
1968(zuerst 1958)

Dieses Buch erregte Aufsehen dadurch, daß es weitgehend
auf eine standardisierte Befragung verzichtete, sondern
überwiegend mehr indirekte, qualitative Beobachtungs- und
Datenauswertungsmethoden anwendete und sich auf eine
Untersuchung der Machtstruktur in der Kleinstadt konzentrierte. Außerdem reagierten die Bewohner der untersuchten Gemeinde empört über das Erscheinen des Buches, weil
es die Machtstrukturen der Gemeinde ziemlich schonungslos
bloßlegte. Dem Buch fehlt allerdings eine Bibliographie,
aus der vor allem die mehr methodisch orientierten Aufsätze der Verfasser zu dem Projekt hervorgehen. Das Buch
ist sehr flüssig geschrieben.

WHYTE, William F.:

Street Corner Society - The Social Structure of
an Italian Slum

The University of Chicago Press, Chicago, 9. Auflage 1965
(zuerst erschienen 1943)

Die Untersuchung von WHYTE ist noch immer das unerreichte
Vorbild einer teilnehmenden Beobachtung in einer städti-
schen Subkultur. Die Untersuchung setzt die Bereitschaft
des Forschers voraus, über einen längeren Zeitraum hinweg
am Leben der untersuchten Gruppe teilzunehmen, um, wie
WHYTE es ausdrückt, "a time sequence of interpersonal
events (S.358)", also ein dynamisches Bild der Struktur
einer kommunalen Subkultur zu erhalten . WHYTE, der von
1937 bis 1940 in "Cornerville" lebte, begann seine Untersuchung zunächst als querschnitthafte Gemeindeunter-
suchung nach dem Vorbild von Middletown. Im Laufe der Zeit
entwickelte sich die Arbeit jedoch mehr und mehr zu einer
Untersuchung der Kleingruppenstruktur einiger "Gangs" aus
dem Viertel, wobei WHYTE quasi-soziometrische Beobachtungstechniken entwickelte. Schließlich bringt das Buch vor
allem die folgenden drei Elemente der Sozialstruktur zusammen: Mitgliedschaft in den "Gangs", Führerschaft in der
Politik und die weitere Sozialstruktur des Viertels. Seit
der zweiten Auflage 1955 enthält das Buch einen äußerst
lesenswerten langen Bericht über die Feldarbeit, der eine
sehr lebendige Einführung in die Probleme der teilnehmenden
Beobachtung darstellt.

Eine methodisch ähnlich angelegte Untersuchung in einem
italo-amerikanischen Wohngebiet Bostons, die allerdings mehr
strukturelle Faktoren betont (im Gegensatz zur Gruppenstruktur), ist die Untersuchung von

GANS, Herbert J.:

   Urban Villagers
   Group and Class in the Life of Italian Americans

The Free Press, New York 1962 (Paperback Ausgabe 1965)

ZAPF, Wolfgang:

   Wandlungen der deutschen Elite - Ein Zirkulations-
   modell deutscher Führungsgruppen 1919-1961

Piper Verlag, München 1965

Beginn der empirischen Eliteforschung in der Bundesrepublik.
ZAPF ist in seinem Ansatz weitgehend von Pareto beeinflußt,
der als erster eine ständige Zirkulation der Eliten behauptet hatte. ZAPF sieht Eliten im wesentlichen als Funktions-
eliten in den wichtigsten gesellschaftlichen Teilbereichen
Politik, Wirtschaft, Kultur. Datenbasis der Untersuchung
ist eine mühsame Ermittlung der Inhaber von ca. 280 nationalen Führungspositionen seit 1919, die im Anhang aus-
zugsweise in einem "Zirkulationstableau" wiedergegeben werden. Der Positionsansatz ZAPFs führt dazu, daß in einigen
Bereichen, z.B. Wissenschaft und Religion, die nicht formal
ausdifferenziert sind, nur die in die sichtbaren Spitzen-
positionen delegierten Personen ausgewählt werden, nicht
aber die wirklich einflußreichen Personen. Interessant
dürfte sein, das "Zirkulationstableau" von 1962 bis in
die Gegenwart hinein zu verlängern, um die in der Mitte der
60er Jahre beginnenden Umschichtungen zu erfassen, denn bei
ZAPF weisen die politischen Eliten in der Ära Adenauer
eine derartig hohe Stabilität auf, wie sie für die Bundesrepublik später nicht mehr normal war.

Anhang B: Literaturhinweise

In diesem Anhang sollen Hinweise auf weiterführende Literatur gegeben werden, um es dem Leser zu erleichtern, sich in der sehr umfangreichen methodologischen Fachliteratur zurechtzufinden. Die vollständigen bibliographischen Angaben von hier nicht vollständig zitierten Werken befinden sich im Literaturverzeichnis (Anhang C).

B1: Wissenschaftstheorie

Die Literatur zur Wissenschaftstheorie und Logik der Forschung ist heute kaum noch überschaubar. An dieser Stelle können nur einige erste Hinweise gegeben werden. Eine vertiefte Darstellung findet man in ESSER, KLENOVITS und ZEHNPFENNIG (1977) "wissenschaftstheoretische Grundlagen der empirischen Soziologie".

Das wichtigste Werk zur Wissenschaftslogik und Begründung des "kritischen Rationalismus" ist POPPERs "Logik der Forschung", das sich wegen der Klarheit der Darstellung immer noch zu lesen lohnt. Zur Weiterentwicklung seiner Lehre sind die beiden Aufsatzsammlungen "Conjectures and Refutations" (1963) und "Objective Knowledge" (1972) wichtig. Zusammenfassende Würdigungen von POPPERs Philosophie mit Antworten des Autors finden sich in den beiden Bänden "The Philosophy of Karl POPPER", herausgegeben von P.A. SCHILPP, 1974).

In Deutschland erfolgte die Rezeption der Ideen POPPERs durch Hans ALBERT (vor allem 1968 und 1971), der diesen Ansatz erst unter der Bezeichnung "kritischer Rationalismus" bekannt machte, später durch Karl-Dieter OPP (1970).

Zu einer ersten Einführung in die Probleme der Wissenschaftstheorie sind vor allem die Aufsatzsammlungen herausgegeben von ALBERT 1964, TOPITSCH 1965, LENK 1971 und KRÜGER 1970 heranzuziehen.

Die Weiterentwicklung der Ideen POPPERs ist vor allem mit drei Namen verbunden, nämlich Imre LAKATOS, Paul FEYERABEND und Thomas KUHN. LAKATOS versucht die Folgeprobleme des POPPERschen Falsifikationismus zu lösen, vor allem das Problem, wie denn nun die Auswahl zwischen zwei Theorien vorzunehmen sei, die den gleichen Bewährungsgrad besitzen. Er untersucht zu diesem Zweck nicht nur den Wissensfortschritt im Einzelnen, sondern untersucht den Wissensfortschritt in bezug auf ganze Forschungsprogramme (vgl. LAKATOS, 1970, 1971, 1971a). FEYERABEND hat sich allgemein mit dem Problem des Empirismus auseinandergesetzt und stellt fest, was er wissenschaftshistorisch belegt, daß die Forschungspraxis gerade der besten Forschung sich unabhängig von der Wissen-

schaftstheorie entwickelte und gelangt schließlich zu einem
wissenschaftstheoretischen Anarchismus, der sich gegen
jede Dogmatisierung von methodologischen Regeln wendet
(FEYERABEND, 1970/1974, ergänzend SPINNER, 1974). Neuerdings
wendet er sich auch gegen wissenschaftliche Dogmatik überhaupt und wird so zum Kritiker von Wissenschaft insgesamt
(Befreiung von der Wissenschaft statt Befreiung durch Wissenschaft, FEYERABEND, 1975/19). Damit hebt er das Abgrenzungsproblem im Sinne POPPERs auf.

KUHN ist an sich ein reiner Wissenschaftshistoriker, der
jedoch eine immense Wirkung in der Wissenschaftstheorie gehabt hat, da seine Theorie "wissenschaftlicher Revolutionen"
und seine Auffassung von zwei Formen der Wissenschaft, nämlich "normaler" und "revolutionärer" Wissenschaft, in deut-
lichem Widerspruch steht zu puristischen Auffassungen in
der Wissenschaftstheorie (vgl. KUHN, 1962 und LAKATOS und
MUSGRAVE, 1970, wo KUHNs Auffassungen kontrovers diskutiert
werden).

Auf einer ganz anderen Ebene bewegen sich die Arbeiten von
Rudolf CARNAP, der der Wissenschaftspraxis insgesamt näher
geblieben ist als POPPER, allerdings in einer für Laien
schwer verständlichen Symbolsprache schreibt. Wichtigster
Verbreiter der Ideen CARNAPs in Deutschland ist Wolfgang
STEGMÜLLER, der neuerdings eine Synthese der Arbeiten
POPPERs und CARNAPs zu erreichen versucht. Von ihm stammen
die gegenwärtig vollständigsten Darstellung der modernen
Wissenschaftstheorie (vgl. STEGMÜLLER, 1969, 1971, 1975).

Über den deutschen Werturteilsstreit informieren vor allem
die Sammelbände von ADORNO et al. (1969) und ALBERT und
TOPITSCH (1971). Eine neuere Darstellung des Problems mit
zusammenfassenden Literaturangaben stammt von ZECHA (1976).

B2: Nachschlagewerke und Quellenverzeichnisse

Die folgenden Bücher und Quellenwerke sind dazu geeignet,
einen raschen Einstieg in ein bestimmtes Forschungsthema
zu ermöglichen. In der Regel sollten bei der Behandlung
eines Themas mehrere dieser Quellen herangezogen werden. Die
Schnittmenge der Literaturangaben kann dann als Indiz genommen werden für die wichtigsten Monographien des inter-
essierenden Themenbereichs. Viele Hinweise auf soziologische
Zeitschriften und den Umgang mit Bibliotheken enthält das
Buch von Pauline BART und Linda FRAENKEL, "The Student
Sociologist' Handbook", General Learning Press, 2. Auflage, New York 1975

In deutscher Sprache sind gegenwärtig die wichtigsten Nach-
schlagewerke:
R. KÖNIG, Soziologie, Das Fischer Lexikon, Frankfurt/M.,
16. Auflage, 1976 (zuerst 1958, Neubearbeitung 1967)
Das Lexikon enthält 43 alphabetisch angeordnete Übersichtsartikel zu den wichtigsten soziologischen Themenbereichen.
Gut benutzbar sind auch die Literaturangaben zu einführenden Lehrbüchern, Sammelwerken und Handbüchern, das Verzeichnis der wichtigsten soziologischen Fachzeitschriften
und die Literaturangaben zu den einzelnen Stichworten.

H. SCHOECK, Soziologisches Wörterbuch, 10. erw. Auflage,
Herder Verlag, Freiburg, 1977. Es enthält über 400 Stich-
worte, die mit nützlichen Literaturangaben versehen
sind.

W. FUCHS, R. KLIMA, R. LAUTMANN, H. WIENOLD (Hrsg.), Lexikon
zur Soziologie, Westdeutscher Verlag, Opladen, 1973 (Eine
zweibändige Taschenbuchausgabe erschien 1975 bei Rowohlt)
Dies ist das in deutscher Sprache derzeit umfassendste
soziologische Wörterbuch der Fachterminologie mit fast
7000 Begriffserklärungen. Keine Literaturhinweise.

G. HARTFIEL, Wörterbuch der Soziologie, 2. Auflage, Kohlhammer Verlag, Stuttgart, 1976
Es enthält fast 3000 Personen- und Sachartikel, wobei die
wichtigeren Sachartikel auch Literaturangaben enthalten.
Sehr nützlich ist der Personenteil, der alle wichtigen
deutschen Soziologen (mit Kurzbibliographie) bis etwa zum
Geburtsjahrgang 1937 erfasst.

W. BERNSDORF (Hrsg.), Wörterbuch der Soziologie, Enke Verlag, Stuttgart, 1969 (Eine dreibändige Taschenbuchausgabe erschien in 5. Auflage beim Fischer Verlag, Frank-
furt/M., 1976)
Das umfangreiche Wörterbuch ist fast schon enzyklopädisch
aufgebaut. Es enthält ungefähr 650 Begriffe, die in zum
Teil ausführlichen Artikeln behandelt werden. Alle Artikel
enthalten Literaturangaben.

R. KÖNIG (Hrsg.), Handbuch der empirischen Sozialforschung,
Band II, Enke Verlag, Stuttgart, 1969 (gegenwärtig erscheint
die 2. erweiterte Auflage als Taschenbuchausgabe in Einzel-
bänden, erschienen sind bisher die Bände 5 bis 8)
Dieser zweite Teil des Handbuchs der empirischen Sozialforschung enthält 23 umfangreiche Übersichtsartikel über die
wichtigsten soziologischen Teildisziplinen. Viele der Artikel haben richtungweisenden Charakter. Ausführliche
Literaturangaben.

HANDWÖRTERBUCH DER SOZIALWISSENSCHAFTEN (HDSW), 12 Bände
und Registerband, erschienen zwischen 1956 und 1965)
Das HDSW ist zwar nicht mehr auf dem neuesten Stand, dennoch ist es für eine erste Orientierung über viele Gebiete
immer noch sehr nützlich. Alle Artikel mit Literaturangaben.
Für den nur auf sein Fachgebiet spezialisierten Soziologen
heilsam ist, daß es den Zusammenhang zu den anderen sozialwissenschaftlichen Disziplinen (Volkswirtschaftslehre,
Sozialpolitik) noch wahrt.

In englischer Sprache ist das wichtigste Nachschlagewerk
der Soziologie die INTERNATIONAL ENCYCLOPEDIA OF THE SOCIAL
SCIENCES, herausgegeben von David L. SILLS, 1968. Der
große Umfang und das unhandliche Format scheinen viele Leser abzuschrecken - man sieht es daran, daß die Bände in
vielen Bibliotheken nur wenig abgegriffen sind. Man lasse
sich aber nicht entmutigen, da die Enzyklopädie tatsächlich ein sehr nützliches Arbeitswerkzeug darstellt.

Eine Serie von umfangreichen, einbändigen Handbüchern wurde
vom Verlag Rand McNally, Chicago, herausgegeben, in denen
in der Regel herausragende Fachleute umfangreiche Artikel
geschrieben haben. Zu nennen sind hier:
H.T. CHRISTENSEN (Hrsg.), Handbook of Marriage and the
Family (1964), 3. Auflage 1971
R.E.L. FARIS (Hrsg.), Handbook of Modern Sociology (1964)
und D.A. GOSLIN (Hrsg.) Handbook of Socialisation Theory
and Research (1969, 3. Aufl. 1973

Ein Lexikon der Fachterminologie (ohne Literaturhinweise)
stammt von:
J.GOULD und W.L. KOLB, A Dictionary of the Social Sciences,
The Free Press, Glencoe, 1964.

Für die vertiefte Einarbeitung in Spezialthemen reichen
Handbucharikel in der Regel nicht aus. Sogenannte "Reader"
sammeln die wichtigsten Zeitschriftenaufsätze zu einem
Spezialgebiet und sind daher für die Vertiefung eines
Themas sehr nützlich. Bei der weiteren Literatursuche sollten als Quellen vor allem die Zeitschrift "sociological
abstracts" und der "Social Science Citation Index" (SSCI)
herangezogen werden.

"Sociological abstracts" enthält Kurzfassungen aller erfaßten Zeitschriftenaufsätze und Bücher. Sie sind in der
Zeitschrift thematisch geordnet, wobei sich das Klassifikationsschema sozialwissenschaftlicher Fachgebiete allerdings häufig ändert, was die Benutzbarkeit erschwert. Jedes
Heft enthält ein Sach- und Personenverzeichnis. Jährlich
erscheinen Registerbände (gelegentlich mit Verspätung),
die die Literatursuche erleichtern.

Der "Social Science Citation Index" ist ein komplexes Informationssystem mit mehreren Registern. Die Grundidee ist,
alle Zitierungen von Aufsätzen zu erfassen (das geschieht
in einem besonderen Registerband) und die Zitierungen in
einem zweiten Registerband nach den zitierten Autoren zu
ordnen. Den Suchprozeß mit dem SSCI beginnt man in der
Regel mit einem Aufsatz, der einem aufgefallen ist. Nun
schlägt man alle dort zitierten Autoren nach und erfaßt
deren Aufsätze, usw. Auf diese Weise kann man ein ganzes
Netzwerk von untereinander durch Zitierungen verbundenen
Aufsätzen ausfindig machen.

B3: Datenerhebung und Datenanalyse

Für eine erste Orientierung über Methodenfragen der Sozialforschung stehen dem Leser inzwischen mehrere komplette
Reihenwerke und zusätzlich viele Einzelveröffentlichungen
in deutscher Sprache zur Verfügung. Trotz dieser großen Auswahl deutschsprachiger Methodenbücher sollte man nicht vergessen, daß die meisten methodischen Neuerungen aus den USA
stammen, so daß eine vollständige Beschränkung nur auf
deutschsprachige Literatur eine schnelle Provinzialisierung
bedeuten würde. Die wissenschaftliche Weltsprache ist die
englische. Wer sich in einem Forschungsgebiet ernsthaft
vertiefen will, muß daher englische Texte lesen können.

Deutschsprachige Buchreihen, die den ganzen Forschungsprozeß abdecken, sind:
E.K. SCHEUCH und H. SAHNER (Hrsg.), Studienskripten zur
Soziologie, Teubner Verlag, Stuttgart. Auf die Einzelbände
dieser Reihe wurde im Text mehrfach verwiesen, da dies
Skriptum auf diese Bände abgestimmt ist. Die Skripten enthalten teils elementare Einführungen in Erhebungstechnik
und Datenanalyse:
ALLERBECK, 1972, BENNINGHAUS, 1974, BÖLTKEN, 1976, BUNGARD
und LÜCK, 1974, ERBSLÖH, 1972, GRÜMER, 1974, RENN, 1975,
SAHNER, 1971, teilweise enthalten sie auch fortgeschrittene
Abhandlungen über Spezialprobleme (HARDER, 1973, HUMMELL,
1972, SODEUR, 1974). Weitere Bände sind in Vorbereitung.

Das Handbuch für empirische Sozialforschung (herausgegeben
von R. KÖNIG) gibt einen mehr enzyklopädischen Überblick
über die Einzelaspekte des Forschungsprozesses. Es enthält
23 mit ausführlichen Literaturangaben versehene Artikel.
Die dritte Auflage erschien 1973/74 in einer fünfteiligen
Taschenbuchausgabe (Enke Verlag, Stuttgart, gleichzeitig
auch als dtv-Taschenbuch).

Techniken der empirischen Sozialforschung, herausgegeben
von J.v. KOOLWIJK und M. WIECKEN-MAYSER, R. Oldenbourg
Verlag, München, ist ein auf acht Bände geplantes Über-
sichtswerk, das dem Anspruch nach zwischen den Studienskripten und dem Handbuch liegt. Die Reihe wird insgesamt
über 40 Aufsätze über Einzelprobleme der Forschung enthalten, die mit ausführlichen Literaturangaben versehen
sind. Die Bände 2-6 lagen Anfang 1977 bereits vor.

Eine relativ einheitliche Reihe von Studientexten wird auch
von Rowohlt herausgegeben. Zu nennen sind:
J. FRIEDRICHS, Methoden empirischer Sozialforschung, Reinbek, 1973;
J. KRIZ, Statistik in den Sozialwissenschaften, Reinbek,
1973;
J. KRIZ, Datenverarbeitung für Sozialwissenschaftler, Reinbek, 1975 - dieser Band enthält ein Verzeichnis der im Zentralarchiv für empirische Sozialforschung gespeicherten

Umfragen -;
K.-D. OPP und P. SCHMIDT, Einführung in die Mehrvariablen-
analyse, Grundlagen der Formulierung und Prüfung komplexer
sozialwissenschaftlicher Aussagen, Reinbek, 1976
O. SCHLOSSER, Einführung in die sozialwissenschaftliche Zu-
sammenhangsanalyse, Reinbek, 1976.

Einzelbände, die einen Überblick über den vollständigen Forschungsprozeß geben, aber bei aller Handlichkeit doch auf
manchen Aspekt verzichten müssen, sind vor allem:
R. MAYNTZ, K. HOLM und R. HÜBNER, Einführung in die Methoden
der empirischen Soziologie, 4. Aufl., Westdeutscher Verlag,
Opladen, 1975, (Erstauflage 1969)
A. SCHRADER, Einführung in die empirische Sozialforschung,
2. Aufl., Kohlhammer Verlag, Stuttgart 1973
(zuerst 1971)
R. KÖNIG (Hrsg.), Praktische Sozialforschung, Band I: Das
Interview, Band 2: Beobachtung und Experiment in der Sozialforschung, Kiepenheuer und Witsch, 7. und 8.Aufl.,Köln-
Berlin 1972 (Erstauflage 1952 und 1956). Diese beiden Bände
geben noch immer eine sehr lebhafte Einführung in die Er-
hebungsmethoden der empirischen Soziologie.
C. SELLTIZ, M. JAHODA, M. DEUTSCH und S.W. COOK, Untersu-
chungsmethoden der Sozialforschung, 2 Bände, Luchterhand
Verlag, Neuwied 1972 (die Erstauflage erschien in den USA
unter dem Titel "Research Methods in Social Relations" bereits 1951)
B.S. PHILLIPS, Empirische Sozialforschung, Strategie und
Taktik, Springer Verlag, Wien-New York, 1970 (englische
Auflage zuerst 1966)
K. INGENKAMP (Hrsg.), Handbuch der Unterrichtsgestaltung,
Teil I und II, Verlag Julius Beltz, Weinheim 1970 (es handelt sich um eine kommentierte und vermehrte Übersetzung
von N.L. GAGE (Hrsg.), Handbook of Research on Teaching,
Rand McNally Chicago, 1963). Ein etwas merkwürdiger Trans-
fer aus den USA, da dem deutschen Leser kaum kenntlich
gemacht wird, wer die Autoren der meist vorzüglichen
Originalbeiträge sind!
U.v.ALEMANN und E. FORNDRAN, Methodik der Politikwissen-
schaft, Eine Einführung in Arbeitstechnik und Forschungspraxis, Verlag W. Kohlhammer, Urban Taschenbücher, Stuttgart, 1974, (eine elementare Einführung, die vor allem
auf die Bedürfnisse des historisch orientierten Politik-
wissenschaftlers eingeht)
W. FRIEDRICH und W. HENNIG (Hrsg.), Der sozialwissenschaftliche Forschungsprozeß. Zur Methodologie, Methodik und
Organisation marxistisch-leninistischer Sozialforschung,
VEB-Deutscher Verlag der Wissenschaften, Berlin, 1975
(umfangreiches Lehrbuch moderner Methoden der Datenerhebung
und -analyse)
H.BERGER und H. JETZSCHMANN, Der soziologische Forschungsprozeß (Methodologische und methodische Aspekte), Dietz Verlag, Berlin 1973 (kurzer Abriß des Forschungsprozesses in
marxistisch-leninistischer Perspektive)

In der <u>amerikanischen Literatur</u> sind die meisten zusammenfassenden Lehrbücher der Erhebungsmethoden bereits älteren
Datums. Die neuere Diskussion konzentriert sich ganz auf
die Datenauswertung. Lehrbücher, die den gesamten Forschungsprozeß behandeln, sind:
N.K. DENZIN, Sociological Methods - A Sourcebook, Butter-
worths, London, 1970
(ein kommentierter Reader)
W.J. GOODE und P.K. HATT, Methods in Social Research,
McGraw Hill, New York, 1952
L. FESTINGER und D. KATZ, Research Methods in the Be-
havioral Sciences, Holt, Rinehart & Winston, New York,
1954
P.F. LAZARSFELD und M. ROSENBERG (Hrsg.), The Language of
Social Research- A Reader in the Methodology of Social
Research-, The Free Press, New York 1955 (Paperback Aus-
gabe erhältlich)
P.F. LAZARSFELD, A.K. PASANELLA und M. ROSENBERG (Hrsg.),
Continuities in the Language of Social Research, The Free
Press, New York, 1972 (in diesen beiden Reader sind eine
Vielzahl von methodologisch interessanten Zeitschriftenaufsätzen versammelt worden, die von den Herausgebern ausführ-
lich kommentiert wurden, So ergeben diese beiden Bände eine
eindrucksvolle methodische Sammlung anspruchsvoller und
inhaltlich relevanter Forschung).
H. HYMAN, Survey Design and Analysis - Principles, Cases
and Procedures, The Free Press, New York, 1955

W.M. RILEY, Sociological Research, Band I: A Case Approach
Band II: Exercises and Manual, Harcourt, Brace & World,
New York, 1963 (Die Darstellung erfolgt anhand von "klassischen" Untersuchungen, die jeweils ausführlich besprochen werden.)

Moderne <u>Methoden der Datenauswertung</u> haben eine stürmische
Entwicklung genommen. Überblicke verschaffen der erwähnte
Aufsatz von SCHEUCH (1973b), die in diesem Anhang erwähnten
Bücher von OPP/SCHMIDT, 1976 und SCHLOSSER, 1976, sowie:
R. ZIEGLER, Theorie und Modell, Der Beitrag der Formalisie-
rung zur soziologischen Theoriebildung, Oldenbourg Verlag,
München, 1972 (mit ausführlicher Bibliographie).

Aus der amerikanischen Diskussion kann man sich vor allem
durch die folgenden Bücher einen Überblick verschaffen (dabei werden Bücher zur Datenauswertung von Erhebungen und
solche zur Modellbildung nebeneinander aufgeführt):
H.M. BLALOCK, Causal Inferences in Nonexperimental Research,
The University of North Carolina Press, Chapel Hill, 1964
H.M. BLALOCK, Causal Inferences in Nonexperimental Research, The University of North Carolina Press, Chapel
Hill, 1964

J.S. COLEMAN, <u>Introduction to Mathematical Sociology</u>, The Free Press of Glencoe, New York, 1964

J.A. DAVIS, <u>Elementary Survey Analysis</u>, Prentice Hall, Englewood Cliffs, 1971

J.K. LINDSEY, <u>Inferences from Sociological Survey Data</u> - A Unified Approach, Elsevier, Amsterdam 1973

N.K. NAMBOODIRI, L.F. CARTER und H.M. BLALOCK, <u>Applied Multivariate Analysis and Experimental Designs</u>, McGraw-Hill, New York, 1975 (ein Handbuch für fortgeschrittene Datenanalysetechniken).

Das Jahrbuch <u>Sociological Methodology</u> ist zu einem Forum für moderne Analysetechniken geworden, alle Bände sind erschienen bei Jossey Bass, London. Die Bände enthalten jeweils längere Aufsätze von führenden Experten auf ihrem Gebiet. Bisher sind erschienen:

E.F. BORGATTA und G.W. BOHRNSTEDT (Hrsg.), Sociological Methodology, 1969

dieselben, Sociological Methodology, 1970

H.L. COSTNER (Hrsg.), Sociological Methodology, 1971

ders., Sociological Methodology 1972

ders., Sociological Methodology 73-74

D.R. HEISE (Hrsg.), Sociological Methodology 1975

ders., Sociological Methodology 1976

ders., Sociological Methodology 1977

Anhang C:
Literaturverzeichnis

ADORNO, F.W, H. ALBERT, R. DAHRENDORF, J. HABERMAS, H.PILOT,
    K.R. POPPER: Der Positivismusstreit in der deutschen
    Soziologie, Luchterhand Verlag, Neuwied und Berlin,
    4. Auflage, 1975 (zuerst 1969)

AGNEW, N.M. und S.W. PYKE: The Science Game, An Introduc-
    tion to Research in the Behavioral Sciences, Pren-
    tice-Hall, Englewood Cliffs, 1969

ALBERT, H.: Traktat über kritische Vernunft, J.C.B. Mohr
    (Paul Siebeck), Tübingen,1968 (3. erw. Auflage 1975)

ALBERT, H.: Plädoyer für kritischen Rationalismus, Piper,
    München, 1971 (4. Aufl. 1975)

ALBERT, H. (Hrsg.): Theorie und Realität, J.C.B. Mohr
    (Paul Siebeck), Tübingen,1964 (2. erw. Aufl. 1972)

ALBERT, H. und E. TOPITSCH (Hrsg.): Werturteilsstreit, Wis-
    senschaftliche Buchgesellschaft, Darmstadt, 1971

v.ALEMANN, H.: Die Organisation sozialwissenschaftlicher
    Forschung in der Bundesrepublik Deutschland, Bericht
    über eine Erhebung, in: Soziologie, Mitteilungs-
    blatt der Deutschen Gesellschaft für Soziologie,
    Heft 2, 1975, S. 81-125

v.ALEMANN, H.: Problems in the Evaluation of Social Science
    Research Organisations, in: E. Crawford und N. Perry
    (Hrsg.), Demands for Social Knowledge, The Role of
    the Research Organisation, Sage Publications, London
    und Beverly Hills, 1976, S. 191-221

ALLERBECK, K.: Datenverarbeitung in der empirischen Sozial-
    forschung, Studienskripten zur Soziologie, Bd. 26,
    Teubner Verlag, Stuttgart, 1972

ALLERBECK, K.: Soziale Bedingungen für studentischen Radi-
    kalismus, Eine vergleichende Untersuchung in der
    Bundesrepublik Deutschland und den Vereinigten Staaten,
    Oldenbourg Verlag, München, 1973

ALLPORT, G.: The Use of Personal Dokuments in Psychological
    Science, Social Science Research Council Bulletin 49,
    New York,1942

- 336 -

ANGELL, R.C.: The Ethical Problems of Applied Sociology,
in: P.L. LAZARSFELD, W.H. SEWELL und H.L.WILENSKY
(Hrsg.), The Uses of Sociology, Basic Books, New York,
1967, S.725-740

BALES, R.F.: Die Interaktionsanalyse: Ein Beobachtungsver-
fahren zur Untersuchung kleiner Gruppen, in:
R. KÖNIG (Hrsg.), Praktische Sozialforschung Band II,
Beobachtung und Experiment in der Sozialforschung,
Kiepenheuer & Witsch, Köln-Berlin, 1962, S.148-167
(zuerst 1956)

BENNINGHAUS, H.: Deskriptive Statistik, Studienskripten zur
Soziologie Bd. 22, Teubner Verlag, Stuttgart, 1974
(2. Aufl. 1976)

BENNINGHAUS, H.: Ergebnisse und Perspektiven der Einstel-
lungs-Verhaltensforschung, Verlag A.Hain, Meisenheim
am Glan, 1976

BLALOCK, H.M.: Correlated Independent Variables: The Problem of Multi-Collinearity, in: Social Forces, Bd.42,
1963, S.233-237

BLALOCK, H.M.: Theory Construction: Form Verbal to Mathematical Formulations, Prentice-Hall, Englewood Cliffs,
1969

BLALOCK, H.M.: Toughts on the Development of Sociology,
in: Footnotes, Bd. 1, Nr. 3, 1973, S.2

BÖLTKEN, F.: Auswahlverfahren. Eine Einführung für Sozialwissenschaftler, Studienskripten zur Soziologie
Bd. 38, Teubner Verlag, Stuttgart, 1976

BOUCHARD, T.J., Jr.: Unobtrusive Measures: An Inventory of
Uses, in: Sociological Methods & Research, Bd. 4,
1976, S. 276-300

BUNGARD, W. und H.E. LÜCK: Forschungsartefakte und nicht-
reaktive Meßverfahren, Studienskripten zur Soziologie Bd. 27, Teubner Verlag, Stuttgart, 1974

CAMPBELL, D.T.: Reforms as Experiments, in: American Psycho-
logist, Bd. 24, 1969, S. 409-429

DAMMANN,U., M.KARHAUSEN, P. MÜLLER und W. STEINMÜLLER:
Datenbanken und Datenschutz, Herder & Herder, Frankfurt, New York, 1974

DEUTSCH, K.W., D. SENGHAAS und J. PLATT: Conditions Favoring
    Major Advances in Social Science, in: Science, Bd.171,
    1971, S. 450-459

DOLLASE, R.: Soziometrische Techniken.Techniken der Erfasung
    und Analyse zwischenmenschlicher Beziehungen in Grup-
    pen, Julius Beltz, Weinheim, 1973

ESSER, H.: Einige Grundbegriffe zur Methodik der empirischen
    Sozialforschung, vervielfältigtes Manuskript, Köln 1972

ESSER, H.: Soziale Regelmäßigkeiten des Befragtenverhaltens,
    Verlag Anton Hain, Meisenheim am Glan, 1975

ESSER, H., K. KLENOVITS und H. ZEHNPFENNIG: Wissenschafts-
    theoretische Grundlagen der empirischen Soziologie -
    Grundbegriffe und Hauptpositionen, Manuskript, Köln,
    1977 (erscheint als Teubner Studienskript zur Sozio-
    logie, Teubner Verlag, Stuttgart)

ERBSLÖH, E.: Interview, Studienskripten zur Soziologie,
    Bd. 31, Teubner Verlag, Stuttgart, 1972

v.FALKENHAUSEN, H.: Prinzipien und Rechenverfahren der Netz-
    plantechnik, ADL-Verlag, Kiel, 2. Aufl. 1968
    (zuerst 1965)

FEYERABEND, P.K.: Wissenschaftstheorie, in: Handwörterbuch
    der Sozialwissenschaften, Bd.12, 1963, S.331-336

FEYERABEND, P.K.: Against Method: An Outline of an Anar-
    chistic Theory of Science, in: M. RADNER und S.WINOKUR
    (Hrsg.), Minnesota Studies in the Philosophy of
    Science, Bd. 4, Minneapolis, 1970, S. 17-130

FEYERABEND, P.K.: Wider den Methodenzwang, Suhrkamp Verlag,
    Frankfurt/M., (amerikanische Ausgabe:
    Against Method, zuerst 1974)

FEYERABEND, P.K.: Die Wissenschaften in einer freien Gesell-
    schaft, in: W.Ch. ZIMMERLI (Hrsg.), Wissenschaftskrise
    und Wissenschaftskritik, Verlag Schwabe & Co., Basel-
    Stuttgart, 1974, S.107-119

FEDERAL ELECTRIC CORPORATION (Hrsg.): PERT, Programmierte
    Einführung in PERT (Program Evaluation and Revie
    Technique) - Eine Methode zur Planung und Überwachung
    von Projekten, Oldenbourg Verlag, München, 1967

FRIEDRICHS, J.: Methoden empirischer Sozialforschung,
    Rowohlt, rororo Studium Bd. 28, Reinbek b. Hamburg,
    1973

GÖTZKE, H.: Netzplantechnik - Theorie und Praxis, Technik Tabellen Verlag, Fikentscher & Co., Darmstadt, 1972

GRÜMER, K.-W.: Beobachtung, Studienskripten zur Soziologie Bd. 32, Teubner Verlag, Stuttgart, 1974

HAMMOND, P.E. (Hrsg.): Sociologists at Work. Essays on the Craft of Social Research, Basic Books, New York, 1964

HARDER, T.: Dynamische Modelle in der empirischen Sozial-forschung, Studienskripten zur Soziologie Bd. 41, Teubner Verlag, Stuttgart, 1973

HERZ, T.A. und M. WIEKEN-MAYSER: Berufliche Mobilität in der Bundesrepublik, Werkbuch zur Einführung in die Analyse von Umfragen, Zentralarchiv für empirische Sozialforschung, Köln, Selbstverlag, 1976

HOMANS, G.C.: Theorie der sozialen Gruppe, Westdeutscher Verlag, Köln und Opladen, 6. Aufl. 1972 (zuerst 1950)

HOLSTI, O.R.: Content Analysis, in: G. LINDZEY und E. AROLSEN (Hrsg.), The Handbook of Social Psychology, 2. Aufl., Bd.II, Reading, 1968, S. 597-692

HOROWITZ, I.L. (Hrsg.): The Rise and Fall of Project Came-lot, Studies in the relationship between social science and practical politics, The M.I.T. Press, Cambridge, 1967

HUMMELL, H.J.: Probleme der Mehrebenenanalyse, Studien-skripten zur Soziologie Bd. 39, Teubner Verlag, Stuttgart, 1972

HUMMELL, H.J. und K.-D.OPP: On the Relation between Theory and Research in Sociology. A Critique of Empirical Studies in Sociology, Demonstrated with "Union Democracy", in: Quality and Quantity, Bd. 3, 1969, S. 23-61

JACKMAN, M.R.: The Relation between Verbal Attitude and Overt Behavior, in: Social Forces, Bd. 54, 1976, S. 646-668

KLECKA, W.R.: Studying Voting Behavior Over Time and Across Nations, SETUPS, Test-Edition; September 1975, The American Political Science Association, Washington D.C., 1975

KÖNIG, R.: Praktische Sozialforschung, in: R. KÖNIG (Hrsg.),
    Praktische Sozialforschung Bd. I, Das Interview,
    Kiepenheuer & Witsch, Köln-Berlin, 3. Aufl., 1962,
    S. 13-33 (zuerst 1952)

KÖNIG, R.: Beobachtung und Experiment in der Sozialforschung,
    in: R. KÖNIG (Hrsg.), Praktische Sozialforschung
    Bd. II, Beobachtung und Experiment in der Sozialfor-
    schung, 2. Aufl.,1962a, S. 17-47 (zuerst 1956)

KÖNIG, R.: Soziologische Orientierungen, Vorträge und Auf-
    sätze, Kiepenheuer & Witsch, Köln-Berlin, 2. Aufl.
    1973 (zuerst 1965)

KÖNIG, R.: Einleitung, in: R. KÖNIG (Hrsg.), Handbuch der
    empirischen Sozialforschung, 2. Aufl., Band 1: Ge-
    schichte und Grundprobleme, F. Enke Verlag, Stuttgart
    1973a (zuerst 1962)

KOPS, M.: Auswahlverfahren in der Inhaltsanalyse, Diplom-
    arbeit, Köln, 1975

KRAFT, V.: Der Wiener Kreis, Der Ursprung des Neopositivis-
    mus, Ein Kapitel der jüngsten Philosophiegeschichte,
    2. Aufl., Springer Verlag, Wien-New York, 1968
    (zuerst 1950)

KRAUCH, H. (Hrsg.): Erfassungsschutz, Der Bürger in der
    Datenbank: Zwischen Planung und Manipulation, Deut-
    sche Verlags Anstalt, Stuttgart,1975

KRÜGER, L. (Hrsg.): Erkenntnisprobleme der Naturwissenschaf-
    ten, Texte zur Einführung in die Philosophie der
    Wissenschaft, Kiepenheuer & Witsch, Köln-Berlin, 1970

KÜPPER, W., K. LÜDER und L. STREITFERDT: Netzplantechnik,
    Physica Verlag, Würzburg-Wien, 1975

KUHN, T.: Die Struktur wissenschaftlicher Revolutionen,
    Suhrkamp Verlag, Frankfurt/M., 1973
    (Die deutsche Übersetzung folgt der Erstauflage
    von 1962, das neue Nachwort zur zweiten Auf-
    lage, 1970, erschien in deutscher Übersetzung in:
    P. WEINGART (Hrsg.): Wissenschaftssoziologie 1,
    Wissenschaftliche Entwicklung als sozialer Prozeß,
    Fischer Athenäum, Frankfurt/M., 1972, S.287-319).

LAKATOS, I.: Falsification and the Methodology of Scienti-
    fic Research Programmes, in: I. LAKATOS und A. MUS-
    GRAVE (Hrsg.), Criticism and the Growth of Knowledge,
    Cambridge, 1970, S. 91-195

LAKATOS, I.: Popper zum Abgrenzungs- und Induktionsproblem, in: H. LENK (Hrsg.), Neue Aspekte der Wissenschaftstheorie, Vieweg & Sohn, Braunschweig, 1971, S.75-110

LAKATOS, I.: History of Science and its Rational Reconstructions, in: R.C. BUCK und R.S. COHEN (Hrsg.), Boston Studies in the Philosophy of Science, Bd. VIII, Dordrecht, Holland, 1971a, S. 91-136

LAKATOS, I. und A. MUSGRAVE (Hrsg.): Criticism and the Growth of Knowledge, Cambridge University Press, Cambridge, 1970 (Deutsche Ausgabe unter dem Titel: Kritik und Erkenntnisfortschritt, Vieweg & Sohn, Braunschweig, 1974

LASSWELL, H.D., D. LERNER und I. de S. POOL: The Comparative Study of Symbols, Stanford, 1952

LAZARSFELD, P.F. und A.R. OBERSCHALL: Max Weber and Empirical Social Research, in: American Sociological Review, Bd. 30, 1965, S. 185-199

LAZARSFELD, P.F. und H. MENZEL: On the Relation between Individual and Collective Properties, in: A.ETZIONI, Complex Organizations, A Sociological Reader, Holt, Rinehart & Winston, New York 1961, S.422-440 (2.Aufl. unter dem Titel: A Sociological Reader on Complex Organizations, New York 1969, S.499-516)

LENK, H. (Hrsg.): Neue Aspekte der Wissenschaftstheorie, Vieweg & Sohn, Braunschweig, 1971

LEWIS, O.: Die Kinder von Sanchez, Selbstportrait einer mexikanischen Familie, S. Fischer Verlag, Frankfurt/M., 1967

LUTZ, B.: Zur Lage der soziologischen Forschung in der Bundesrepublik. Ergebnisse einer Enquête der Deutschen Gesellschaft für Soziologie, in: Soziologie, Mitteilungsblatt der Deutschen Gesellschaft für Soziologie, Heft 1, 1975, S. 4-102

MALINOWSKI, B.: Argonauts of the Western Pacific, Dutton. New York,1961 (zuerst London 1922)

MAYNTZ, R., K. HOLM und R. HÜBNER, Einführung in die Methoden der empirischen Soziologie, 4.Aufl.,Westdeutscher Verlag, Opladen,1975 (Erstauflage 1969)

McCLELLAND, D.L.: Die Leistungsgesellschaft, Psychologische Analyse der Voraussetzungen wirtschaftlicher Entwicklung, W. Kohlhammer Verlag, Stuttgart, 1966 (amerik. Ausg. zuerst 1961)

MERTON, R.K.: Social Theory and Social Structure, 2.erw.
    Aufl., The Free Press, New York, 1968

MERTON, R.K.: The Sociology of Science, Theoretical and
    Empirical Investigations, Herausgegeben und mit einer
    Einleitung versehen von N. W. STORER, The University
    of Chicago Press, Chicago, 1973

MILGRAM, S.: Das Milgram Experiment. Zur Gehorsamsbereit-
    schaft gegenüber Autorität, Rowohlt, Reinbek b.
    Hamburg, 1974 (amerikanische Ausgabe unter dem Titel:
    Obedience to Authority, An Experimental View,
    Harper & Row, New York)

MILL, J.S.: Die inductive Logik. Eine Darlegung der philo-
    sophischen Prinzipien wissenschaftlicher Forschung,
    insbesondere der Naturforschung, Verlag Fr. Vieweg &
    Sohn, Braunschweig, 1849

MORENO, J.L.: Die Grundlagen der Soziometrie, Westdeutscher
    Verkag, Köln und Opladen, 1967 (amerikanische Ausgabe
    zuerst 1934 unter dem Titel: Who shall Survive?)

MÜNCH, R.: Zur Kritik der empiristischen Forschungspraxis,
    in: Zeitschrift für Soziologie, Bd. 1, 1972,
    S. 317-332

NEIDHARDT, F.: Identitäts- und Vermittlungsprobleme der
    Soziologie, Über den Zustand der Soziologielehre an
    den Universitäten, in: M.R. LEPSIUS (Hrsg.), Zwischen-
    bilanz der Soziologie, Verhandlungen des 17. Deutschen
    Soziologentages, Enke Verlag, Stuttgart, 1976,
    S. 426-452

OBERSCHALL, A.: Empirical Social Research in Germany, 1848-
    1914, Mouton, The Hague-Paris, 1965

OPP, K.-D.: Methodologie der Sozialwissenschaften. Einfüh-
    rung in Probleme ihrer Theoriebildung, Rowohlt, Rein-
    bek b. Hamburg, 1970

PELZ, D.C. und F.M. ANDREWS: Scientists in Organizations.
    Productive Climates for Research and Development,
    Wiley, New York, 1966

POPPER, K.R.: Logik der Forschung, J.E.B. Mohr (Paul Sie-
    bek), Tübingen, 2. erw. Aufl., 1966 (erste Auflage
    1934,6. Auflage 1976

POPPER, K.R.: Conjectures and Refutations, The Growth of
    Scientific Knowledge, Routledge & Kegan, London
    1965 (zuerst 1963)

POPPER, K.R.: Reason or Revolution?, in: European Journal
    of Sociology, Bd.9, 1970, S. 252-262 (POPPERs Ant-
    wort auf ADORNO et al.,1975)

POPPER, K.R.: Die Zielsetzung der Erfahrungswissenschaft, in: H. ALBERT (Hrsg.), Theorie und Realität, 2.Aufl., Tübingen, 1972, S. 29-41

POPPER, K.R.: Objective Knowledge. An Evolutionary Approach. Clarendon Press, Oxford, 1972 (Deutsche Übersetzung unter dem Titel: Objektive Erkenntnis, Ein evolutionärer Entwurf, Hoffman und Campe Verlag, Hamburg, 2. Aufl., 1974

RENN, H.: Nichtparametrische Statistik, Studienskripten zur Soziologie Bd. 25, Teubner Verlag, Stuttgart, 1975

REYNOLDS, P.D.: Value Dilemmas in the Professional Conduct of Social Science, in: International Social Science Journal, Bd. 27, 1975, S. 563-627

ROETHLISBERGER, F.J. und W.J.DICKSON: Management and the Worker, Harvard University Press, Cambridge, Mass., 1949

SAHNER, H.: Schließende Statistik, Studienskripten zur Soziologie Bd. 23, Teubner Verlag, Stuttgart, 1971

SAHNER, H.: Führungsgruppen und technischer Fortschritt, Verlag A. Hain, Meisenheim am Glan, 1975

SCHEUCH, E.K.: Cross-National Comparisons Using Aggregate Data, Some Substantive and Methodological Problems, in: R.L. MERRITT und S. ROKKAN (Hrsg.), Comparing Nations, The Use of Quantitative Data in Cross National Research, New Haven und London, 1966

SCHEUCH, E.K.: Vom Nutzen und der Gefährdung der Sozialwissenschaften heute, in: Wirtschaftsdienst, Nr.1, Bd. 52, 1972, S. 3-6

SCHEUCH, E.K.: Das Interview in der Sozialforschung, in: R. KÖNIG (Hrsg.), Handbuch der empirischen Sozialforschung, Band 2, 3. Aufl., Enke Verlag, Stuttgart, 1973, S. 66-190 (zuerst 1962)

SCHEUCH, E.K.: Entwicklungsrichtungen bei der Analyse sozialwissenschaftlicher Daten, in: R.KÖNIG (Hrsg.), Handbuch der empirischen Sozialforschung, Band 1, 3. Aufl., Enke Verlag, Stuttgart, 1973a, S.161-237 (zuerst 1967)

SCHEUCH, E.K. und T. KUTSCH: Grundbegriffe der Soziologie,
1 Grundlegung und elementare Phänomene, Studienskripten zur Soziologie Bd. 20, Teubner Verlag,
Stuttgart, 2. Aufl. 1975

SCHEUCH, E.K. und H. ZEHNPFENNIG: Skalierungsverfahren in
der Sozialforschung, in: R. KÖNIG (Hrsg.), Handbuch
der empirischen Sozialforschung, Band 3a, 3. Auflage,
Enke Verlag, Stuttgart, 1974, S. 97-203

SCHILPP, R.A. (Hrsg.): The Philosophy of Karl POPPER, 2
Bände, Open Court, La Salle, Ill, 1974

SODEUR, W.: Empirische Verfahren zur Klassifikation, Studienskripten zur Soziologie Bd. 42, Teubner Verlag,
Stuttgart, 1974

SPINNER, H.: Pluralismus als Erkenntnismodell, Suhrkamp
Verlag, Frankfurt/M., 1974

STEGMÜLLER, W.: Probleme und Resultate der Wissenschaftstheorie und analytischen Philosophie, Bd.1, Wissenschaftliche Erklärung und Begründung, Springer Verlag, Berlin-Heidelberg-New York,1969 (verbesserter
Nachdruck 1974

STEGMÜLLER, W.: Das Problem der Induktion: Humes Herausforderung und moderne Antworten, in: H. LENK (Hrsg.),
Neue Aspekte der Wissenschaftstheorie, Braunschweig,
1971, S. 13-74

STEGMÜLLER, W.: Hauptströmungen der Gegenwartsphilosophie,
Eine kritische Einführung, 5. Aufl. in zwei Bänden,
A. Kröner Verlag, Stuttgart, 1975 (zuerst 1960,
6. Aufl. 1976)

SÜSSMILCH, J.P.: "Göttliche Ordnung" (Auszüge aus: Die
göttliche Ordnung in den Veränderungen des menschlichen Geschlechts, aus der Geburt, dem Tode und
der Fortpflanzung desselben erwiesen, Berlin 1741),
in: W. KÖLLMANN und P. MARSCALK (Hrsg.), Bevölke-
rungsgeschichte, Kiepenheuer & Witsch, Köln, 1972

SUCHMAN, E.A.: Evaluative Research: Principles and Practice
in Public Service and Social Action Programs, Russell
Sage Foundation, New York, 1967

THOMAS, K. (Hrsg.): Attitudes and Behaviour, Penguin Books,
Harmondsworth, 1971

THUMB, N.: Grundlagen und Praxis der Netzplantechnik, Verlag
Moderne Industrie, München, 1968

TOPITSCH, E. (Hrsg.): Logik der Sozialwissenschaften,
    Kiepenheuer & Witsch, Köln-Berlin, 1965

TREINEN, H.: Notes on an Experience with Secondary Analysis
    of Survey Data in a Teaching Device, in: Social
    Science Information, Bd. 9, 1970, Heft 2, S.123-132

WATSON, J.D.: Die Doppel Helix, Rowohlt, Reinbek b. Hamburg,
    1973,(englische Ausgabe: The Double-Helix, London,
    1968)

WEBB, E.J., D.T. CAMPBELL, R.D. SCHWARTZ, L. SECHREST:
    Unobtrusive Measures, Nonreactive Research in the
    Social Sciences, Rand McNally & Co., Chicago, 1966

WEBER, M.: Die Verhältnisse der Landarbeiter im ostelbischen
    Deutschland, Dargestellt aufgrund der von Verein für
    Socialpolitik veranstalteten Erhebungen, Schriften
    des Vereins für Socialpolitik Bd. 55, Duncker &
    Humblot, Leipzig, 1892

WEBER, M.: Zur Methodik sozialpsychologischer Enquêten und
    ihrer Bearbeitung, in: Archiv für Sozialwissenschaft
    und Sozialpolitik, Bd. 29, 1909, S. 949-958

WEEDE, E.: Weltpolitik und Kriegsursachen im 20. Jahrhundert
    Oldenbourg Verlag, München, 1975

WEICK, K.E.: Systematic Observation Methods, in: G.LINDZEY
    und E. AROLSEN, Handbook of Social Psychology,
    2. Aufl., Reading,1968, S. 357-451

WEINBERG, A.: Probleme der Großforschung, Suhrkamp Verlag,
    Frankfurt/M., 1970 (amerikanische Ausgabe:
    Reflections on Big Science, The MIT-Press, Cam-
    bridge, Mass., 1967)

WEINGART, P.: Die ameriknaische Wissenschaftslobby, Bertels-
    mann Universitätsverlag, Gütersloh, 1970

WEISS, C.H.: Evaluation Research: Methods of Assessing
    Program Effectiveness, Prentice Hall, Englewood
    Cliffs, 1972 (Deutsche Ausgabe: Evaluierungs-
    forschung. Methoden zur Einschätzung von sozialen
    Reformprogrammen, Westdeutscher Verlag, Wiesbaden,
    1974

WRIGHT, C.R. und H.H. HYMAN: The Evaluators, in: P. HAMMOND
    (Hrsg.), Sociologists at Work, New York-London, 1964,
    S. 121-141

ZECHA, G.: Wie lautet das "Prinzip der Wertfreiheit"?, in:
    Kölner Zeitschrift für Soziologie und Sozial-
    psychologie, Bd. 28, 1976, S. 609-648

ZEISEL, H.: Die Sprache der Zahlen, Kiepenheuer & Witsch,
    Köln, 1970 (Neudruck 1971, Amerikanische Ausgabe:
    Say it with Figures, zuerst 1947)

ZIMMERMANN, E.: Das Experiment in den Sozialwissenschaften,
    Studienskripten zur Soziologie Bd. 37, Teubner Verlag,
    Stuttgart, 1972

Sachregister